MW00908785

L'AMÉRIQUE

1965-1990

JOAN DIDION

L'Amérique

1965-1990

CHRONIQUES TRADUITES DE L'ANGLAIS PAR PIERRE DEMARTY

Préface de Pierre-Yves Petillon

GRASSET

Ouvrage paru sous la direction de Jean-Paul Enthoven

« En rampant vers Bethlehem », « Quelques rêveurs du rêve d'or »,
« John Wayne : une chanson d'amour », « Adieu à tout ça » et
« Notes d'une fille du pays » sont extraits de *Slouching Towards
Bethlehem*, dont l'édition originale a été publiée aux Etats-Unis
par Farrar, Straus & Giroux en 1968.
« Au lendemain des années 60 », « L'album blanc » et « Dans les
îles » sont extraits de *The White Album*, dont l'édition originale a
été publiée aux Etats-Unis par Simon & Schuster en 1979.
« L.A. *Noir* », « Une fille de l'Ouest doré » et « Voyages sentimentaux » sont extraits d'*After Henry*, dont l'édition originale a
été publiée aux Etats-Unis par Simon & Schuster en 1992.

Préface

Un joli minois de fennec, les nerfs à vif, toujours en alerte, la très élégante Joan Didion aura été l'un des meilleurs sismographes des années soixante. Dans sa prose laconique, sèche, à la fois lyrique et cruelle, elle a enregistré avec acuité toutes les fêlures d'une époque qu'elle a, dit-elle, traversée comme un somnambule, dans un état presque second – faisant scrupuleusement tous les gestes du rituel social, mais, en fait, absente, ailleurs, aux aguets des infimes craquements qui ne font pas la une des journaux, mais qui, de proche en proche, finissent par bouleverser de fond en comble un paysage social.

Elle est née en 1934 à Sacramento, dans une famille de lointaine souche alsacienne établie en Californie depuis cinq générations : à l'aune locale, depuis la préhistoire. Elle possède aujourd'hui encore le piano en bois de rose que ses ancêtres avaient fait venir en 1848, via le cap Horn. L'arrière-grand-mère de sa grand-mère avait fait partie de la caravane Donner qui quitta au printemps 1846 l'Illinois, direction l'Ouest. Ayant voulu emprunter un raccourci, une partie de la caravane se perdit dans la Sierra Nevada, où les surprit un hiver précoce. Les quarante-cinq rescapés ne survécurent qu'en mangeant le corps des morts. D'une certaine manière, le souvenir de cet épisode tragique rôde dans toute l'œuvre de Joan Didion. Elle est particulièrement sensible à l'envers sinistre du paradis californien. Dans son Ouest, chaque fois qu'on retourne une pierre, il y a un serpent dessous. Elle a sept ans lors de Pearl Harbor et se souvient de la sirène d'alerte qui annonçait, à l'école primaire, les exercices d'évacuation. Fille d'un officier de l'armée de l'air, elle a passé une grande partie de son enfance dans des bases militaires avant de revenir vivre à Sacramento. À partir de 1952, elle fait sagement ses études à Berkeley. C'est encore le temps de la « génération silencieuse ». Rien sur le campus calme ne laisse présager le tumulte à venir. Ayant remporté le premier prix d'un concours organisé par *Vogue*, elle part ensuite pour New York travailler comme rédactrice dans ce magazine, jusqu'en 1963, quand paraît son premier roman, *River, Run*.

Le paysage de Californie est, chez Joan Didion, un état d'âme, à la lisière de la folie. Le vent chaud et sec qui souffle des collines exacerbe, à fleur de peau, les sensations. Les nuits d'insomnie, on entend jusqu'au petit matin les palmes frôler les volets clos. La forêt flambe, brusquement. Aux franges de la ville, on perçoit jusqu'à l'angoisse l'inquiétante présence – « l'hystérie sinistre » – du désert, où l'autoroute, parfois, se perd brusquement dans la pierraille. Mais, et dans ce paradoxe est toute sa force, elle pratique une écriture chirurgicale, au scalpel, qui insiste pour se démarquer de tout ce qui serait moite, ou spongieux : son modèle, c'est l'Hemingway du cycle de Nick Adams, qu'elle lisait à quinze ans. Comme le rituel liturgique épiscopalien, auquel Joan Didion fait si souvent allusion, cette écriture a pour fonction de colmater les fissures, de faire rempart contre la terreur qui se tapit au creux du familier. Dans le lointain se profile le spectre de l'Apocalypse : il y a toujours un incendie dans les collines. L'autoradio capte sur les ondes courtes d'énigmatiques messages. Le long de la faille de San Andreas, l'immense fracture de l'écorce terrestre qui traverse l'État de Californie, une petite secousse tellurique fait basculer dans le vide une maison construite en surplomb sur le bord du canyon. Un prédicateur halluciné annonce que le « dernier jour » est arrivé.

Joan Didion a, depuis l'enfance, toujours eu un tropisme pour le journalisme limite. À treize ans, elle avait déjà entrepris de faire un reportage « vécu » sur le suicide : elle s'était bravement avancée dans l'océan Pacifique, jusqu'à ce que les vagues mouillent son carnet de notes ; elle avait alors, en vraie professionnelle, rebroussé chemin. Elle a publié deux recueils de « choses vues » qui font d'elle une star du « Nouveau Journalisme ». *Slouching Towards Bethlehem* (1968) emprunte son titre au poème apocalyptique où W.B. Yeats évoque l'effondrement de « l'ordre » et la victoire du chaos qui, tel un tigre sauvage, rampe vers Bethlehem afin d'y « naître », dans une « Nativité » monstrueuse. Ce recueil rassemble des reportages sur la « scène américaine » aux alentours de 1964 : le ghetto noir de Watts, à Los Angeles ; un remarquable portrait de John Wayne à cinquante-sept ans, rencontré sur le tournage de son 165ᵉ film, fier d'avoir « eu la peau du grand C. » (le cancer, dont il mourra peu après) ; enfin et surtout, une description du quartier hippie d'Haight-Ashbury à San Francisco : des enfants perdus, à la dérive, mimant dans la régression enfantine les rituels du monde adulte.

Joan Didion est un peu l'anti-Tom Wolfe. Même œil pour le détail qui en dit long, mais alors que lui surfe joyeusement sur la vague du « Mouvement », elle y lit plutôt les signes et symptômes d'une crise morale, d'un désarroi, d'une dérive. Aussi est-elle incomparable dans ses « notes sur le désastre » : les reportages des années 1968-1969 plus tard réunis dans *The White Album* (1979). Le titre fait allusion à l'album blanc des Beatles, le disque de 1968 qui contenait « Rocky Raccoon » et « Bungalow Bill » et exprima soudain la violence surréaliste des temps. L'été 1968, Joan Didion a été sacrée par la presse américaine « Femme de l'Année », en compagnie de Nancy Reagan, l'épouse du gouverneur de la Californie. Le même été, elle a une dépression nerveuse. Le recueil commence avec le rapport psychiatrique fait par une clinique de Santa Monica sur son état mental. Elle a « craqué », mais – comme avec Fitzgerald dans *The Crack-Up* – son paysage intérieur fracturé ne fait que refléter le climat de l'époque. Joan Didion interviewe Huey P. Newton, leader des Black Panthers. Elle observe Jim Morrison à un enregistrement des Doors. Aux Aléoutiennes, on a enregistré une secousse sismique de 7,5 sur l'échelle de Richter : sur une plage de Midway, Joan Didion attend le raz-de-marée qui va s'ensuivre. À Hawaï, elle visite la caserne où, dans *Tant qu'il y aura des hommes*, Montgomery Clift joue du clairon, à l'aube, sur la place d'armes déserte. Le cœur du livre, toutefois, c'est le 9 août 1969, lorsqu'on découvre dans Cielo Drive, à Los Angeles, le cadavre éventré de Sharon Tate. Ce jour-là, tout le monde sut que les Sixties étaient finies. Joan Didion a capté mieux que personne le moment où tout bascula brièvement dans la folie meurtrière. Comme Scott Fitzgerald, elle a toujours su localiser l'épicentre de nos terreurs.

Pierre-Yves PETILLON

Extrait de *Histoire de la littérature américaine : Notre demi-siècle, 1939-1989* © Librairie Arthème Fayard, 1992.

À Quintana et John

Tournoyant et tournoyant en son cercle toujours plus large
Le faucon n'entend pas le fauconnier ;
Tout se disloque ; le centre ne tient plus ;
L'anarchie pure et simple déferle sur le monde,
La vague obscurcie de sang déferle, et partout
Se noie la cérémonie de l'innocence ;
Les meilleurs perdent toute conviction, et les pires
Sont remplis des ardeurs de la passion.

N'en doutons pas, quelque révélation approche ;
N'en doutons pas, la Seconde Venue approche.
La Seconde Venue ! A peine ces mots sont-ils prononcés
Qu'une vaste image issue du Spiritus Mundi
Trouble ma vision : quelque part dans le désert de sable
Une forme à corps de lion et tête d'homme,
L'œil vide et impitoyable comme le soleil,
Bouge ses cuisses lentes, tandis qu'alentour
Roulent les ombres des oiseaux furieux du désert.
Les ténèbres s'abattent à nouveau ; mais je sais à présent
Que vingt siècles d'un sommeil de pierre
Ont viré au cauchemar sous le balancier d'un berceau,
Et quelle bête féroce, son heure enfin venue,
Rampe vers Bethlehem pour y naître ?

W.B. Yeats

I

REQUIEM POUR LES ANNÉES 60

Au lendemain des années 60

Etre l'enfant de son époque : voilà ce dont je parle ici. Quand je pense aux années 60, je pense à un après-midi, non pas dans les années 60 mais au début de ma deuxième année à Berkeley, un beau samedi d'automne en 1953. J'étais allongée sur un canapé en cuir dans la résidence d'une *fraternité* (un déjeuner d'anciens élèves suivi d'un match de football avait été organisé, mon petit ami était parti voir le match, je ne me souviens pas pourquoi je ne l'avais pas accompagné), et allongée là, seule, je lisais un livre de Lionel Trilling et j'écoutais un type jouer la mélodie de « Blue Room » sur un piano désaccordé. Tout l'après-midi il est resté au piano, tout l'après-midi il a essayé de jouer « Blue Room », sans jamais y arriver. J'entends, je revois encore la scène, cette fausse note sur « *We will thrive on/ Keep alive on* », la lumière du soleil à travers les grandes fenêtres, le type qui s'interrompait pour boire son verre puis reprenait et me disait, sans prononcer un seul mot, quelque chose que j'ignorais jusqu'alors sur les mariages ratés, le temps perdu et la nostalgie. Le fait qu'un tel après-midi dans ses moindres détails paraisse à présent improbable – l'idée d'avoir eu un « petit ami » avec qui j'aurais dû assister à un déjeuner suivi d'un match de foot me semble aujourd'hui d'une extravagance pour ainsi dire tsariste – montre à quel point la légende sur laquelle nombre d'entre nous avons grandi est devenue obsolète.

Nous avons parcouru un tel chemin depuis le monde qui était le nôtre quand j'allais à l'université ; j'ai beaucoup songé à cela au cours de ces saisons où non seulement Berkeley mais des dizaines d'autres campus fermaient périodiquement, prenaient des allures de champs de bataille aux frontières closes. Penser au Berkeley des années 50, ce n'était pas penser aux barricades et aux classes dites « réformées ». La « Réforme » nous aurait paru, à nous, une sorte de novlangue, et les barricades ne sont jamais personnelles. Nous étions tous très personnels alors, parfois même avec acharnement, et pour la plupart, chaque fois qu'il faut choisir entre agir et ne pas agir, nous le sommes restés. Je crois que c'est de cela que je parle : l'ambiguïté d'appartenir à une génération méfiante face aux grands moments politiques, l'absurdité qu'il y a du point de vue historique à grandir convaincu que le cœur des ténèbres ne réside pas dans une mauvaise organisation sociale mais dans le sang même des hommes. Si l'homme était voué à errer, alors toute organisation sociale était vouée à rester dans l'erreur. C'est une équation qui me paraît toujours assez juste, mais qui nous a très tôt privés d'une certaine aptitude à l'étonnement.

A Berkeley dans les années 50, personne ne s'étonnait de rien : c'était là une *donnée* qui avait tendance à rendre le discours dénué de tout esprit et le débat inexistant. Le monde était imparfait par définition, et donc, bien sûr, l'université l'était aussi. Le système des cartes perforées IBM faisait encore débat, mais dans l'ensemble, l'idée d'avoir recours à l'automatisation pour permettre à des dizaines de milliers de personnes d'étudier gratuitement ne semblait pas déraisonnable. Il nous paraissait évident que la présidence de l'université puisse prendre des décisions injustes. Nous évitions simplement les étudiants qui, selon la rumeur, étaient des informateurs du FBI. Nous étions la génération soi-disant « silencieuse », mais nous étions silencieux non pas, comme le pensaient certains, parce que nous partagions l'optimisme officiel de l'époque, ni, comme d'autres le pensaient, parce que nous redoutions la répression officielle. Nous étions silencieux parce que, aux yeux de beaucoup d'entre nous, l'excitation recherchée dans l'action sociale n'était qu'une façon, parmi tant d'autres, d'échapper à la dimension personnelle, de se dissimuler à soi-même, pour un temps, cette terreur de l'absurde qui était le destin des hommes.

Avoir si tôt accepté ce destin particulier fut la singularité de ma génération. Je crois aujourd'hui que nous avons été la dernière génération à nous identifier aux adultes. Le fait que la plupart d'entre nous aient trouvé dans l'âge adulte autant d'ambiguïté morale que nous nous y attendions relève peut-être de la catégorie des prophéties qui deviennent d'elles-mêmes réalité – à vrai dire, je ne sais pas. Je vous raconte simplement comment c'était. Il régnait à Berkeley dans ces années-là une atmosphère de « dépression », légère mais chronique, toile de fond d'où se détachent dans mon souvenir certains petits détails qui me semblaient constituer en quelque sorte des explications, éblouissantes de clarté, au monde dans lequel je m'apprêtais à entrer : je me souviens d'une femme qui ramassait des jonquilles sous la pluie, un jour que je marchais dans les collines. Je me souviens d'un professeur qui avait trop bu, un soir, et révéla sa frayeur et son amertume. Je me souviens de la joie profonde que j'ai ressentie en découvrant pour la première fois comment marchait le langage, en découvrant, par exemple, que la phrase centrale d'*Au cœur des ténèbres* était un post-scriptum. Toutes ces images étaient personnelles, et pour la plupart d'entre nous, c'est à cela que nous nous attendions : quelque chose de personnel. Nous ferions chacun notre paix. Nous écririons des thèses d'anglais médiéval et partirions à l'étranger. Nous gagnerions de l'argent et nous installerions dans un ranch. Nous irions survivre en dehors de l'histoire, dans cette *idée fixe* qui prenait invariablement la forme, durant ces années que j'ai passées à Berkeley, d'« une petite ville avec une jolie plage ».

Au bout du compte, je n'ai pas trouvé ni même cherché la petite ville avec la jolie plage. Je suis restée assise dans le grand appartement vide où j'ai passé ma deuxième et ma troisième année (j'avais vécu quelque temps dans une *sororité*, la résidence Tri Delt, et j'en étais partie, évidemment, non pas à cause d'un « problème » quelconque mais parce que je, l'implacable « je », n'aimais pas vivre avec soixante personnes) et j'ai lu Camus et Henry James et j'ai regardé une prune mûrir puis se flétrir et la nuit, presque chaque nuit, je suis sortie marcher et j'ai levé les yeux vers le cyclotron et le bévatron qui luisaient dans le noir sur la colline, indicibles mystères qui ne me touchaient, conformément à l'esprit de mon époque, que de façon personnelle. Plus tard, j'ai quitté Berkeley et je suis

allée à New York, et plus tard encore j'ai quitté
New York et je suis venue à Los Angeles. Ce que j'ai
accompli pour moi-même est d'ordre personnel, mais
ce n'est pas exactement la paix. Une seule personne,
parmi toutes celles que j'ai connues à Berkeley, s'est
par la suite découvert une idéologie, insérée dans l'histoire, coupée et libérée de sa propre frayeur et de sa
propre époque. Certains, parmi tous ceux que j'ai
connus à Berkeley, se sont donné la mort peu de temps
après. Un autre a tenté de se suicider au Mexique puis,
en un rétablissement qui à bien des égards constituait
plutôt une crise plus grave encore, est rentré chez lui
et s'est inscrit pour trois ans dans le programme de
formation commerciale de la Bank of America. La
plupart d'entre nous ont vécu de manière moins théâ-
trale, mais demeurent les survivants d'une époque singulière et repliée sur soi. Si j'arrivais à croire que
monter sur une barricade pouvait un tant soit peu infléchir le destin des hommes, je monterais sur cette barricade, et bien souvent j'aimerais pouvoir le faire, mais
il ne serait pas très honnête de dire que je m'attends à
une fin heureuse de ce genre.

1970

En rampant vers Bethlehem

Le centre ne tenait plus. C'était un pays de dépôts de bilan et d'annonces de ventes aux enchères publiques et d'histoires quotidiennes de meurtres gratuits et d'enfants égarés et de maisons abandonnées et de vandales qui ne savaient même pas orthographier les mots orduriers qu'ils griffonnaient sur les murs. C'était un pays où il était courant de voir des familles se volatiliser, laissant dans leur sillage des chèques en bois et des papiers de procédures de saisie. Des adolescents erraient d'une ville déchirée à l'autre, renonçant au passé comme au futur tels des serpents se défaisant de leur peau pendant la mue ; enfants à qui l'on n'avait pas appris et qui n'apprendraient désormais jamais les jeux assurant la cohésion de la société. Des gens étaient portés disparus. Des enfants étaient portés disparus. Des parents étaient portés disparus. Ceux qui restaient lançaient des avis de recherche sans conviction, puis passaient à autre chose.

Ce n'était pas un pays en pleine révolution. Ce n'était pas un pays assiégé par l'ennemi. C'étaient les Etats-Unis d'Amérique, en ces froids derniers jours du printemps 1967, le marché se portait bien, le PNB était élevé, beaucoup parmi l'élite semblaient hautement conscients des enjeux sociaux, et ç'aurait pu être un printemps d'intrépides espérances et de grandes promesses nationales, mais ça ne l'était pas, et de plus en plus de gens comprenaient avec malaise que ça ne l'était pas. La seule chose qui paraissait claire, c'était qu'à un moment donné nous avions avorté de nous-mêmes et que ç'avait été une boucherie, et comme plus rien d'autre ne semblait guère avoir de sens, j'ai décidé d'aller à San Francisco. C'était là, à San Francisco, que l'hémorragie sociale était visible. C'était là, à San Francisco, que les enfants disparus se rassemblaient et se donnaient le nom de « hippies ». La première fois que je suis allée à San Francisco, en ces froids derniers jours du printemps 1967, je ne savais même pas ce que je voulais découvrir, alors je suis juste restée dans le coin pendant un moment, et je me suis fait quelques amis.

Une affichette dans Haight Street, San Francisco :

> *Le jour de Pâques*
> *Mon Christopher Robin est parti.*
> *Il a appelé le 10 avril*
> *Mais aucune nouvelle depuis.*
> *Il a dit qu'il rentrait*
> *Mais il ne l'a pas fait.*
>
> *Si vous le voyez sur Haight*
> *Dites-lui de ne pas tarder s'il vous plaît*
> *J'ai besoin qu'il revienne maintenant*
> *Je me fiche de savoir comment*
> *Si c'est l'argent qu'il lui faut*
> *Je le lui enverrai aussitôt.*

> *S'il y a un espoir*
> *Merci de me le faire savoir*
> *S'il est toujours ici*
> *Dites-lui combien je tiens à lui*
> *Il faut que je sache où il est, c'est important*
> *Car je l'aime tant !*

> *De tout cœur,*
> *Marla*

Marla Pence
12702 NE. Multnomah
Portland, Ore. 97230
503/252-2720.

Je cherche un type qui s'appelle Deadeye et j'entends dire qu'il est dans Haight cet après-midi pour affaires, alors je le guette en faisant semblant de lire les affiches dans le Psychedelic Shop quand un gamin, seize, dix-sept ans, entre et s'assied par terre à côté de moi.

« Vous cherchez quoi ? », demande-t-il.

Je réponds pas grand-chose.

« Ça fait trois jours que je suis défoncé », poursuit-il. Il me dit qu'il se shoote à la Méth, ce que j'avais déjà compris vu qu'il ne cherche même pas à dissimuler les traces de piqûres sur ses bras en baissant ses manches. Il est arrivé de Los Angeles il y a un certain nombre de semaines, il ne sait pas le nombre exact, et maintenant il s'apprête à repartir, direction New York, s'il arrive à trouver quelqu'un pour l'emmener. Je lui montre une annonce qui propose de faire la route

jusqu'à Chicago. Il se demande où se situe Chicago.
Je lui demande d'où il vient. « D'ici », répond-il. Je
veux dire avant ici. « San Jose, Chula Vista, j'sais pas.
Ma mère vit à Chula Vista. »

Quelques jours plus tard je le croise dans le Golden
Gate Park, à un concert des Grateful Dead. Je lui
demande s'il a trouvé quelqu'un pour faire la route
jusqu'à New York. « Paraît que New York ça craint »,
dit-il.

Aucune trace de Deadeye ce jour-là dans Haight, et
quelqu'un me dit que je le trouverai peut-être chez lui.
Il est trois heures et Deadeye est au lit. Quelqu'un
d'autre est endormi sur le canapé du salon, une fille
dort par terre sous un poster d'Allen Ginsberg, et deux
autres filles en pyjama sont en train de préparer du
café instantané. L'une des filles me présente à leur ami
allongé sur le canapé, lequel me tend la main mais ne
se lève pas, car il est tout nu. Deadeye et moi avons
une connaissance en commun, mais il ne mentionne
pas son nom devant les autres. « Le type à qui vous
avez parlé », dit-il, ou « le type dont je parlais tout à
l'heure ». Le type en question est un flic.

La pièce est surchauffée et la fille par terre est
malade. Deadeye dit que ça fait maintenant vingt-
quatre heures qu'elle dort. « Dites, vous voulez de
l'herbe ? » demande-t-il. Je réponds qu'il faut que j'y
aille. « Si vous en voulez, dit Deadeye, y a qu'à
demander. » Deadeye faisait partie des Angels de Los
Angeles, mais c'était il y a plusieurs années. « Là en
ce moment, dit-il, j'essaie de monter ce groupe religieux *groovy* – "Teenage Evangelism". »

Don et Max veulent aller dîner mais Don ne mange que macrobiotique, alors on se retrouve une fois de plus dans le quartier de Japantown. Max me raconte comment il s'est débarrassé de tous les vieux complexes freudiens de la classe moyenne. « Je vois une nana, ça va faire deux mois, par exemple elle me prépare quelque chose de spécial pour le dîner et moi je rentre avec trois jours de retard et je lui dis que j'étais occupé à baiser une autre nana, alors bon, peut-être qu'elle gueule un peu mais là je lui dis "J'suis comme ça, *baby*", alors elle se met à rire et elle me dit "T'es comme ça, Max". » Max dit que ça marche dans les deux sens. « Je veux dire, si elle rentre et qu'elle m'annonce qu'elle veut baiser avec Don, peut-être je lui dis "OK, *baby*, si c'est ton trip". »

Max voit sa vie comme une victoire triomphale sur tous les « fais pas ci fais pas ça ». Il a essayé certains de ces interdits avant ses vingt et un ans : peyotl, alcool, mescaline, Méthédrine. Il est resté sous Méth pendant trois ans, à New York et Tanger, avant de découvrir l'acide. La première fois qu'il a essayé le peyotl, c'était quand il vivait en Arkansas dans un pensionnat pour garçons et qu'il est parti sur la côte du Golfe où il a rencontré « un gamin indien qui faisait des trucs interdits. Après ça, chaque week-end où je pouvais me libérer, je faisais mille bornes en stop jusqu'à Brownsville, Texas, pour choper du peyotl. On en trouvait pour trente *cents* la boulette dans les rues de Brownsville. » Max a fait un tour dans presque toutes les écoles et les cliniques les plus huppées de la moitié est des Etats-Unis ; sa technique habituelle, pour lutter contre l'ennui, consistait à partir. Exemple : Max était à l'hôpital à New York et « l'infirmière de nuit était une Noire *groovy*, et l'après-midi, en thérapie, il y avait une nana d'Israël qui était intéressante, mais le matin y avait pas grand-chose à faire, alors je suis parti. »

On boit du thé vert en évoquant l'idée d'aller dans les mines naturelles de Malakoff Diggings, dans le comté de Nevada, parce que des types sont en train d'y monter une communauté et Max pense que ce serait un vrai *groove* de prendre de l'acide dans les mines. Il dit qu'on pourrait peut-être y aller la semaine prochaine, ou la semaine d'après, ou en tout cas avant son audience au tribunal. Presque tous ceux que je rencontre à San Francisco doivent se rendre prochainement au tribunal. Je ne demande jamais pourquoi.

Je suis toujours curieuse de savoir comment Max s'est débarrassé de ses complexes freudiens de la classe moyenne et je lui demande s'il est complètement libre à présent.

« Nan, dit-il. Y a l'acide. »

Max avale une pilule de 250 ou 350 microgrammes tous les six ou sept jours.

Max et Don partagent un joint dans la voiture et on va à North Beach voir si Otto, qui bosse en intérim là-bas, veut aller à Malakoff Diggings. Otto est en train de baratiner des ingénieurs en électronique. Les ingénieurs considèrent notre arrivée avec une certaine curiosité, sans doute, me dis-je, parce que Max porte des clochettes et un bandeau indien. Max a un peu de mal avec les ingénieurs coincés et leurs complexes freudiens. « Regardez-moi ça, dit-il. Toujours à gueuler et à nous traiter de "tapettes", et ensuite ils viennent en douce dans Haight-Ashbury pour essayer de choper une nana hippie parce qu'elle baise. »

On n'arrive pas à demander à Otto son avis sur
Malakoff Diggings parce qu'il veut me parler d'une
fille de quatorze ans qu'il connaît qui s'est fait pincer
dans le Parc l'autre jour. Elle se promenait, dit-il, toute
seule tranquille, ses livres de classe sous le bras, quand
les flics l'ont embarquée, coffrée et fouillée au corps.
« *Quatorze ans*, dit Otto. Fouillée *au corps*. »

« En pleine descente d'acide, ajoute-t-il, ça serait un
très mauvais trip. »

J'appelle Otto le lendemain après-midi pour voir s'il
peut me mettre en contact avec la fille de quatorze ans.
Mais elle est coincée par ses répétitions pour la pièce
de fin d'année de son école, *Le magicien d'Oz*. « C'est
l'heure de la route-de-brique-jaune », dit Otto. Otto a
été malade toute la journée. Il pense que c'est à cause
d'un mélange cocaïne-farine que quelqu'un lui a refilé.

Il y a toujours des petites filles autour des groupes
de rock – les mêmes petites filles qui traînaient autrefois
autour des joueurs de saxo, des filles qui vivent sur la
célébrité, la puissance et la sexualité qu'un groupe projette quand il joue – et il y en a trois, ici cet après-midi
à Sausalito, pendant que les Grateful Dead répètent.
Elles sont toutes jolies, deux d'entre elles ont encore
des joues de bébé et l'une danse toute seule, les yeux
fermés.

Je demande à deux des filles ce qu'elles font.

« Bah je viens ici assez souvent », dit l'une.

« Bah je connais un peu les Dead », dit l'autre.

Celle qui connaît un peu les Dead se met à couper
du pain de mie en tranches sur le tabouret du piano. Les
gars font une pause et l'un d'eux évoque le Cheetah, à

Los Angeles, là où il y avait l'Aragon Ballroom autrefois. « On était là à boire des bières, à la place où s'asseyait Lawrence Welk », dit Jerry Garcia.

La petite fille qui dansait toute seule se met à glousser. « C'est trop », dit-elle d'une voix douce. Elle a toujours les yeux fermés.

Quelqu'un m'a dit que si je voulais rencontrer des fugueurs, j'avais intérêt à faire des provisions de hamburgers et de Coca, alors c'est ce que j'ai fait, et maintenant nous mangeons dans le Parc ensemble, moi, Debbie, quinze ans, et Jeff, seize ans. Debbie et Jeff ont fugué il y a douze jours, ils ont quitté l'école un matin avec 100 dollars en poche à eux deux. Comme un avis de recherche a été lancé pour Debbie – elle était déjà sous le coup d'un avertissement depuis le jour où sa mère l'avait emmenée au poste de police pour déclarer qu'elle était incorrigible –, c'est seulement la deuxième fois qu'ils sortent de l'appartement de leur ami depuis leur arrivée à San Francisco. La première fois, ils sont allés au Fairmont Hotel prendre l'ascenseur extérieur, trois fois en montant et trois fois en descendant. « Waouh », dit Jeff, et c'est tout ce qu'il a à dire, à ce sujet.

Je demande pourquoi ils ont fugué.

« Mes parents disaient que je devais aller à l'église, dit Debbie. Et ils ne me laissaient pas m'habiller comme je voulais. En cinquième, j'avais des jupes plus longues que toutes les autres filles – ça s'est amélioré en quatrième, mais quand même.

— Ta mère était craignos, confirme Jeff.

— Ils n'aimaient pas Jeff. Ils n'aimaient pas mes copines. Mon père pensait que je ne valais rien et il ne se privait pas de me le dire. J'avais 10 de moyenne et il me disait que j'aurais le droit de sortir avec des garçons que quand j'aurais de meilleures notes, et ça aussi ça me faisait chier.

— Ma mère à moi, c'était une connasse américaine pur jus, dit Jeff. Elle faisait des tas d'histoires à propos de mes cheveux. Et elle aimait pas les bottines. C'était trop bizarre.

— Raconte les corvées, dit Debbie.

— Par exemple j'avais des corvées à faire. Si je ne finissais pas de repasser mes chemises pour la semaine, je pouvais pas sortir le week-end. C'était bizarre. Waouh. »

Debbie glousse et hoche la tête. « Cette année ça va être dément.

— On va juste laisser les choses arriver comme ça vient, dit Jeff. Tout est dans le futur, on peut pas prévoir à l'avance. D'abord on se trouve du boulot, ensuite un endroit où vivre. Ensuite, j'sais pas. »

Jeff termine les frites et réfléchit un moment au genre de boulot qu'il pourrait décrocher. « J'ai toujours aimé les carrosseries, la soudure, des trucs comme ça. » Je lui dis qu'il pourrait réparer les voitures. « J'ai pas trop l'esprit bricoleur, dit-il. De toute façon on peut pas prévoir à l'avance.

— Moi je pourrais faire du baby-sitting, dit Debbie. Ou bosser dans un magasin de fripes.

— Tu parles tout le temps de bosser dans un magasin de fripes.

— C'est parce que j'ai déjà travaillé dans un magasin de fripes. »

Debbie se polit les ongles avec la ceinture de sa veste en daim. Elle est contrariée parce qu'elle s'est cassé un ongle et parce que je n'ai pas de dissolvant dans la voiture. Je lui promets de l'emmener chez un ami où elle pourra se refaire les ongles, mais quelque chose me tracasse, et tout en essayant de mettre le contact je finis par poser la question. Je leur demande de repenser à leur enfance, de me dire ce qu'ils voulaient être quand ils seraient grands, comment ils voyaient l'avenir à l'époque.

Jeff jette une bouteille de Coca-Cola par la fenêtre de la voiture. « Je me rappelle pas avoir jamais réfléchi à ça, dit-il.

— Moi je me souviens que je voulais être vétérinaire à un moment, dit Debbie. Mais maintenant je travaille plus ou moins sur l'idée de devenir artiste ou mannequin ou esthéticienne. Ou quelque chose de ce genre. »

J'entends beaucoup parler d'un policier, l'Officier Arthur Gerrans, dont le nom est devenu synonyme de zèle du côté de Haight Street. « C'est notre Officer Krupke[1] à nous », m'a dit Max. Max n'aime pas trop l'Officier Gerrans parce que l'Officier Gerrans a coffré Max après le « Human Be-In » de l'hiver dernier, le grand Human Be-In qui a rassemblé 20 000 personnes à Golden Gate Park, ou 10 000 personnes, ou un certain nombre en tout cas ; il faut dire que l'Officier Gerrans a déjà arrêté presque tout le monde dans le quartier à

---

1. Le policier de la comédie musicale *West Side Story*. *(Toutes les notes sont du traducteur.)*

un moment ou un autre. Sans doute pour éviter que ne
se développe un culte autour de lui, l'Officier Gerrans
a été muté il n'y a pas longtemps, et quand je le rencontre, ce n'est pas au poste du Parc mais au commissariat central de Greenwich Avenue.

Nous sommes dans une salle d'interrogatoire,
et j'interroge l'Officier Gerrans. Il est jeune, blond,
méfiant, et j'y vais doucement. Je demande quels sont
pour lui « les principaux problèmes » dans Haight.

L'Officier Gerrans réfléchit. « Je dirais que les principaux problèmes, dit-il enfin, les principaux problèmes
sont les narcotiques et les jeunes. Les jeunes et les
narcotiques, les voilà, les principaux problèmes. »

Je le note.

« Un moment », dit l'Officier Gerrans avant de
sortir de la pièce. Il revient et me dit que je ne peux
pas lui parler sans la permission du Chef Thomas
Cahill.

« En attendant, ajoute l'Officier Gerrans en pointant
du doigt le calepin dans lequel j'ai écrit *principaux
problèmes : jeunes, stupéfiants*, je vais devoir garder
ces notes. »

Le lendemain, je demande la permission de parler
à l'Officier Gerrans, ainsi qu'au Chef Cahill. Quelques
jours plus tard, un sergent me rappelle.

« Nous avons enfin reçu la réponse du Chef concernant votre requête, dit le sergent, et c'est tabou. »

Je demande pourquoi il est tabou de parler à l'Officier Gerrans.

L'Officier Gerrans est impliqué dans des affaires
qui seront bientôt jugées devant le tribunal.

Je demande pourquoi il est tabou de parler au Chef
Cahill.

Le Chef a beaucoup de travail au commissariat.

Je demande si je peux parler à quelqu'un de la police, n'importe qui.

« Non, dit le sergent, pas actuellement. »

Et ç'a été mon dernier contact officiel avec le San Francisco Police Department.

Norris et moi sommes près du parc de Panhandle, et Norris me dit que tout est arrangé pour qu'un de ses amis m'emmène à Big Sur. Je réponds que ce dont j'ai vraiment envie, c'est de passer quelques jours avec Norris, sa femme et tous les autres dans leur maison. Norris dit que ce serait beaucoup plus facile si je prenais de l'acide. Je dis que je suis déséquilibrée. Norris dit bon d'accord, alors *de l'herbe* au moins, et il serre ma main.

Un jour, Norris demande quel âge j'ai. Je lui dis que j'ai trente-deux ans. Ça prend quelques minutes, mais Norris finit par réagir : « T'inquiète, dit-il, y a aussi des vieux hippies. »

C'est une belle soirée, il ne se passe pas grand-chose, et Max amène sa nana, Sharon, au Hangar. Le Hangar, l'endroit où vivent Don et un certain nombre d'autres personnes qui vont et viennent, n'est pas un vrai hangar mais le garage d'un hôtel désaffecté. Le Hangar a été conçu comme un théâtre total, un happening perpétuel, et je m'y sens toujours bien. Ce qui s'est passé il y a dix minutes ou ce qui se passera dans une demi-heure a tendance à se dissiper de votre esprit au Hangar. Il y a toujours quelqu'un qui fait quelque chose d'intéressant, par exemple qui travaille sur un spectacle de lumières, et il y a beaucoup d'objets inté-ressants, comme une vieille Chevrolet de course trans-formée en lit, un grand drapeau américain qui flotte en hauteur dans la pénombre, et un fauteuil rembourré suspendu aux poutrelles comme une balançoire, le but étant de créer un effet planant de privation sensorielle.

L'une des raisons pour lesquelles j'aime tant le Hangar, c'est qu'un enfant, Michael, y vit en ce moment. La mère de Michael, Sue Ann, est une fille douce au teint blafard, toujours dans la cuisine en train de préparer des algues ou du pain macrobiotique tandis que Michael joue avec des bâtons d'encens, un vieux tambourin ou un cheval à bascule à la peinture écaillée. La première fois que j'ai vu Michael, il était sur ce cheval : un enfant très blond, pâle et sale, sur un cheval à bascule sans peinture. Il y avait pour toute lumière dans le Hangar cet après-midi-là un projecteur bleu, et il éclairait Michael qui chantait doucement à l'oreille du cheval de bois. Michael a trois ans. C'est un enfant intelligent mais il ne parle pas encore.

Ce soir, Michael essaie d'allumer ses bâtons d'encens, autour il y a la foule habituelle et tout le monde va dans la chambre de Don s'asseoir sur le lit et se passer des joints. Sharon arrive, très excitée. « Don, s'écrie-t-elle à bout de souffle. On a trouvé du STP[1]. » À l'époque, souvenez-vous, le STP, c'était toute une affaire ; personne ne savait encore ce que c'était et il était relativement – très relativement – difficile de s'en procurer. Sharon est blonde, propre, et elle doit avoir

---

1. Substance hallucinogène dont le nom est l'acronyme de la formule Sérénité-Tranquillité-Paix.

dix-sept ans, mais Max demeure assez vague à ce sujet ; il passe déjà devant le tribunal dans un mois, alors autant s'épargner un détournement de mineur par-dessus le marché. Les parents de Sharon vivaient séparément la dernière fois qu'elle les a vus. L'école ne lui manque pas, ni rien d'autre de son passé, sauf son petit frère. « Je veux l'initier, a-t-elle dit un jour. Il a quatorze ans, c'est l'âge idéal. Je sais dans quel lycée il va, et un jour j'irai le chercher. »

Le temps passe, je perds le fil, et quand je le retrouve, Max est apparemment en train d'expliquer à quel point c'est beau, la façon dont Sharon fait la vaisselle.

« Bien sûr que c'est beau, dit Sharon. *Tout* est beau. C'est vrai, on peut regarder cette giclée de détergent bleu couler sur l'assiette, la regarder dissoudre la graisse – eh bien ça peut être un vrai *trip*. »

D'ici peu de temps maintenant, peut-être le mois prochain, peut-être plus tard, Max et Sharon ont l'intention de partir en Afrique et en Inde, où ils pourront vivre de la terre. « J'ai un petit fond d'épargne, tu vois, dit Max, ce qui est pratique parce que ça montre aux flics et aux douaniers que je suis réglo, mais vivre de la terre, c'est ça le vrai truc. On peut trouver de quoi planer et de quoi se shooter en ville, d'accord, mais il faut qu'on aille voir ailleurs et qu'on vive organiquement.

— Les racines, les trucs comme ça », dit Sharon en allumant un autre bâton d'encens pour Michael. La mère de Michael est encore dans la cuisine en train de préparer des algues. « On peut les manger. »

Onze heures environ ; on quitte le Hangar pour rejoindre l'endroit où vivent Max et Sharon avec un couple, Tom et Barbara. Sharon est contente de rentrer chez elle (« J'espère que tu as préparé des joints dans la cuisine », dit-elle à Barbara pour la saluer) et tout le monde est content de me montrer l'appartement, où il y a beaucoup de fleurs, de bougies et de cachemire. Max, Sharon, Tom et Barbara se défoncent au hasch, tout le monde danse un peu, on fabrique quelques projections liquides, on installe un stroboscope et chacun plane comme ça à tour de rôle. Tard dans la soirée, un dénommé Steve arrive, accompagné d'une jolie brune. Ils sont allés à une réunion de gens qui pratiquent le yoga à l'occidentale, mais ils n'ont pas l'air de vouloir parler de ça. Ils s'allongent par terre un moment, puis Steve se relève.

« Max, annonce-t-il, j'ai une chose à dire.

— C'est ton *trip*. » Max est à cran.

« J'ai trouvé l'amour sous acide. Mais je l'ai perdu. Et maintenant je le retrouve. Avec rien que de l'herbe. »

Max marmonne que le paradis et l'enfer sont tous deux dans le karma de chacun.

« C'est ça qui me gêne dans l'art psychédélique, dit Steve.

— Quoi, l'art psychédélique, dit Max. J'ai pas vu beaucoup d'art psychédélique. »

Max est allongé sur un lit avec Sharon, et Steve se penche vers lui. « *Groove, baby*, dit-il. T'es *groove*. »

Steve s'assied alors et me raconte l'été où il était dans une école de design du Rhode Island et où il a fait trente *trips*, tous mauvais pour les derniers. Je lui demande pourquoi ils étaient mauvais. « Je pourrais vous dire que c'était à cause de mes névroses, dit-il, mais c'est des conneries. »

Quelques jours plus tard, je passe voir Steve chez lui. Il arpente nerveusement la pièce qui lui sert d'atelier et me montre ses toiles. Nous paraissons tourner autour du pot.

« Vous avez peut-être remarqué qu'il se passait quelque chose chez Max », dit-il brusquement.

Il semblerait que la fille qu'il a amenée, la jolie brune, est l'ancienne petite amie de Max. Elle l'avait suivi à Tanger puis ici à San Francisco. Mais Max est avec Sharon. « Donc elle crèche plus ou moins ici », dit Steve.

Steve est perturbé par beaucoup de choses. Il a vingt-trois ans, il a grandi en Virginie, et il pense que la Californie est le début de la fin. « J'ai l'impression que c'est n'importe quoi, dit-il en baissant la voix. Cette nana me raconte que la vie n'a pas de sens mais que ça n'a pas d'importance, qu'on va se laisser porter et s'en sortir. Parfois j'ai eu envie de faire mes valises et de repartir sur la côte Est, là-bas au moins j'avais un *but*. Là-bas au moins vous vous dites que ça va *arriver*. » Il m'allume une cigarette et ses mains tremblent. « Ici vous savez que non. »

Je demande ce qui est censé arriver.

« Je sais pas, dit-il. Quelque chose. N'importe quoi. »

Arthur Lisch est au téléphone dans sa cuisine ; il essaie de persuader VISTA[1] d'intervenir dans le District.

---

1. VISTA, acronyme de « Volunteers in Service To America » : organisme public d'aide aux plus démunis créé dans le cadre du programme « Guerre à la Pauvreté » lancé par l'administration Kennedy en 1963.

« Mais c'est déjà l'urgence, insiste-t-il tout en essayant
de libérer sa fille, âgée d'un an et demi, qui s'est entor-
tillée dans les fils du téléphone. On ne reçoit aucune
aide ici, personne ne peut garantir ce qui va se passer.
Il y a des gens qui dorment dans la rue, ici. Il y a des
gens qui crèvent de faim. » Un silence. « D'accord, dit-il
ensuite, puis il élève la voix. Oui, ils font ça par choix.
Et alors. »

Je suis saisie, en l'écoutant au téléphone, par le
tableau plutôt dickensien de la vie aux abords du
Golden Gate Park qu'il brosse à grands traits ; il faut
dire que c'est la première fois que j'assiste au numéro
d'Arthur Lisch sur le thème « demain-l'émeute-
à-moins-que ». Arthur Lisch est un peu le chef de file
des Diggers – un groupe de bienfaiteurs anonymes,
selon la mythologie officielle du District, dont la seule
intention collective est de donner un coup de main.
Toujours selon la mythologie officielle du District, les
Diggers n'ont pas de « chefs », et pourtant Arthur
Lisch en est bien un. Arthur Lisch est également rémunéré par l'American Friends Service Committee[1] et il
vit avec sa femme Jane et leurs deux jeunes enfants
dans un appartement en enfilade où règne ce jour-là
un certain désordre. D'abord, le téléphone n'arrête pas
de sonner. Arthur promet d'assister à une audience à
la mairie. Arthur promet d'« envoyer Edward, il est
bien ». Arthur promet de trouver un bon groupe, peut-
être les Loading Zone, qui accepterait de jouer béné-
volement pour une organisation caritative juive. Et puis
il y a le bébé qui pleure sans interruption jusqu'à ce

---

1. Organisation caritative de quakers.

que Jane Lisch lui apporte un petit pot Gerber de nouilles au poulet. Autre élément venant ajouter à la confusion, un dénommé Bob, qui est simplement assis dans le salon et qui regarde ses orteils. D'abord un pied, puis l'autre. J'essaie plusieurs fois d'inclure Bob dans la conversation avant de me rendre compte qu'il est en plein mauvais trip. Enfin, deux personnes sont en train de hacher ce qui ressemble à un gros quartier de bœuf à même le sol de la cuisine ; une fois la viande hachée, Jane la fera cuire pour la soupe populaire des Diggers dans le Parc.

Arthur ne paraît rien remarquer de tout cela. Il continue de parler de la robotisation de la société et de la campagne annuelle d'émeutes garanties dans Haight à moins que.

J'appelle chez les Lisch un ou deux jours plus tard et je demande à parler à Arthur. Jane Lisch dit qu'il est parti prendre sa douche chez le voisin parce que quelqu'un est en pleine descente dans leur salle de bains. A part cet incident, ils attendent la visite d'un psychiatre pour Bob. Et celle d'un médecin pour Edward, qui ne va pas bien du tout mais qui a la grippe. Jane dit que je devrais peut-être parler à Chester Anderson. Elle refuse de me donner son numéro.

Chester Anderson est une figure historique de la Beat Generation, un homme d'environ trente-cinq ans qui doit son emprise singulière sur le District à la machine à ronéotyper qu'il possède, sur laquelle il imprime des communiqués signés « la Compagnie de communication ». Toujours selon la mythologie officielle du District, la Compagnie de communication publie tout et tous ceux qui ont quelque chose à dire, mais en réalité Chester Anderson publie uniquement ce qu'il écrit lui-même, ce qu'il approuve, ou encore ce qu'il considère inoffensif ou anecdotique. Ses déclarations, empilées dans la rue et affichées sur les vitrines de Haight, suscitent une certaine appréhension chez les habitants du District et une immense curiosité chez les autres, qui les étudient, tels des observateurs de la Chine, attentifs aux moindres inflexions de ces obscures idéologies. Un communiqué d'Anderson peut être très spécifique, par exemple désigner le responsable d'une opération de saisie de marijuana, ou donner au contraire dans une veine beaucoup plus générale :

Une jolie petite nana de 16 ans issue de la classe moyenne arrive dans le quartier de Haight pour voir de quoi il retourne & se fait ramasser dans la rue par un dealer de 17 ans qui passe la journée à la bourrer de speed encore & encore, avant de lui faire avaler 3 000 pilules & de mettre à la loterie son corps temporairement inutilisé pour le plus grand gangbang dans Haight Street depuis l'avant-dernière nuit. La politique et l'éthique de l'ecstasy. Les viols sont aussi fréquents que la connerie dans Haight Street. Des gamins crèvent de faim dans la rue. On mutile des esprits et des corps sous nos yeux ; un Vietnam à échelle réduite.

Quelqu'un d'autre que Jane Lisch m'a donné une adresse où trouver Chester Anderson, 443 Arguello, mais le 443 Arguello n'existe pas. Je téléphone à la femme du type qui m'a indiqué le 443 Arguello et elle dit que c'est au 742 Arguello.

« Mais n'y allez pas », dit-elle.

Je dis que j'appellerai alors.

« Il n'y a pas de numéro de téléphone, dit-elle. Je peux pas vous le donner.

— 742 Arguello.

— Non, dit-elle. Et n'y allez pas. Et n'utilisez pas mon nom ni celui de mon mari si vous y allez. »

C'est l'épouse d'un professeur de lettres du San Francisco State College. Je décide de rester discrète sur la question Chester Anderson pendant un moment.

> *La parano frappe fort –*
> *Ta vie, elle la dévore –*
> est une chanson que les Buffalo
> Springfield chantent.

Le plan Malakoff Diggings est plus ou moins oublié, mais Max me propose de passer chez lui, juste pour être là, la prochaine fois qu'il prendra de l'acide. Tom en prendra aussi, probablement Sharon, peut-être Barbara. Ça ne peut pas se faire avant cinq ou six jours parce que Max et Tom sont en plein trip STP pour l'instant. Ils n'adorent pas le STP, mais il a ses avantages. « On garde sa cervelle, dit Tom. Je pourrais écrire sous STP, mais pas sous acide. » C'est la première fois que j'entends parler de quelque chose qu'on ne peut pas faire sous acide, et la première fois aussi que j'entends dire que Tom écrit.

Otto se sent mieux parce qu'il a découvert que ce n'est pas le mélange cocaïne-farine qui l'avait rendu

malade. C'était la varicelle, qu'il a attrapée en faisant
du baby-sitting pour Big Brother and the Holding
Company, un soir qu'ils étaient en concert. Je vais le
voir et je rencontre Vicki, qui chante de temps en temps
avec un groupe appelé les Jook Savages et qui vit chez
Otto. Vicki a arrêté ses études au lycée de Laguna
High, « parce que j'avais la mono », a suivi la tournée
des Grateful Dead jusqu'à San Francisco et vit ici
« depuis un bout de temps ». Sa mère et son père sont
divorcés, et elle ne voit pas son père, qui travaille pour
une chaîne de télé à New York. Il y a quelques mois,
il est venu faire un documentaire sur le District et a
essayé de la retrouver, mais en vain. Plus tard il lui a
adressé une lettre, par l'intermédiaire de sa mère, pour
la conjurer de retourner au lycée. Vicki pense que c'est
ce qu'elle fera, à un moment ou un autre, mais là tout
de suite elle ne voit pas l'intérêt.

Nous mangeons des tempura à Japantown, Chet
Helms et moi, et il me fait part de ses opinions. Jusqu'à
il y a deux ans, Chet Helms n'avait jamais fait grand-
chose, à part voyager en stop, mais aujourd'hui il gère
l'Avalon Ballroom et passe par le pôle Nord en avion
pour aller voir ce qui se passe du côté de la scène
londonienne, et il dit des choses comme « Juste histoire
d'être bien clair j'aimerais catégoriser les aspects de
la religion primitive telle que je la conçois ». Là, il me
parle de Marshall McLuhan et m'explique que le mot
écrit touche à sa fin, terminé, plus rien. « L'*East Village Other* est l'un des rares journaux d'Amérique dont
les comptes ne soient pas dans le rouge, dit-il. J'ai lu
ça dans *Barron's*. »

Un nouveau groupe est censé jouer dans le Panhandle aujourd'hui, mais ils ont des problèmes avec l'ampli et je suis assise au soleil en train d'écouter la conversation de deux filles, dix-sept ans peut-être. L'une d'elles est très maquillée et l'autre porte un Levi's et des bottes de cow-boy. Elle n'a pas l'air de porter ces bottes par affectation ; on dirait qu'elle est arrivée de son ranch il y a deux semaines. Je me demande ce qu'elle fait ici, dans le Panhandle, à essayer de devenir amie avec cette fille de la ville qui la snobe, mais je ne m'interroge pas longtemps, parce qu'elle est aimable et maladroite et je l'imagine passer toutes ces années dans le lycée public du coin d'où elle vient sans que personne l'invite jamais à Reno le samedi soir voir un film au drive-in et boire une bière sur les berges, alors elle s'enfuit. « Je connais un truc sur les billets de banque, dit-elle à présent. Si t'en trouves un avec les chiffres "1111" dans un coin et "1111" dans l'autre, tu l'apportes à Dallas, Texas, et ils t'en donneront 15 dollars.

— Qui ça ? demande la fille de la ville.

— Je sais pas. »

« Il n'y a que trois données importantes dans le monde aujourd'hui », m'a dit encore Chet Helms un autre soir. Nous étions à l'Avalon, sous les lumières du stroboscope, des spots multicolores et des peintures fluorescentes, et la boîte était pleine de lycéens qui voulaient donner l'impression de planer. La sono de l'Avalon projette 126 décibels dans un rayon de

150 mètres, mais pour Chet Helms ce bruit est aussi naturel que l'air et ne l'empêche pas de parler. « La première, dit-il, c'est que Dieu est mort l'année dernière et que sa nécro a été publiée dans la presse. La deuxième, c'est que cinquante pour cent de la population a ou aura moins de vingt-cinq ans. » Un garçon s'est avancé vers nous en agitant un tambourin et Chet lui a adressé un sourire bienveillant. « La troisième, reprend-il, c'est qu'ils ont vingt milliards de dollars à jeter par les fenêtres. »

Le jeudi arrive, un jeudi quelconque, et Max, Tom, Sharon et peut-être Barbara vont prendre de l'acide. Ils veulent commencer vers trois heures. Barbara a fait du pain, Max est allé cueillir des fleurs dans le Parc, et Sharon prépare un écriteau à mettre sur la porte : NE PAS DÉRANGER, SONNER, FRAPPER OU DÉRANGER D'UNE FAÇON OU D'UNE AUTRE. LOVE. Ce n'est pas ainsi que je m'adresserais à l'inspecteur des services d'hygiène qui doit venir cette semaine, ou à l'un des agents de la brigade antidrogue parmi les plusieurs dizaines qui circulent dans le District, mais je me dis que c'est le *trip* de Sharon.

Une fois l'écriteau terminé, Sharon ne tient soudain plus en place. « Je peux au moins passer le nouveau disque ? demande-t-elle à Max.

— Tom et Barbara veulent attendre qu'on plane pour l'écouter.

— Je m'ennuie là à traîner sans rien faire. »

Max la regarde bondir et prendre la porte. « Ça, c'est ce qu'on appelle le flip d'angoisse avant acide », dit-il.

Aucune trace de Barbara. Tom n'arrête pas d'entrer

et de sortir. « Tous ces trucs innombrables de dernière minute qu'il faut faire », grommelle-t-il.

« C'est un truc délicat, l'acide », dit Max au bout d'un moment. Il allume et éteint la stéréo. « Quand une nana prend de l'acide, ça va si elle est seule, mais si elle vit avec quelqu'un, ça fait ressortir l'anxiété. Et si l'heure et demie de préparation avant la prise d'acide ne se passe pas en douceur... » Il ramasse un cafard et l'observe, puis ajoute : « Ils ont un petit souci à régler là-bas avec Barbara. »

Sharon et Tom entrent.

« Toi aussi t'es furieuse ? » demande Max à Sharon. Sharon ne répond pas.

Max se tourne vers Tom. « Elle va bien ?

— Ouais.

— On peut prendre de l'acide ? » Max est à cran.

« Je sais pas ce qu'elle va faire.

— Qu'est-ce que tu veux faire ?

— Ce que je veux faire dépend de ce qu'elle veut faire. » Tom roule quelques joints, en enduisant d'abord les feuilles avec une résine de marijuana qu'il fabrique lui-même. Il emporte les joints dans la chambre, et Sharon le suit.

« Il se passe un truc comme ça chaque fois que les gens prennent de l'acide », dit Max. Au bout d'un moment il se déride et explique sa théorie. « Il y a des gens qui n'aiment pas sortir d'eux-mêmes, c'est ça le problème. Toi par exemple, tu n'aimerais sans doute pas. Tu prendrais sans doute un quart de comprimé seulement. Avec un quart, il reste de l'ego, et il veut des choses. Mais si ce qu'il veut c'est baiser par exemple, et que ta nana ou ton mec est ailleurs en train de flasher, eh bah se faire rembarrer sous acide, ça peut être la déprime pendant des mois. »

Sharon revient, souriante. « Barbara prendra peut-être de l'acide, on se sent tous mieux, on a fumé un joint. »

A trois heures et demie cet après-midi-là, Max, Tom et Sharon se sont mis chacun un comprimé sous la langue et se sont assis ensemble dans le salon pour attendre le flash. Barbara est restée dans la chambre à fumer du hasch. Au cours des quatre heures qui ont suivi, une fenêtre a claqué une fois dans la chambre de Barbara, et vers cinq heures et demie des enfants se sont battus dans la rue. Un rideau a été soulevé par la brise de l'après-midi. Un chat a griffé un beagle sur les genoux de Sharon. A part la mélodie du sitar dans la stéréo, il n'y a eu aucun son ni aucun mouvement jusqu'à sept heures et demie, quand Max a dit : « Waouh. »

Je croise Deadeye dans Haight Street, et il monte dans la voiture. Jusqu'à ce qu'on soit sortis du quartier, il reste enfoncé dans son siège et se fait discret. Deadeye veut me présenter sa nana, mais d'abord il veut me raconter comment aider les gens est devenu son truc.

« J'étais là, un gosse qui joue les gros durs sur sa bécane, dit-il, et tout à coup je comprends que les jeunes ne sont pas obligés de marcher seuls. » Deadeye a un regard limpide d'évangéliste et la rhétorique bonhomme d'un vendeur de voitures. Il est le produit type de la société. J'essaie de plonger mes yeux dans les siens parce qu'il m'a dit un jour qu'il savait lire la personnalité dans le regard des gens, surtout quand il venait de prendre de l'acide, ce qu'il a fait aujourd'hui, vers neuf heures ce matin. « Ils n'ont qu'à se souvenir d'une chose, poursuit-il. La Prière du Seigneur. Et ça, ça peut les aider de plus d'une façon. »

Il sort de son portefeuille une lettre qui a été pliée et dépliée de nombreuses fois. C'est la lettre d'une petite fille qu'il a aidée. « Mon doux frère, commence-t-elle. Je me suis dit que j'allais t'écrire une lettre puisque je suis une partie de toi. Souviens-toi bien : Quand tu éprouves du bonheur, j'en éprouve, quand tu éprouves... »

« Ce que je veux faire maintenant, dit Deadeye, c'est ouvrir une maison où chacun, quel que soit son âge, pourrait venir, passer quelques jours, parler de ses problèmes. Les gens de ton âge aussi, ils ont des problèmes. »

Je fais remarquer que cette maison coûtera de l'argent.

« J'ai trouvé un moyen d'en faire, de l'argent », dit Deadeye. Il hésite quelques secondes seulement. « J'aurais pu me faire quatre-vingt-cinq dollars dans la rue, à l'instant. Tu vois, j'avais cent comprimés d'acide dans ma poche. Fallait que je trouve vingt dollars avant ce soir ou on se faisait mettre à la porte, et comme je connaissais quelqu'un qui avait de l'acide et quelqu'un qui en voulait, alors j'ai fait l'intermédiaire. »

Depuis que la Mafia s'est mise sur le marché du LSD, la quantité augmente et la qualité baisse... L'historien Arnold Toynbee a fêté son 78ᵉ anniversaire vendredi soir en claquant des doigts et en

*tapant du pied en écoutant le groupe Quicksilver
Messenger Service...* sont deux informations extraites
de l'éditorial de Herb Caen un matin du printemps
1967 tandis que l'Occident déclinait.

Quand j'étais à San Francisco, un comprimé ou une
pilule de LSD-25 coûtait de 3 à 5 dollars, selon le
vendeur et le quartier. Le LSD valait légèrement moins
à Haight-Ashbury qu'à Fillmore, où on en prenait en
moins grande quantité et surtout à des fins sexuelles, et
où les vendeurs s'en servaient pour inciter à des drogues
plus dures, à savoir l'héroïne ou le *smack*. L'acide était
très souvent coupé à la Méthédrine – nom commercial
d'une amphétamine – car celle-ci stimule le *flash* que
ne procure pas l'acide de mauvaise qualité. Personne
ne sait exactement combien de LSD contient un
comprimé, mais le *trip* de base est censé se produire
autour de 250 microgrammes. L'herbe se vendait
10 dollars le sachet, 5 dollars la boîte d'allumettes. Le
hasch était considéré comme un « produit de luxe ».
Toutes les amphétamines, ou *speed* – Benzédrine, Dexé-
drine, et surtout Méthédrine –, étaient beaucoup plus
courantes à la fin du printemps qu'elles ne l'avaient été
au début du printemps. Certains attribuaient ce phénomène à la présence du Syndicat ; d'autres à la détérioration générale de l'ambiance, aux incursions de gangs
et de hippies occasionnels, ou « hippies plastiques »,
qui aiment les amphétamines et l'illusion d'action et de
pouvoir qu'elles procurent. Quand il y a beaucoup de
Méthédrine en circulation, on trouve aussi plus
d'héroïne, car, m'a-t-on dit : « On peut planer grave en

se faisant un shoot de cristal, et le *smack* peut aider à la descente. »

La copine de Deadeye, Gerry, nous retrouve devant chez elle. C'est une fille forte et chaleureuse qui passait toutes ses vacances d'été dans des camps de scouts et travaillait « dans le social » à l'université de Washington, jusqu'au jour où elle a décidé qu'elle « n'avait pas assez vécu » et où elle est venue à San Francisco. « En fait la chaleur était atroce à Seattle », ajoute-t-elle.

« La première nuit que j'ai passée ici, dit-elle, j'ai créché chez une nana que j'avais rencontrée au Blue Unicorn. J'avais l'air de débarquer, avec mon sac à dos et tout. » Ensuite, Gerry a passé quelque temps dans une maison gérée par les Diggers, où elle a rencontré Deadeye. « Après il m'a fallu du temps pour trouver mes marques, alors j'ai pas beaucoup bossé depuis. »

Je demande à Gerry ce qu'elle fait comme travail. « En gros je suis poète, dit-elle, mais je me suis fait voler ma guitare peu de temps après mon arrivée, et ça m'a un peu planté mon truc.

— Amène tes bouquins, ordonne Deadeye. Montre-lui tes bouquins. »

Gerry rechigne, puis va dans la chambre et en revient avec plusieurs carnets remplis de poèmes. Je les feuillette mais Deadeye continue de parler d'aider les gens. « N'importe quel gamin qui est sous speed, dit-il, j'essaie de le faire décrocher. Le seul avantage, du point de vue du gamin, c'est que t'as plus à te préoccuper de dormir ou de manger.

— Ou de baiser, ajoute Gerry.

— Exact. Quand t'es défoncé au cristal, t'as besoin de *rien*.

— Ça peut conduire à la came dure, dit Gerry. Un mec qui se défonce à la Méth, dès qu'il se met à s'enfoncer une aiguille dans le bras, c'est pas bien compliqué de se dire, tiens, si je me shootais un peu de *smack*. »

Pendant ce temps, je regarde les poèmes de Gerry. Ce sont les poèmes d'une très jeune fille ; chacun a été écrit avec application et se termine par une fioriture. Les aubes sont rose pâle, les cieux argentés. Quand Gerry écrit le mot « cristal » dans ses carnets, ce n'est pas de Méthédrine qu'elle parle.

« Faut que tu te remettes à écrire », dit Deadeye avec affection, mais Gerry l'ignore. Elle parle d'un type qui l'a demandée en mariage hier. « Il m'a accostée dans Haight et m'a proposé six cents dollars pour aller avec lui à Reno et l'épouser.

— Tu n'es pas la seule à qui il a demandé ça, dit Deadeye.

— Si y en a qui veulent aller avec lui, pas de problème, dit Gerry. Mais qu'on vienne pas me gâcher mon trip. » Elle vide la boîte de thon en conserve que nous utilisons comme cendrier et va jeter un œil sur la fille qui dort par terre. C'est la même fille qui dormait par terre la première fois que je suis venue chez Deadeye. Ça fait maintenant une semaine qu'elle est malade, dix jours. « D'habitude quand quelqu'un m'aborde comme ça dans Haight, ajoute Gerry, je lui pique un peu de monnaie. »

Quand j'ai croisé Gerry dans le Parc le lendemain, je lui ai demandé des nouvelles de la fille malade, et Gerry a dit d'un ton enjoué qu'elle était à l'hôpital et qu'elle avait une pneumonie.

Max me raconte comment ils se sont rencontrés, avec Sharon. « La première fois que je l'ai vue dans Haight Street, j'ai flashé. Je veux dire, vraiment flashé. Alors j'ai commencé à lui parler de son collier, tu vois, sauf que je n'en avais rien à faire de son collier. » Sharon habitait dans une maison où vivait un ami de Max, et la deuxième fois qu'il la vit, c'est quand il apporta à cet ami des bananes. « C'était pendant la grande période des bananes. Il fallait un peu forcer sa personnalité et avaler les peaux de bananes. Sharon et moi, on était comme des gosses – on fumait des bananes et on se regardait et on fumait encore des bananes et on se regardait. »

Mais Max hésitait. D'abord, se disait-il, Sharon était la copine de son ami. « Et puis je ne savais pas si j'avais envie de me fixer avec une nana. » Mais lors de sa visite suivante, Sharon était sous acide.

« Alors tout le monde a gueulé : "Voilà l'homme aux bananes", intervient Sharon, et j'étais surexcitée.

— Elle vivait dans cette baraque de dingues, continue Max. Il y avait un gosse, il arrêtait pas de brailler. Son *trip* à lui, c'était de s'entraîner à brailler. C'était trop. » Max gardait toujours ses distances avec Sharon. « Mais ensuite elle m'a proposé une dose, et c'est là que j'ai su. »

Max est allé dans la cuisine puis est revenu, le comprimé dans la main, se demandant s'il allait le prendre ou non. « Et puis j'ai décidé de suivre le mouvement, et voilà. Parce qu'à partir du moment où on se fait un plan acide avec quelqu'un sur qui on flashe, on voit le monde entier se liquéfier dans ses yeux.

— C'est le truc le plus fort au monde, dit Sharon.

— Rien ne peut le briser, dit Max. Tant que ça dure. »

No milk today –
My love has gone away...
The end of my hopes –
The end of all my dreams –
est une chanson que j'entendais tous les matins en ces froids derniers jours du printemps 1967 sur KFRC, la radio Flower Power, San Francisco.

Deadeye et Gerry me disent qu'ils prévoient de se marier. Un prêtre épiscopalien du District a promis de célébrer leur union dans le Golden Gate Park, et il y aura quelques groupes de rock, « un vrai truc de communauté ». Le frère de Gerry se marie lui aussi, à Seattle. « C'est assez marrant, songe Gerry, parce que tu vois, lui c'est le plan mariage traditionnel, et ça fait contraste avec le nôtre.

— Faudra que je mette une cravate pour le sien, dit Deadeye.

— Oui, dit Gerry.

— Ses parents sont venus pour me rencontrer, mais ils n'étaient pas prêts pour moi, remarque Deadeye avec philosophie.

— Ils ont fini par nous donner leur bénédiction, dit Gerry. En quelque sorte.

— Ils sont venus me voir et son père a dit : "Prenez soin d'elle", se souvient Deadeye. Et sa mère a dit : "Empêchez-la de finir en prison." »

Barbara a fait une tarte aux pommes macrobiotique, et elle, Tom, Max, Sharon et moi la mangeons. Barbara me raconte comment elle a appris à trouver le bonheur dans « le truc féminin ». Elle et Tom étaient partis quelque part vivre avec les Indiens, et même si au départ elle trouvait dur d'être mise à l'écart avec les femmes et de ne jamais participer aux palabres des hommes, elle n'avait pas tardé à comprendre. « Tout le *trip*, c'était ça, justement », dit-elle.

Barbara est sur ce qu'on appelle le trip féminin à l'exclusion de presque tout le reste. Quand elle, Tom, Max et Sharon ont besoin d'argent, Barbara prend un travail à mi-temps, mannequin ou enseignante en maternelle, mais elle n'aime pas gagner plus de dix ou vingt dollars par semaine. La plupart du temps, elle reste à la maison et fait la cuisine. « Faire quelque chose qui témoigne de l'amour de cette façon, dit-elle, c'est la plus belle chose que je connaisse. » Chaque fois que j'entends parler du trip féminin, c'est-à-dire souvent, je pense beaucoup au slogan rien-ne-dit-je-t'aime-autant-qu'un-bon-petit-plat et à la Mystique Féminine et à ces gens qui peuvent parfois se retrouver instrumentalisés de manière inconsciente par des valeurs qu'ils rejetteraient catégoriquement s'ils en avaient conscience, mais je n'en parle pas à Barbara.

C'est une belle journée, je descends Haight en voiture et j'aperçois Barbara à un feu rouge.

Qu'est-ce que je fais ? veut-elle savoir.

Je fais juste un tour en voiture.

« *Groovy* », dit-elle.

C'est une belle journée, dis-je.

« *Groovy* », acquiesce-t-elle.

Elle veut savoir si je passerai. Bientôt, dis-je.

« *Groovy* », dit-elle.

Je lui demande si elle veut faire un tour dans le Parc, mais elle a trop à faire. Elle est sortie acheter de la laine pour son métier à tisser.

Arthur Lisch devient nerveux chaque fois qu'il me voit désormais, car le mot d'ordre des Diggers, cette semaine, c'est qu'ils ne parlent pas aux « empoisonneurs des médias », c'est-à-dire moi. Je n'ai donc toujours aucune piste pour trouver Chester Anderson, mais un jour, dans le Panhandle, je croise un gamin qui se prétend « l'associé » de Chester. Il porte une capeline et un chapeau mou noirs, un pull mauve Job's Daughters, des lunettes noires, et il me dit qu'il s'appelle Claude Hayward, mais peu importe car pour moi il est simplement le Contact. Le Contact propose de « m'examiner ».

J'enlève mes lunettes noires pour qu'il voie mes yeux. Il garde les siennes.

« Combien vous êtes payée pour ce genre d'empoisonnement médiatique ? » dit-il pour commencer.

Je remets mes lunettes noires.

« Il n'y a qu'un moyen de savoir de quoi il retourne, dit Le Contact en désignant du pouce le photographe

qui m'accompagne. Dégagez-le et venez dans Haight.
Ne prenez pas d'argent. Vous n'aurez pas besoin
d'argent. » Il sort de sa capeline une affichette ronéo-
typée qui annonce une série de cours à la boutique
gratuite des Diggers sur Comment Eviter les Arrestations, les Gangbangs, les MST, le Viol, la Grossesse,
les Bastonnades et la Faim. « Vous devriez venir, dit
le Contact. Vous en aurez besoin. »

Je dis que peut-être, mais qu'entre-temps j'aimerais
parler à Chester Anderson.

« Si on décide de vous joindre, dit le Contact, on
vous joindra très vite. » Il a continué à me surveiller
dans le Parc après ça mais n'a jamais appelé au numéro
que je lui ai donné.

C'est le crépuscule, il fait froid et il est trop tôt pour
avoir une chance de trouver Deadeye au Blue Unicorn,
alors je sonne chez Max. C'est Barbara qui ouvre la
porte.

« Max et Tom sont avec quelqu'un pour affaires,
dit-elle. Tu peux repasser un peu plus tard ? »

J'ai du mal à imaginer pour quel genre d'affaires
Max et Tom peuvent bien voir quelqu'un, mais quelques jours plus tard, dans le Parc, je l'apprends.

« Salut, m'interpelle Max. Désolé que t'aies pas pu
monter l'autre jour, mais on était en pleine discussion
pour *affaires*. » Cette fois j'ai compris. « On a du
super-matos », dit-il, puis il m'explique plus en détail.
Une personne sur trois dans le Parc, cet après-midi-là,
ressemble à un agent de la brigade des stups, et j'essaie
de changer de sujet. Plus tard, je suggère à Max de

faire plus attention en public. « Ecoute, je fais super-gaffe, dit-il. On n'est jamais trop prudent. »

J'ai désormais un contact non officiel, tabou, dans la police de San Francisco. Voici comment ça se passe : moi et ce policier nous donnons des rendez-vous comme dans des polars de fin de soirée – je suis assise par hasard dans les gradins pendant un match de base-ball, mettons, et il s'assied par hasard juste à côté de moi, et on échange quelques banalités inoffensives. Aucune information réelle ne passe entre nous, mais au bout d'un moment on finit par sympathiser.

« Ces gosses sont pas très futés, me dit-il ce jour-là. Ils vous disent qu'ils reconnaissent un flic infiltré à deux kilomètres, ils vous parlent du "genre de voiture qu'il conduit". Sauf qu'ils ne parlent pas des infiltrés, ils parlent en réalité des mecs en civil qui conduisent tout simplement des voitures banalisées, comme moi. Ils savent pas reconnaître les infiltrés. Un infiltré ne conduit pas une Ford noire équipée d'une radio-transmission. »

Il me parle d'un infiltré qui s'est fait retirer du District parce qu'on pensait qu'il était surexposé, trop familier. Il a été muté à la brigade des stups, et renvoyé aussitôt dans le District, par erreur, comme infiltré pour les stups.

Le policier joue avec ses clés. « Vous voulez savoir à quel point ils sont malins, ces gosses ? dit-il enfin. La première semaine, ce flic a fait quarante-trois arrestations. »

Les Jook Savages sont censés organiser une fête du 1er mai à Larkspur et je vais au Hangar et Don et Sue Ann pensent que ce serait chouette d'y aller en voiture parce que le petit garçon de trois ans de Sue Ann, Michael, n'est pas beaucoup sorti ces derniers temps. Il fait doux et le halo du crépuscule se pose sur le Golden Gate et Don demande à Sue Ann combien de parfums elle arrive à déceler dans un seul grain de riz et Sue Ann dit à Don qu'elle ferait peut-être bien d'apprendre à cuisiner *yang*, qu'ils sont peut-être trop *yin* au Hangar, et j'essaie d'apprendre « Frère Jacques » à Michael. Chacun est dans son trip et la route est agréable. C'est toujours ça, car il n'y a personne chez les Jook Savages, même pas les Jook Savages. A notre retour, Sue Ann décide de faire cuire plein de pommes ramassées un peu partout dans le Hangar, et Don se met à travailler à son spectacle de lumières, et moi je passe voir Max. « Fabuleux, commente Max à propos de notre petite expédition à Larkspur. Quelqu'un se dit que ce serait *groovy* de se faire un trip à cinq cents personnes le premier jour de mai, et ce serait le cas, mais au lieu de ça ils se font un trip le dernier jour d'avril, alors ça se fait pas. Si ça se fait, ça se fait. Si ça se fait pas, ça se fait pas. On s'en fout. Tout le monde s'en fout. »

Un gamin avec des bagues sur les dents joue de la guitare et se vante d'avoir obtenu le dernier STP de la main de Mr O. en personne et quelqu'un d'autre raconte que cinq grammes d'acide vont être mis en circulation le mois prochain et on voit bien qu'il ne se passe pas grand-chose cet après-midi dans les bureaux

du *San Francisco Oracle*. Un garçon, assis à une table
à dessin, trace les figures infinitésimales que font les
gens sous speed et le gamin aux bagues le regarde.
« *I'm gonna shoot my wo-man*, chante-t-il doucement.
She been with a-noth-er man. » Quelqu'un fait le
thème numérologique de mon nom et de celui du photographe qui m'accompagne. Le sien est blanc et marin
(« Si je devais te faire un collier, tu vois, j'utiliserais
surtout des perles blanches », lui dit-on), mais le mien
révèle un double symbole de mort. L'après-midi ne
semble mener nulle part, alors quelqu'un suggère
d'aller à Japantown trouver un certain Sandy qui nous
amènera au temple zen.

Quatre garçons et un homme plus âgé sont assis sur
un tapis en herbe chez Sandy, en train de boire du thé
à l'anis et de regarder Sandy lire *Vous n'êtes pas la
cible*, de Laura Huxley.

Nous nous asseyons et prenons un peu de thé à
l'anis. « La méditation nous fait planer », dit Sandy. Il
a le crâne rasé et un visage de chérubin comme les
tueurs en série dans les photos des journaux. L'homme
plus âgé, qui s'appelle George, me met mal à l'aise
parce qu'il est en transe juste à côté de moi et me
regarde sans me voir.

J'ai l'impression de perdre la tête – George est *mort*,
ou alors nous le sommes *tous* – quand le téléphone
sonne.

« C'est pour George, dit Sandy.

— George, téléphone.

— *George.* »

Quelqu'un agite la main devant les yeux de George
et George finit par se lever, fait une révérence et se
dirige vers la porte sur la pointe des pieds.

« Je crois que je vais prendre le thé de George, dit quelqu'un. George – tu reviens ? »

George s'arrête devant la porte et nous regarde chacun notre tour. « Dans *une* minute », réplique-t-il.

Sais-tu qui est l'éternel premier astronaute de cet univers ?
Le premier qui envoie ses vibrations fantastiques
Vers toutes ces super-stations cosmiques ?
Car la chanson qu'il ne cesse de chanter à tue-tête
Met sens dessus dessous les planètes...
Avant que vous me croyiez dingue, je vous le dis,
Celui dont je parle, c'est Narada Muni...
Qui chante

HARE KRISHNA   HARE KRISHNA
KRISHNA KRISHNA   HARE HARE
HARE RAMA   HARE RAMA
RAMA RAMA   HARE HARE

est un chant krishna. Paroles de
Howard Wheeler et musique de
Michael Grant.

Peut-être que le trip n'est pas dans le Zen mais dans Krishna, alors je vais voir Michael Grant, le principal disciple du Swami A.C. Bhaktivedanta à San Francisco. Michael Grant est chez lui avec son beau-frère et sa femme, une jolie fille qui porte un pull en cachemire, une robe et un symbole de caste rouge sur le front.

« Je travaille avec le Swami depuis le mois de juillet environ, dit Michael. Vous voyez, le Swami est arrivé d'Inde et il est allé dans cet ashram au nord de l'Etat

de New York, il s'est isolé et il a beaucoup chanté.
Pendant deux trois mois. Très vite je l'ai aidé à se faire
connaître à New York. Maintenant c'est un mouvement international, dont nous étendons le rayonnement
en enseignant ce chant. » Michael touche son collier
de perles en bois rouge et je remarque que je suis la
seule dans la pièce à porter des chaussures. « Ça se
répand comme un feu de forêt.

— Si tout le monde chantait, dit le beau-frère, il
n'y aurait plus aucun problème avec la police ou qui
que ce soit d'autre.

— Ginsberg appelle ce chant l'extase, mais le
Swami dit que ce n'est pas exactement ça. » Michael
va à l'autre bout de la pièce remettre droit un portrait
de Krishna en bébé. « Dommage que vous ne puissiez
pas rencontrer le Swami, ajoute-t-il. Le Swami est à
New York en ce moment.

— Extase n'est pas du tout le mot juste, dit le beau-
frère qui a réfléchi. Ça fait penser à une sorte de...
d'extase *banale*. »

Le lendemain, je passe chez Max et Sharon, et je
les trouve au lit en train de fumer un petit pétard
matinal. Sharon m'a dit un jour qu'avec un demi-joint,
même d'herbe, se réveiller le matin devenait une expérience magnifique. Je demande à Max son sentiment
sur Krishna.

« On peut planer avec un mantra, dit-il. Mais moi
c'est l'acide que je vénère. »

Max passe le joint à Sharon et se rallonge. « Dommage que t'aies pas pu rencontrer le Swami, dit-il.
C'est lui qui fait planer. »

Ceux qui pensent que la drogue est le fin mot de tout ça se voilent la face. C'est un mouvement social, romantique dans sa quintessence, comme on en voit chaque fois qu'il y a une vraie crise sociale. Ce sont toujours les mêmes thèmes. Un retour à l'innocence. L'invocation d'une figure antérieure d'autorité et de contrôle. Les mystères du sang. Une attirance pour le transcendantal, pour la purification. Voilà comment le romantisme, historiquement, dégénère dans le chaos et verse dans l'autoritarisme. Quand une direction apparaît. A votre avis, combien de temps encore avant que ça arrive ? est une question que m'a posée un psychiatre de San Francisco.

A l'époque où j'étais à San Francisco, le potentiel politique de ce qu'on appelait alors le mouvement commençait à être clair. Il avait toujours été clair pour le noyau révolutionnaire des Diggers, dont chaque opération guérilla visait désormais à la confrontation ouverte et à la création d'une situation d'urgence pendant l'été, et il était clair pour bon nombre des médecins, prêtres et sociologues traditionnels qui avaient l'occasion de venir travailler dans le District, et il pouvait très vite devenir clair pour n'importe quelle personne extérieure prenant la peine de déchiffrer les appels à l'action de Chester Anderson ou de regarder qui arrivait en premier sur les lieux au moment des échauffourées qui rythmaient maintenant la vie des rues du District. Pas besoin d'être politologue pour comprendre ; les gosses des groupes de rock comprenaient, parce qu'ils étaient souvent là où ça se passait. « Dans le Parc il y a toujours une vingtaine ou une trentaine de personnes à côté de la scène, ai-je entendu un jour se plaindre un membre des Grateful Dead. Prêts à embarquer les gens dans leur trip militant. »

Mais la beauté singulière de ce potentiel politique, pour les activistes, c'était qu'il restait tout sauf clair aux yeux de la plupart des habitants du District, peut-être parce que les rares gamins de dix-sept ans enclins au réalisme politique ont plutôt tendance à ne pas adopter l'idéalisme romantique comme mode de vie. Ce n'était pas clair non plus pour la presse, qui continuait, à des degrés divers de compétence, à rendre compte du « phénomène hippie » comme d'une grande blague potache, un mouvement d'avant-garde artistique mené par de confortables habitués des centres culturels hébraïques comme Allen Ginsberg, ou encore un sage mouvement de protestation, assez semblable à un engagement dans les Corps de la Paix, contre la culture qui avait produit le papier cellophane et la guerre du Vietnam. Cette dernière version, également appelée l'approche ils-essaient-de-nous-dire-quelque-chose, atteignit son apogée avec la publication d'une enquête dans le magazine *Time* révélant que les hippies « méprisent l'argent – ils l'appellent "l'oseille" » – et qui demeure la preuve la plus flagrante, quoique involontaire, que les signaux entre générations sont irréversiblement brouillés.

Parce que les signaux que percevait la presse étaient purs de toute charge politique, les tensions au cœur du District passèrent inaperçues, même durant la période

où il y avait dans Haight Street tellement d'observateurs de *Life* et de *Look* et de CBS qu'ils s'observaient
surtout entre eux. Les observateurs, en gros, croyaient
ce que leur disaient les gamins : qu'ils étaient une génération déconnectée de l'action politique, loin des jeux
du pouvoir, que la Nouvelle Gauche n'était qu'un *ego
trip* de plus. *Ergo*, il n'y avait pas à proprement parler
d'activistes dans le quartier de Haight-Ashbury, et les
incidents dont ils étaient témoins chaque dimanche
étaient des manifestations spontanées parce que, comme
disent les Diggers, la police est brutale et les jeunes
n'ont aucun droit et les fugueurs sont privés de leur
droit à l'autodétermination et les gens crèvent de faim
dans Haight Street, un vrai Vietnam à échelle réduite.

Bien sûr les activistes – pas ceux dont la pensée
était devenue rigide, mais ceux qui avaient une conception de la révolution pleine d'anarchie inventive –
avaient depuis longtemps saisi la réalité qui échappait
encore à la presse : nous assistions à quelque chose
d'important. Nous assistions à la tentative désespérée
d'une poignée d'enfants terriblement démunis de créer
une communauté au milieu du vide social. Une fois
que nous avions vu ces enfants, nous ne pouvions plus
ignorer le vide, nous ne pouvions plus faire semblant
de croire que le mouvement d'atomisation de la société
pouvait être inversé. Ce n'était pas une rébellion géné-
rationnelle comme les autres. A un moment donné,
entre 1945 et 1967, nous avions négligé d'expliquer à
ces enfants les règles du jeu auquel nous jouions. Peut-
être avions-nous cessé de croire nous-mêmes à ces
règles, peut-être ce jeu nous avait-il fait perdre courage. Peut-être y avait-il tout simplement trop peu de

gens pour expliquer. C'étaient des enfants qui grandissaient sans plus aucun lien avec le réseau de cousins et de grand-tantes et de médecins de famille et de voisins de toujours qui symbolisaient et incarnaient traditionnellement les valeurs de la société. Ce sont des enfants qui ont beaucoup bougé : *San Jose, Chula Vista, ici*. Ils sont moins rebelles qu'indifférents à la société, capables seulement de réagir à ses controverses les plus médiatisées : *le Vietnam, le papier cellophane, les pilules d'amaigrissement, la Bombe*.

Ils recrachent exactement ce qu'on leur donne. Parce qu'ils ne croient pas aux mots – les mots, c'est bon pour les « crânes d'œuf », leur dit Chester Anderson, et une pensée qui a besoin de mots n'est encore qu'un de ces *ego trips* –, ils ne puisent leur vocabulaire que dans les platitudes de la société. Il se trouve que, pour ma part, je continue à défendre l'idée que l'aptitude à penser par soi-même dépend de la maîtrise du langage, et je ne suis pas optimiste pour les enfants qui se contentent de dire, pour indiquer que leur mère et leur père ne vivent pas ensemble, qu'ils viennent d'un « foyer brisé ». Ils ont seize, quinze, quatorze ans, toujours plus jeunes, une armée d'enfants qui attendent qu'on leur donne les mots.

Peter Berg connaît beaucoup de mots.

Je demande : « Est-ce que Peter Berg est dans le coin ?

— Peut-être.

— C'est vous, Peter Berg ?

— Ouais. »

Si Peter Berg ne s'embarrasse pas de trop de mots avec moi, c'est parce qu'il en connaît deux en particulier : « empoisonnement médiatique ». Peter Berg a une boucle d'oreille en or, et c'est sans doute la seule personne de tout le District sur qui une boucle d'oreille en or a l'air étrangement inquiétante. Il fait partie de la Troupe de Mime de San Francisco, dont certains membres ont fondé le Front de libération des artistes pour « ceux qui cherchent à combiner leur élan créatif et l'engagement politique ». C'est au sein de la Troupe de Mime que se sont formés les Diggers, au cours des émeutes de Hunter's Point en 1966, quand ça paraissait une bonne idée de distribuer de la nourriture et de monter des spectacles de marionnettes dans la rue qui tournaient en dérision la Garde nationale. Avec Arthur Lisch, Peter Berg est l'un des chefs secrets des Diggers, et c'est lui qui a plus ou moins inventé et présenté pour la première fois à la presse le concept selon lequel San Francisco allait voir affluer, à l'été 1967, 200 000 adolescents indigents. La seule conversation que j'aurai jamais avec Peter Berg porte sur le fait qu'il me tient pour personnellement responsable des légendes apposées par *Life* aux photos de Cuba de Henri Cartier-Bresson, mais j'aime le regarder travailler dans le Parc.

Janis Joplin chante avec Big Brother dans le Panhandle, presque tout le monde est défoncé, c'est un beau dimanche après-midi entre trois et six heures, c'est-à-dire les trois heures de la semaine, selon les activistes, pendant lesquelles il est susceptible d'arriver quelque chose dans Haight-Ashbury, et qui vois-je débarquer ? Peter Berg. Il est avec sa femme et six ou sept autres personnes, ainsi que l'associé de Chester, le Contact, et la première bizarrerie, c'est qu'ils sont grimés en masques nègres.

Je fais remarquer à Max et Sharon que certains membres de la Troupe de Mime sont grimés en masques nègres.

« C'est du théâtre de rue, m'assure Sharon. C'est censé être vraiment *groovy*. »

Les Mimes se rapprochent, et ils présentent d'autres bizarreries. D'abord, ils tapent sur la tête des gens avec des matraques en plastique, et puis ils portent des inscriptions dans le dos. COMBIEN DE FOIS VOUS VOUS ÊTES FAIT VIOLER, LOVE FREAKS ? et QUI A VOLÉ LA MUSIQUE DE CHUCK BERRY ?, des choses dans le genre. Et puis ils distribuent des tracts qui disent :

cet été des milliers de paumés non blancs non cita-
dins vont vouloir savoir pourquoi vous avez laissé
tomber ce que eux ne peuvent pas avoir & comment
vous vous en tirez impunément & comment ça se
fait que vous soyez pas pédés avec des cheveux
aussi longs & ils veulent haight street d'une façon
ou d'une autre.

AU CAS OÙ VOUS LE SAURIEZ PAS, D'ICI LE MOIS
D'AOÛT HAIGHT STREET SERA UN CIMETIÈRE.

Max lit le tract et se lève. « Je reçois des mauvaises vibrations », dit-il, et lui et Sharon s'en vont.

Je dois rester parce que je cherche Otto, alors je me rapproche de l'endroit où les Mimes ont formé un cercle autour d'un Noir. Peter Berg dit que, si jamais

on les interroge, c'est du théâtre de rue, et je me dis
que le rideau s'est levé parce qu'à présent ils sont en
train de titiller le Noir avec leurs matraques. Ils le
titillent, et ils montrent les dents, et ils sautillent sur la
pointe des pieds, et ils attendent.

« Je commence à en avoir assez, dit le Noir. Je vais
m'énerver. »

Plusieurs Noirs se sont approchés maintenant ; ils
lisent les inscriptions et observent.

« Ah tu commences à en avoir assez, hein ? dit l'un
des Mimes. C'est pas trop tôt, tu crois pas ?

— Personne n'a *volé* la musique de Chuck Berry,
mec, dit un autre Noir qui a réfléchi aux inscriptions.
La musique de Chuck Berry appartient à *tout* le monde.

— Ah ouais ? dit une fille grimée. *Qui* ça tout le
monde ?

— Ben, dit-il, confus. Tout le monde. En Amérique.

— En *Amérique*, s'écrie la fille. Non mais écoutez-le
parler de *l'Amérique*.

— Attendez, dit-il pris de court. Attendez un peu.

— Qu'est-ce qu'elle a fait pour toi, *l'Amérique* ?
jubile la fille grimée. Les gamins blancs ici, ils peuvent
s'asseoir dans le Parc tout l'été, écouter la musique
qu'ils ont volée, parce que leurs richards de parents
leur envoient plein d'oseille. Qui t'envoie de l'oseille,
à toi ?

— Attendez, dit le Noir en haussant la voix. Vous
allez déclencher des problèmes, là, ce n'est pas juste…

— Vas-y, dis-nous ce qui est juste, *black boy* », dit
la fille.

Le plus jeune membre du groupe de personnes gri-
mées, un grand gamin à l'air sérieux de dix-neuf, vingt

ans, reste à l'écart de la scène. Je lui offre une pomme et lui demande ce qu'il se passe. « Eh bien, dit-il, je suis encore débutant en la matière, je commence à peine à étudier le truc, mais vous comprenez, les capitalistes sont en train de mettre la main sur le District, et c'est ça que Peter – bah en fait demandez à Peter. »

Je n'ai pas demandé à Peter. Ça a continué pendant un moment. Mais ce dimanche-là, entre trois et six heures, tout le monde était trop défoncé et il faisait trop beau et les gangs de Hunter's Point qui viennent d'habitude entre trois et six heures le dimanche étaient venus le samedi pour une fois, et rien n'a été déclenché. Tandis que j'attendais Otto, j'ai demandé à une petite fille que je connaissais de loin ce qu'elle avait pensé de tout ça. « C'est un truc *groovy* qu'ils appellent le théâtre de rue », a-t-elle répondu. J'ai dit que je me demandais si ça n'avait pas une dimension politique. Elle avait dix-sept ans et elle a réfléchi pendant un moment et elle s'est enfin rappelé deux mots qu'elle avait entendus quelque part. « C'est peut-être un truc à la John Birch[1] », a-t-elle dit.

Quand je trouve enfin Otto, il dit « J'ai un truc chez moi qui va t'exploser la tête », et quand nous arrivons je vois une fillette par terre dans le salon, vêtue d'un caban, en train de lire une bande dessinée. Elle se passe sans cesse la langue sur les lèvres d'un air concentré,

---

1. John Birch, militaire et missionnaire protestant, tué par des communistes en Chine en 1945, fut considéré comme la première victime de la guerre froide, et donna son nom à une association conservatrice, la John Birch Society, fondée en 1958.

et la seule chose étrange chez elle, c'est qu'elle a du rouge à lèvres blanc.

« Cinq ans, dit Otto. Sous acide. »

La petite de cinq ans s'appelle Susan, et elle me dit qu'elle est en grande section de maternelle. Elle vit avec sa mère et d'autres gens, vient d'avoir la rougeole, veut un vélo pour Noël, et aime tout particulièrement le Coca-Cola, les glaces, Marty du groupe Jefferson Airplane, Bob des Grateful Dead, et la plage. Elle se rappelle être allée à la plage un jour, il y a longtemps, et aurait aimé avoir pris un seau. Depuis un an maintenant, sa mère lui donne de l'acide et du peyotl. Susan appelle ça se défoncer.

Je commence à lui demander si d'autres enfants en grande section de maternelle se défoncent, mais les mots clés m'échappent.

« Elle veut savoir si les autres enfants dans ta classe planent, *se défoncent*, dit l'amie de sa mère qui l'a amenée chez Otto.

— Seulement Sally et Anne, dit Susan.

— Et Lia ? demande l'amie de sa mère.

— Lia, dit Susan, n'est pas en grande section de maternelle. »

Michael, le petit garçon de trois ans de Sue Ann, a déclenché un incendie ce matin alors que personne n'était encore levé, mais Don a réussi à l'éteindre avant qu'il ait fait trop de dégâts. Michael s'est tout de même brûlé le bras, ce qui explique sans doute pourquoi Sue Ann s'est tellement énervée quand elle l'a surpris en train de mâchouiller un câble électrique. « Tu vas griller comme une sardine », a-t-elle hurlé. Les seules personnes présentes étaient Don, l'une des amies

macrobiotiques de Sue Ann, et quelqu'un qui allait
bientôt rejoindre une communauté dans les Santa
Lucias, et aucun d'entre eux n'a vu Sue Ann hurler
après Michael parce qu'ils étaient dans la cuisine en
train d'essayer de récupérer du très bon hasch marocain
qui était tombé sous une latte du plancher abîmée dans
l'incendie.

1967

L'album blanc

1

Nous nous racontons des histoires afin de vivre. La princesse est enfermée dans le consulat. L'homme aux bonbons attirera les enfants jusque dans la mer. La femme nue debout sur le rebord de la fenêtre au seizième étage souffre d'acédie, ou la femme nue est une exhibitionniste, et il serait « intéressant » de savoir ce qu'il en est. Nous nous disons que cela fait une différence, selon que la femme nue est sur le point de commettre un péché mortel ou sur le point de faire un geste de protestation politique ou sur le point d'être – perspective aristophanesque – ramenée à la condition humaine par le pompier déguisé en prêtre qu'on aperçoit dans l'encadrement de la fenêtre juste derrière elle, celui qui sourit à l'objectif du photographe. Nous cherchons le sermon dans le suicide, la leçon sociale ou morale dans le quintuple meurtre. Nous interprétons ce que nous voyons, sélectionnons parmi les choix multiples celui qui nous arrange le plus. Nous vivons entièrement, surtout si nous sommes écrivains, à travers l'imposition d'une trame narrative sur des images disparates, à travers les « idées » avec lesquelles nous avons appris à figer ce tissu mouvant de fantasmagories qu'est notre expérience réelle.

Ou du moins faisons-nous cela pendant un certain temps. Je parle ici d'une époque à laquelle j'ai commencé à douter des prémisses de toutes les histoires que je m'étais jamais racontées, trouble banal mais que je trouvais inquiétant. Je crois que cette période a commencé vers 1966 et continué jusqu'en 1971. Durant ces cinq années j'ai été, selon toutes les apparences, un membre relativement compétent de telle ou telle communauté, quelqu'un qui signe des contrats et réserve des billets d'avion, une citoyenne : j'écrivais deux ou trois fois par mois pour un magazine ou un autre, j'ai publié deux livres, j'ai collaboré à plusieurs films ; j'ai contribué à la paranoïa de l'époque, à l'éducation d'un petit enfant, et à la distraction des nombreuses personnes qui sont passées chez moi ; j'ai confectionné des rideaux en vichy pour des chambres d'amis, j'ai pensé à demander aux agents si les éventuelles réductions de points se feraient *pari passu* avec le studio de production, j'ai mis des lentilles à tremper le samedi soir pour la soupe aux lentilles du dimanche, j'ai cotisé tous les trimestres à la Sécurité sociale et j'ai renouvelé mon permis de conduire dans les délais, en ne me trompant qu'à une seule question lors de l'examen écrit, celle qui portait sur la responsabilité financière des conducteurs en Californie. C'est une époque de ma vie pendant laquelle j'étais beaucoup « désignée ». J'ai été désignée marraine pour des enfants. J'ai été désignée conférencière et participante à des panels, des colloques et des débats. J'ai même été désignée, en 1968, « Femme de l'Année » par le

Los Angeles Times, aux côtés de Mme Ronald Reagan, la nageuse olympique Debbie Meyer et dix autres femmes de Californie qui avaient l'air d'être concernées et de faire de bonnes actions. Je ne faisais pas de bonnes actions, mais j'essayais d'être concernée. J'étais responsable. Je reconnaissais mon nom quand je le voyais. Il m'arrivait même, de temps à autre, de répondre aux lettres qui m'étaient adressées, pas vraiment dès que je les recevais mais je finissais tout de même par répondre, surtout si c'étaient des lettres d'inconnus. « Pendant que j'étais absente du pays, ces dix-huit derniers mois », commençaient en général ces réponses.

C'était une performance honorable, pour une improvisation. Le seul problème, c'était que toute mon éducation, tout ce qu'on m'avait jamais dit ou que je m'étais jamais dit à moi-même, affirmait avec insistance que la représentation ne devait jamais être improvisée : j'étais censée avoir un script, et je l'avais égaré. J'étais censée réagir à certaines répliques, et je ne les entendais plus. J'étais censée connaître le scénario, mais la seule chose que je connaissais, c'était ce que je voyais : des flashs en séquences variables, des images sans la moindre « signification » au-delà de l'ordre temporel dans lequel elles se présentaient, non pas un film mais une expérience de salle de montage. Arrivée à ce qui serait sans doute le milieu de ma vie, je voulais continuer à croire à l'histoire et à l'intelligibilité de l'histoire, mais savoir qu'on pouvait changer le sens des choses selon le montage, c'était commencer à percevoir cette expérience comme quelque chose d'électrique plutôt qu'éthique.

Pendant cette période, j'ai fait des séjours d'une durée à mes yeux normale à Los Angeles, New York et Sacramento. J'ai fait des séjours d'une durée excentrique, aux yeux d'un grand nombre de personnes que je connaissais, à Honolulu, dans des conditions bien particulières qui me donnaient l'illusion que je pouvais à tout instant commander au service d'étage une théorie révisionniste de ma propre histoire, ornementée d'une orchidée vanda. J'ai regardé les funérailles de Robert Kennedy sur une véranda du Royal Hawaiian Hotel à Honolulu, ainsi que les premiers reportages sur My Lai. J'ai relu tout George Orwell sur la plage du Royal Hawaiian, et j'ai aussi lu, dans les journaux qui arrivaient du continent avec un jour de retard, l'histoire de Betty Lansdown Fouquet, une jeune femme de vingt-six ans aux cheveux blond pâle qui avait laissé sa petite fille âgée de cinq ans sur le terre-plein central de l'autoroute I-5 à quelques kilomètres au sud de la dernière sortie de Bakersfield. La fillette, dont il avait fallu désincarcérer les doigts de la rambarde d'arrêt d'urgence quand elle avait été secourue douze heures plus tard par la Police des autoroutes de Californie, expliqua qu'elle avait couru après la voiture qui transportait sa mère, son beau-père, son frère et sa sœur, « pendant longtemps ». Certaines de ces images ne trouvaient leur place dans aucune des histoires que je connaissais.

Un autre flash :

> « *En juin de cette année, la patiente a eu une crise de vertiges et de nausées, accompagnée d'une*

sensation d'évanouissement. Une évaluation médicale complète n'a révélé aucun résultat positif et elle a été mise sous Elavil, 20 mg, trois f./j. (...) L'interprétation du test de Rorschach révèle une personnalité en cours de détérioration, présentant de nombreux signes de défenses diminuées et d'une incapacité croissante de l'ego à appréhender le monde de la réalité et à faire face au stress normal. (...) Du point de vue émotionnel, la patiente s'est presque entièrement aliénée au monde des autres êtres humains. Sa vie fantasmatique semble avoir été quasi intégralement envahie par des préoccupations libidinales primaires et régressives, dont beaucoup sont distordues et bizarres. (...) Au sens technique du terme, les outils de base du contrôle affectif paraissent intacts, mais il est aussi évident qu'ils sont à l'heure actuelle maintenus en place de manière fragile et précaire par divers mécanismes de défense, dont l'intellectualisation, les comportements obsessionnels-compulsifs, la projection, la réaction-formation et la somatisation, mécanismes qui semblent à présent impropres à remplir leur tâche de contrôle et d'endiguement du processus psychotique sous-jacent et sont donc en instance d'échec. La teneur des réactions de la patiente est tout à fait inhabituelle et souvent bizarre, remplie de préoccupations sexuelles et anatomiques, et l'appréhension de base de la réalité est parfois manifestement et gravement endommagée. En termes de qualité et de niveau de sophistication, les réactions de la patiente sont caractéristiques d'un individu d'intelligence élevée ou supérieure à la moyenne, mais intellectuellement elle fonctionne à

*l'heure actuelle de manière diminuée, à un niveau
à peine moyen. Les productions thématiques de la
patiente au Test d'Aperception Thématique révèlent
la vision fondamentalement pessimiste, fataliste et
dépressive qu'elle a du monde qui l'entoure. C'est
comme si elle avait la sensation profonde que toute
entreprise humaine est vouée à l'échec, conviction
qui semble la pousser plus loin encore dans sa position de retrait, de dépendance et de passivité. A ses
yeux, elle vit dans un monde où les gens agissent
selon des motivations étranges, contrariées, incomprises et surtout malsaines, qui les condamnent inévitablement au conflit et à l'échec. (...) »*

La patiente dont parle ce rapport psychiatrique, c'est
moi. Les tests auxquels il est fait référence – le Rorschach, le Test d'Aperception Thématique, le Test de
la Phrase à Compléter et l'Index de Personnalité Mul-
tiphasique du Minnesota – m'ont été administrés à titre
privé, dans la clinique de consultation psychiatrique du
St. John's Hospital de Santa Monica, à l'été 1968, peu
après que j'avais été victime de la « crise de vertiges
et de nausées » mentionnée dans la première phrase et
peu avant que je sois désignée « Femme de l'Année »
par le *Los Angeles Times*. Pour tout commentaire, je
dirai seulement qu'une crise de vertiges et de nausées
ne me paraît pas aujourd'hui constituer une réaction
inappropriée à l'été 1968.

2

A l'époque dont je parle, je vivais dans une grande maison d'un quartier de Hollywood jadis cossu et décrit maintenant par l'une de mes connaissances comme un « ahurissant coupe-gorge ». Cette maison sur Franklin Avenue était une location, et la peinture s'écaillait de toutes parts, la plomberie était cassée, les rebords de fenêtres tombaient en ruine et le court de tennis n'avait pas été entretenu depuis 1933, mais les pièces étaient nombreuses et hautes de plafond et, durant les cinq années que j'y passai, même l'inertie plutôt sinistre du quartier me laissait à penser que je devrais vivre dans cette maison pour toujours.

Mais c'était impossible, parce que les propriétaires n'attendaient qu'une réforme du cadastre pour démolir la maison et construire un grand immeuble résidentiel, et du reste c'était précisément la perspective de cette destruction, imminente mais pas tout à fait immédiate, qui donnait au quartier son cachet particulier. La maison en face avait été bâtie pour l'une des sœurs Talmadge[1], avait été le consulat japonais en 1941, et était à présent, quoiqu'elle fût condamnée, occupée par un certain nombre d'adultes sans lien les uns avec les autres qui semblaient constituer une espèce de groupe de thérapie. La maison voisine appartenait à la secte Synanon. Je me rappelle avoir vu une maison au coin de la rue devant laquelle était planté un panneau de location : cette maison avait jadis été le consulat canadien, comprenait 28 grandes pièces et deux penderies

---

1. Norma et Natalie Talmadge, célèbres actrices hollywoodiennes de la première moitié du XXe siècle.

réfrigérées pour les fourrures, et pouvait être louée, conformément à l'esprit du quartier, seulement au mois, non meublée. Dans la mesure où louer pour un mois ou deux une maison de 28 pièces non meublée relève d'une disposition très particulière, les habitants du quartier étaient en majorité des groupes de rock'n roll, des groupes de thérapie, de très vieilles dames en fauteuils roulants poussés par des aides-soignantes en blouse sale, et puis mon mari, ma fille et moi.

Q. Et que s'est-il passé d'autre, s'il s'est passé quelque chose. (...)

R. Il a dit qu'il pensait que je pouvais devenir une star, genre Burt Lancaster, vous voyez, ce genre de truc.

Q. A-t-il mentionné un nom en particulier ?

R. Oui monsieur.

Q. Quel nom a-t-il mentionné ?

R. Il a mentionné beaucoup de noms. Il a dit Burt Lancaster. Il a dit Clint Eastwood. Il a dit Fess Parker. Il a mentionné beaucoup de noms. (...)

Q. Avez-vous discuté après avoir mangé ?

R. Pendant, après. Mr Novarro nous a tiré les cartes et il nous a lu les lignes de la main.

Q. Vous a-t-il dit que vous auriez beaucoup de chance, ou beaucoup de malchance, ou que s'est-il passé ?

R. Il ne savait pas très bien lire les lignes de la main.

Cet échange est extrait de la déposition des frères Paul Robert Ferguson et Thomas Scott Ferguson, vingt-deux et dix-sept ans respectivement, durant leur procès pour le meurtre de Ramon Novarro, soixante-neuf ans, dans sa maison de Laurel Canyon, pas très loin de ma maison de Hollywood, dans la nuit du 30 octobre 1968. J'ai suivi ce procès d'assez près, en découpant les articles dans les journaux et, par la suite, en empruntant un dossier à l'un des avocats de la défense. Le plus jeune des deux frères, « Tommy Scott » Ferguson, dont la petite amie affirmait dans sa déposition avoir cessé d'être amoureuse de lui « environ deux semaines après sa mise en accusation », déclara qu'il ignorait que Mr Novarro avait été acteur du cinéma muet jusqu'au moment où il vit, au cours de la nuit du meurtre, une photo de son hôte déguisé en Ben-Hur. Le frère aîné, Paul Ferguson, qui avait commencé à travailler dans les carnavals à douze ans et se décrivait, à vingt-deux ans, comme quelqu'un qui avait vécu « à cent à l'heure, et bien profité », donna aux jurés, quand on le lui demanda, sa définition d'un gigolo : « Un gigolo, c'est quelqu'un qui sait parler – pas seulement aux hommes, aux femmes aussi. Qui sait faire la cuisine. De bonne compagnie. Sait laver une voiture. Faut beaucoup de choses pour faire un gigolo. Savez, y a des tas de gens seuls dans cette ville. » Au cours du procès, chacun des frères accusa l'autre du meurtre. Tous deux furent condamnés. J'ai lu le dossier plusieurs fois, m'efforçant de voir cette affaire sous un angle qui ne suggère pas que je vivais, comme le disait mon rapport psychiatrique, « dans un monde où les gens agissent selon des motivations étranges, contrariées, incomprises et surtout malsaines » ; je n'ai jamais rencontré les frères Ferguson.

J'ai rencontré en revanche l'une des protagonistes d'un autre procès pour meurtre dans le comté de Los Angeles au cours de ces années-là : Linda Kasabian, témoin vedette de l'accusation dans ce qu'on appelait le procès Manson. J'ai demandé un jour à Linda ce qu'elle pensait de la séquence d'événements apparemment fortuite qui l'avait conduite d'abord au Spahn Movie Ranch[1] puis à la prison pour femmes Sybil Brand, sous le coup d'une inculpation, par la suite retirée, pour le meurtre de Sharon Tate Polanski, Abigail Folger, Jay Sebring, Voytek Frykowski, Steven Parent, et Rosemary et Leno LaBianca. « Tout allait m'apprendre quelque chose », dit Linda. Linda ne croyait pas qu'il y eût rien de fortuit. Linda fonctionnait, je m'en aperçus plus tard, selon la théorie des dés, et c'est ainsi, à l'époque dont je parle, que je fonctionnais moi aussi.

Vous aurez peut-être une idée de l'atmosphère de ces années-là si je vous dis qu'à l'époque je ne pouvais pas aller chez ma belle-mère sans détourner les yeux d'un poème encadré, une « prière pour le foyer », accroché au mur de l'entrée dans sa maison de West Hartford, Connecticut.

> *Dieu bénisse les coins de cette maison,*
> *Et que soit béni le linteau –*
> *Et béni soit l'âtre et bénie soit la table*
> *Et béni soit chaque endroit consacré au repos –*
> *Et béni soit le cristal de la fenêtre par où la*
> *lumière peut entrer*

---

1. L'une des résidences de Charles Manson et de sa « famille ».

*Et bénie soit la porte qui s'ouvre grand, pour
les proches comme pour l'étranger.*

Ces vers me faisaient frissonner, tant ils semblaient
constituer le détail « ironique » qu'un reporter remar-
querait, le matin où l'on découvrirait les cadavres.
Dans mon quartier en Californie, on ne bénissait pas
la porte qui s'ouvre grand pour les proches comme
pour l'étranger. Paul et Tommy Scott Ferguson furent
les étrangers à la porte de Ramon Novarro, là-bas sur
les hauteurs de Laurel Canyon. Charles Manson fut
l'étranger à la porte de Rosemary et Leno LaBianca,
là-bas à Los Feliz. Certains étrangers frappaient à la
porte, et inventaient un prétexte pour entrer : un coup
de fil, par exemple, à un dépanneur, pour une voiture
qu'on ne voyait pas. D'autres ouvraient simplement
cette porte et entraient, et je les retrouvais dans
l'entrée. Je me rappelle avoir demandé à l'un de ces
étrangers ce qu'il voulait. On s'est regardés pendant
ce qui m'a paru un long moment, puis il a vu mon
mari dans les escaliers. « Chicken Delight », a-t-il fini
par dire, mais nous n'avions pas commandé de Chicken
Delight, et il n'en apportait pas. J'ai relevé la plaque
d'immatriculation de sa camionnette. Il me semble
aujourd'hui qu'à cette époque je relevais tout le temps
la plaque d'immatriculation des camionnettes, les
camionnettes qui faisaient le tour du pâté de maisons,
les camionnettes garées de l'autre côté de la rue, les
camionnettes qui s'attardaient au carrefour. Je rangeais
ces numéros de plaques d'immatriculation dans le tiroir
d'une commode où la police pourrait les retrouver, le
moment venu.

Que ce moment viendrait ne faisait pour moi aucun
doute, en tout cas pas dans la zone mentale inaccessible
où je vivais apparemment de plus en plus. Tant de ren-
contres, à cette époque, n'obéissaient à aucune logique
sinon celle des rêves. Dans la grande maison de Franklin Avenue, beaucoup de gens semblaient aller et
venir sans que cela ait le moindre rapport avec ce que
je faisais. Je savais où étaient rangés les draps et les
serviettes, mais je ne savais pas toujours qui dormait
dans chaque lit. J'avais les clés mais pas la clé. Je me
revois prendre un comprimé de Compazine 25 mg un
dimanche de Pâques et préparer un grand et fastueux
déjeuner pour un certain nombre de personnes dont
beaucoup étaient encore là le lendemain. Je me revois
marcher pieds nus toute la journée sur le plancher
usé de cette maison et je me souviens de « Do You
Wanna Dance » sur le tourne-disque, « Do You Wanna
Dance » et « Visions of Johanna » et une chanson qui
s'appelait « Midnight Confessions ». Je me souviens
d'une baby-sitter me disant qu'elle voyait la mort dans
mon aura. Je me revois discuter avec elle des raisons
qui pourraient expliquer cela, la payer, ouvrir toutes
les portes-fenêtres et aller dormir dans le salon.

Il était difficile de me surprendre, à cette époque. Il
était difficile même d'attirer mon attention. J'étais
absorbée dans mon intellectualisation, mes comportements obsessionnels-compulsifs, ma projection, ma
réaction-formation, ma somatisation, et dans le dossier
du procès Ferguson. Un musicien que j'avais rencontré quelques années auparavant m'appela d'un
hôtel Ramada Inn à Tuscaloosa pour me dire comment
trouver le salut grâce à la scientologie. Je l'avais rencontré une seule fois de toute ma vie, je lui avais parlé

pendant une demi-heure peut-être à propos de riz brun et du hit-parade, et voilà qu'il m'appelait depuis l'Alabama pour me parler des électropsychomètres et de la façon dont je pourrais devenir une personne Claire. Je reçus un coup de téléphone d'un inconnu de Montréal qui voulait apparemment me faire participer à un trafic de drogue. « On peut parler sur cette ligne ? m'a-t-il demandé à plusieurs reprises. Big Brother n'écoute pas ? »

Je lui répondis que j'en doutais, alors que, de plus en plus, ce n'était pas vrai.

« Parce que ce dont on parle, là, en gros, c'est d'appliquer la philosophie zen à l'argent et au business, tu piges ? Et si je dis qu'on va financer l'underground, et si je fais référence à de grosses sommes d'argent, tu sais de quoi je parle parce que tu sais ce qu'il se passe, exact ? »

Peut-être qu'il ne parlait pas de drogue. Peut-être qu'il parlait de faire du profit avec des fusils M-1 ; j'avais cessé de chercher la logique dans les appels de ce genre. Quelqu'un avec qui j'avais été à l'école à Sacramento et que j'avais vu pour la dernière fois en 1952 se présenta sur le seuil de ma maison à Hollywood en 1968, en tant que détective privé de West Covina, l'une des très rares femmes habilitées à être détective privé dans l'Etat de Californie. « On nous surnomme les Dickless Tracy[1], dit-elle d'un air désinvolte mais tout en épluchant le courrier du jour sur la table de l'entrée. J'ai de très bons amis dans les forces de l'ordre, dit-elle ensuite. Tu aurais peut-être envie

---

1. Jeu de mots argotique sur le célèbre détective de bande dessinée Dick Tracy : *dickless* veut dire, littéralement, « sans bite ».

de les voir. » On se promit de rester en contact, mais nous ne nous sommes jamais revues : une rencontre pas atypique de l'époque. Les années 60 étaient déjà finies le jour où il me vint à l'esprit que ça n'avait peut-être pas tout à fait été une simple visite de courtoisie.

3

Il était six, sept heures du soir, un jour au début du printemps 1968, et j'étais assise sur le sol en vinyle froid d'un studio de Sunset Boulevard, en train de regarder un groupe appelé les Doors enregistrer la piste rythmique d'une chanson. De manière générale, je ne prêtais qu'une attention minime aux préoccupations des groupes de rock'n roll (j'avais déjà entendu parler de l'acide comme phase transitionnelle, ainsi que du Maharishi et même de l'Amour Universel, et au bout d'un moment tout cela me faisait l'effet d'un ciel de marmelade[1]), mais les Doors étaient différents, les Doors m'intéressaient. Les Doors ne semblaient pas convaincus que l'amour, c'était la fraternité et le Kama Sutra. La musique des Doors affirmait que l'amour, c'était le sexe, et que le sexe était la mort, et que c'était là que se trouvait le salut. Les Doors étaient les Norman Mailer du Top 50, des missionnaires de la sexualité apocalyptique. *Break on through*, exhortaient leurs paroles, et *Light my fire*, et :

---

1. *Marmalade skies* : extrait des paroles de la chanson psyché-délique des Beatles, « Lucy in the Sky with Diamonds ».

> *Come on baby, gonna take a little ride*
> *Goin' down by the ocean side*
> *Gonna get real close*
> *Get real tight*
> *Baby gonna drown tonight –*
> *Goin' down, down, down*[1].

Ce soir-là de 1968, ils étaient réunis, en une symbiose malaisée, pour enregistrer leur troisième album, et il faisait trop froid dans le studio, l'éclairage était trop vif, et il y avait des montagnes de câbles et quantité de ces inquiétants circuits électroniques clignotants au milieu desquels les musiciens vivent si facilement. Il y avait trois des quatre Doors. Il y avait un bassiste emprunté à un groupe appelé Clear Light. Il y avait le producteur et l'ingénieur et le tourneur et deux filles et un husky sibérien qui s'appelait Nikki et avait un œil gris et l'autre doré. Il y avait des sacs en papier à moitié remplis d'œufs durs et de foies de poulet et de cheeseburgers et de bouteilles vides de jus de pomme et de rosé californien. Il y avait tout et tous ceux dont les Doors avaient besoin pour finir ce troisième album à l'exception d'une seule chose, le quatrième Doors, le chanteur, Jim Morrison, un ancien étudiant d'UCLA âgé de vingt-quatre ans qui portait des pantalons en vinyle noir sans sous-vêtements et qui donnait l'impression de montrer toute l'étendue des possibles au-delà des pactes suicidaires. C'est Morrison qui avait

---

1. Littéralement : « Franchis la ligne » ; « Allume mon feu » ; « Viens bébé, on va descendre/ Se balader au bord de l'océan/ On va se rapprocher/ Tout près l'un de l'autre/ Bébé on va se noyer ce soir –/ Descendre, descendre, descendre. »

décrit les Doors comme des « politiciens érotiques ». C'est Morrison qui avait défini les intérêts du groupe : « tout ce qui a trait à la révolte, au désordre, au chaos, aux gestes qui paraissent dénués de toute signification ». C'est Morrison qui s'était fait arrêter à Miami en décembre 1967 pour « obscénité » sur scène. C'est Morrison qui écrivait la plupart des paroles des Doors, dont la particularité était d'exprimer soit une paranoïa ambiguë, soit une insistance tout sauf ambiguë sur l'amour-mort comme *trip* absolu. Et c'est Morrison qui manquait à l'appel. C'est Ray Manzarek et Robby Krieger et John Densmore qui faisaient le son des Doors, et c'était peut-être à cause de Manzarek et Krieger et Densmore que dix-sept personnes sur vingt interrogées dans l'émission *American Bandstand* préféraient les Doors à n'importe quel autre groupe, mais c'est Morrison qui montait sur scène en pantalon vinyle noir sans sous-vêtements et projetait l'idée, et c'est Morrison qu'ils attendaient maintenant.

« Hé, vous savez quoi ? dit l'ingénieur. J'écoutais la radio en venant, et ils ont passé trois chansons des Doors, d'abord "Back Door Man" et ensuite "Love Me Two Times" et "Light My Fire".

— Oui, j'ai entendu, murmura Densmore. J'ai entendu.

— Et alors qu'est-ce que ça peut faire si quelqu'un passe trois de vos chansons ?

— Le type les a dédicacées à sa famille.

— Sans blague. A sa famille ?

— A sa famille. Dégueulasse. »

Ray Manzarek était penché sur un clavier Gibson. « Vous pensez que *Morrison* va revenir ? » demandat-il sans s'adresser à personne en particulier.

Personne ne répondit.

« Histoire qu'on puisse enregistrer des *voix* ? » dit Manzarek.

Le producteur travaillait sur la bobine de la piste rythmique qu'ils venaient d'enregistrer. « J'espère, dit-il sans lever les yeux.

— Ouais, dit Manzarek. Moi aussi. »

J'avais une jambe engourdie, mais je ne me suis pas levée ; tout le monde dans la pièce paraissait catatonique, sous le coup d'une tension sans nom. Le producteur repassa la piste rythmique. L'ingénieur dit qu'il voulait faire ses exercices de respiration. Manzarek mangea un œuf dur. « Tennyson avait fait un mantra avec son propre nom, dit-il à l'ingénieur. Je ne sais pas s'il disait "Tennyson Tennyson Tennyson" ou "Alfred Alfred Alfred" ou "Alfred Lord Tennyson", mais en tout cas c'est ce qu'il faisait. Peut-être qu'il disait juste "Lord Lord Lord[1]".

— *Groovy* », dit le bassiste de Clear Light. C'était un aimable enthousiaste, pas du tout un Doors dans l'esprit.

« Je me demande ce que disait Blake, songea tout haut Manzarek. Dommage que *Morrison* soit pas là. *Morrison* saurait. »

Longtemps après. Morrison arriva. Il portait son pantalon vinyle noir et il s'assit sur un canapé en cuir devant les quatre grandes enceintes muettes et ferma les yeux. Ce qui était curieux dans l'arrivée de

---

1. *Lord* : titre de noblesse anglais, mais qui veut dire aussi « Dieu » ou « Seigneur ».

L'Amérique

Morrison, c'était ceci : personne ne réagit. Robby Krieger continua de travailler un passage à la guitare. John Densmore réglait sa batterie. Manzarek était assis à la console et tripotait un tire-bouchon en laissant une fille lui masser les épaules. La fille ne regardait pas Morrison, qui était pourtant directement dans son champ de vision. Une heure passa, et personne n'avait encore adressé la parole à Morrison. Puis Morrison s'adressa à Manzarek. C'était presque un murmure, comme s'il extirpait de très loin les mots qu'une sorte d'aphasie l'empêchait de prononcer.

« West Covina est à une heure de distance, dit-il. Je me disais qu'on ferait peut-être mieux de passer la nuit sur place après le concert. »

Manzarek reposa le tire-bouchon. « Pourquoi ? dit-il.

— Au lieu de revenir. »

Manzarek haussa les épaules. « On avait prévu de revenir.

— Bah je me disais qu'on pourrait répéter là-bas. »

Manzarek ne dit rien.

« On pourrait trouver une salle de répétition, il y a un Holiday Inn juste à côté.

— On pourrait faire ça, dit Manzarek. Ou alors on pourrait répéter dimanche, en ville.

— Pourquoi pas. » Morrison marqua un temps. « L'endroit sera prêt pour qu'on répète d'ici dimanche ? »

Manzarek le regarda un moment. « Non », dit-il ensuite.

Je comptai les boutons de contrôle sur la console électronique. Il y en avait soixante-seize. Je n'aurais pas su dire à l'avantage de qui s'était soldée la conversation, ou si elle s'était même soldée. Robby Krieger

pinça les cordes de sa guitare et dit qu'il lui fallait une
pédale d'effet fuzz. Le producteur suggéra qu'il en
emprunte une aux Buffalo Springfield, qui enregis-
traient dans le studio d'à côté. Krieger haussa les
épaules. Morrison se rassit dans le canapé en cuir et
se renfonça. Il fit craquer une allumette. Il observa la
flamme pendant un moment puis très lentement, très
délibérément, l'approcha de la braguette de son pantalon vinyle noir. Manzarek le regarda. La fille qui
massait les épaules de Manzarek ne regarda personne.
On avait l'impression que personne ne quitterait jamais
cette pièce. Il se passerait encore plusieurs semaines
avant que les Doors finissent d'enregistrer cet album.
Je ne suis pas restée jusqu'au bout.

4

Un jour, quelqu'un amena Janis Joplin à une fête
dans la maison de Franklin Avenue ; elle venait
de donner un concert et elle voulait un brandy-
Bénédictine dans un grand gobelet à eau. Les musiciens ne voulaient jamais des boissons ordinaires. Ils
voulaient du saké, ou des cocktails à base de cham-
pagne, ou de la tequila sec. Passer du temps avec des
musiciens était déroutant et exigeait une approche
d'une souplesse et, au fond, d'une passivité que je n'ai
jamais pu tout à fait acquérir. D'abord, le temps n'avait
aucune importance : nous dînerions à neuf heures, ou
alors à onze heures et demie, à moins que nous ne
commandions à manger plus tard. Nous irions à l'USC
voir le Living Theater si la limousine arrivait au
moment précis où personne n'aurait préparé à boire ou

sorti une cigarette ou organisé un rendez-vous avec
Ultra Violet au Montecito. De toute façon David
Hockney arrivait. De toute façon Ultra Violet n'était
pas au Montecito. De toute façon nous irions à l'USC
voir le Living Theater ce soir ou nous irions voir le
Living Theater un autre soir, à New York, ou à Prague.
D'abord nous voulions des sushis pour vingt personnes,
des palourdes à la vapeur, un curry de légumes vindaloo
et beaucoup de cocktails à base de rhum avec des gardénias pour mettre dans nos cheveux. D'abord nous
voulions une table pour douze, quatorze maximum,
mais il y aurait peut-être six personnes de plus, ou huit,
ou onze : il n'y en aurait jamais une ou deux de plus,
parce que les musiciens ne se déplaçaient jamais par
groupes de « un » ou « deux ». John et Michelle Phil-
lips[1], se rendant à l'hôpital pour la naissance de leur
fille Chynna, obligèrent la limousine à faire un détour
par Hollywood pour passer prendre une amie, Anne
Marshall. Cet incident, que je réimagine souvent en
incluant un second détour, par le Luau pour prendre des
gardénias, décrit très exactement l'industrie de la
musique à mes yeux.

5

Vers cinq heures du matin le 28 octobre 1967, dans
le district désolé entre la Baie de San Francisco et
l'estuaire d'Oakland que la police d'Oakland appelle
le Pavé 101A, un militant noir de vingt-cinq ans du

1. Du groupe The Mamas and the Papas.

nom de Huey P. Newton était interpellé et interrogé par un policier blanc, John Frey Jr. Une heure plus tard, Huey Newton était en état d'arrestation au Kaiser Hospital d'Oakland, où il avait été amené en urgence pour une blessure par balle à l'estomac, et quelques semaines plus tard il était inculpé par le jury d'accusation du comté d'Alameda du meurtre de John Frey, de coups et blessures sur un autre officier de police et du kidnapping d'un passant.

Au printemps 1968, alors que Huey Newton attendait son procès, je suis allée le voir dans la prison du comté d'Alameda. J'imagine que j'y suis allée parce que je m'intéressais à l'alchimie des problèmes, car c'était ce que Huey Newton était devenu entre-temps : un problème. Pour comprendre comment c'était arrivé, il faut d'abord se pencher sur Huey Newton, voir qui il était. Il venait d'une famille d'Oakland, et pendant un moment il alla à l'université Merritt. En octobre 1966, il monta avec un ami du nom de Bobby Seale une organisation qu'ils appelèrent le Black Panther Party. Le nom était emprunté à un emblème du Parti de la Liberté dans le comté de Lowndes en Alabama, et dès le début, ils se définirent comme un groupe politique révolutionnaire. La police d'Oakland connaissait les Panthers, et ils avaient une liste de la vingtaine de voitures qu'ils utilisaient. Je ne vous dis pas que Huey Newton a tué John Frey, ni que Huey Newton n'a pas tué John Frey, car dans le contexte de la politique révolutionnaire, la culpabilité ou l'innocence de Huey Newton n'avait aucune importance. Je vous raconte seulement comment Huey Newton s'était retrouvé dans la prison du comté d'Alameda, et pourquoi on organisait des rassemblements en son honneur, des manifestations

chaque fois qu'il comparaissait devant les tribunaux.
LIBÉREZ HUEY, lisait-on sur les badges (cinquante *cents*
pièce), et ici et là sur les marches du palais de justice,
parmi les Panthers avec leurs bérets et leurs lunettes
noires, on entendait scander :

> *Prends ton M-*
> *31.*
> *Parce que bébé, on va bien*
> *S'amuser.*
> *BOUM BOUM. BOUM BOUM.*

« Bats-toi, mon frère, ajoutait une femme en guise
d'*amen* bienveillant. Bang-bang. »

> *Conneries conneries*
> *On peut plus supporter le petit jeu*
> *Auquel joue l'homme blanc.*
> *Une seule issue, une seule issue.*
> *BOUM BOUM. BOUM BOUM.*

Dans le couloir au rez-de-chaussée du tribunal du
comté d'Alameda se pressaient des avocats et des cor-
respondants de la chaîne CBC et des cameramen et
des gens qui voulaient « rendre visite à Huey ».

« Eldridge ne voit pas d'inconvénient à ce que j'y
aille, dit l'un de ces derniers à l'un des avocats.

— Si Eldridge n'y voit pas d'inconvénient, alors ça
me va, dit l'avocat. Si vous avez une carte de presse.

— J'ai un genre de pass un peu douteux.

— Alors je ne peux pas vous emmener. *Eldridge* a
un pass douteux. Un seul, c'est déjà assez embêtant
comme ça. J'ai un beau contact là-haut, je veux pas le

planter. » L'avocat se tourna vers un cameraman. « Ça tourne déjà, là ? »

Ce jour-là, je fus autorisée à passer, ainsi qu'un homme du *Los Angeles Times* et un présentateur de la radio. Chacun signa le registre de la police avant de s'asseoir autour d'une table en pin éraflée en attendant Huey Newton. « La seule chose qui libérera Huey Newton, avait récemment déclaré Rap Brown lors d'un rassemblement à l'auditorium d'Oakland, c'est la poudre à canon. » « Huey Newton a sacrifié sa vie pour nous », avait dit Stokely Carmichael[1] le même soir. Mais bien sûr Huey Newton n'avait pas du tout sacrifié sa vie encore, il était juste là, dans la prison du comté d'Alameda, attendant d'être jugé, et je me demandais si la tournure que prenaient ces rassemblements ne le mettait jamais mal à l'aise, ne lui faisait jamais soupçonner qu'à bien des égards il était plus utile à la révolution derrière les barreaux qu'en liberté. Il avait l'air, quand il arriva enfin, d'un jeune homme extrêmement aimable, sympathique, franc, et il ne me donnait pas l'impression d'avoir sciemment voulu devenir un martyr politique. Il nous sourit à tous et attendit que son avocat, Charles Garry, installe un magnétophone, et il discuta à voix basse avec Eldridge Cleaver, qui était alors le ministre de l'Information des Black Panthers. (Huey Newton était toujours leur ministre de la Défense.) Eldridge Cleaver portait un pull noir et une boucle d'oreille, il parlait en mâchant ses mots de manière presque inaudible et il était autorisé à voir Huey Newton parce qu'il avait ce « pass un peu

---

1. Rap Brown et Stokely Carmichael : figures de proue du Parti des Black Panthers.

douteux », une carte de presse de la revue *Ramparts*. En réalité, ce qui l'intéressait, c'était d'obtenir des « déclarations » de Huey, des « messages » à transmettre à l'extérieur ; de recevoir une sorte de prophétie qui serait interprétée selon les besoins.

« Nous avons besoin d'une déclaration, Huey, sur le programme en dix points, dit Eldridge Cleaver, alors je vais te poser une question, tu vois, et toi tu y réponds...

— Comment va Bobby ? demanda Huey.

— Il va passer en audience pour ses délits, tu vois...

— Je croyais qu'il était inculpé pour un crime.

— En fait c'est autre chose, le crime, il est aussi entendu pour deux ou trois délits... »

Quand Charles Garry eut fini d'installer le magnétophone, Huey Newton arrêta de discuter et se mit à discourir, presque sans interruption. Il parla, les mots s'enchaînant les uns aux autres parce qu'il les avait si souvent prononcés, du « système capitalo-matérialiste américain » et de « la soi-disant libre entreprise » et de « la lutte pour la libération du peuple noir partout dans le monde ». De temps à autre, Eldridge Cleaver faisait un signe à Huey Newton et disait quelque chose comme : « Beaucoup de gens sont intéressés par le Mandat Exécutif Numéro Trois que vous avez présenté au Parti des Black Panthers, Huey. Un commentaire ? »

Et Huey Newton commentait. « Oui. Le Mandat Numéro Trois est une revendication exprimée par les Black Panthers au nom de la communauté noire. Dans le cadre du Mandat, nous avertissons les forces de police racistes... » J'avais envie qu'il parle de lui, j'espérais parvenir à contourner ce mur de rhétorique, mais il était apparemment l'un de ces autodidactes pour qui toutes les informations spécifiques et personnelles constituent un terrain miné qu'il faut éviter, même au prix de l'incohérence, qui trouvent refuge dans la généralisation. Le type du journal, le type de la radio, ils essayèrent :

Q. Parlez-nous un peu de vous, Huey, je veux dire de votre vie avant les Panthers.

R. Avant le Parti des Black Panthers, ma vie ressemblait à celle de la plupart des Noirs de ce pays.

Q. Alors votre famille, des incidents dont vous vous souvenez, les influences qui vont ont formé...

R. C'est vivre en Amérique qui m'a formé.

Q. Bon, oui, mais plus spécifiquement...

R. Ça me rappelle une phrase de James Baldwin : « Etre noir et conscient en Amérique, c'est être dans un état de rage perpétuel. »

« Etre noir et conscient en Amérique, c'est être dans un état de rage perpétuel », écrivit Eldridge Cleaver en majuscules sur un bloc-notes, puis il ajouta : « *Huey P. Newton citant James Baldwin.* » Je voyais déjà la sentence sur la banderole au-dessus de la tribune pendant un rassemblement, sur l'en-tête du papier à lettres d'un comité *ad hoc* encore inexistant. Du reste, tout ce que disait Huey Newton donnait l'impression d'être une « citation », une « déclaration » à reprendre chaque fois que nécessaire. J'avais entendu Huey P. Newton Sur le Racisme (« Le Parti des Black Panthers est contre le racisme »), Huey P. Newton Sur le Nationalisme Culturel (« Le Parti des Black Panthers pense que la seule culture qui vaille d'être conservée, c'est

la culture révolutionnaire »), Huey P. Newton Sur le
Radicalisme Blanc, Sur l'Occupation du Ghetto par la
Police, Sur l'Européen Contre l'Africain. « L'Européen
est tombé malade quand il a nié sa nature sexuelle »,
déclara Huey Newton, et Charles Garry l'interrompit
alors pour le ramener aux principes de base. « Mais
n'est-il pas exact, Huey, dit-il, que le racisme a
commencé pour des raisons *économiques* ? »

Ce bizarre entretien semblait se poursuivre en roue
libre. Il faisait chaud dans cette pièce étroite, la lumière
fluorescente me faisait mal aux yeux, et je ne savais
toujours pas dans quelle mesure Huey Newton comprenait la nature du rôle qu'on lui avait confié. Il se trouve
que j'avais toujours été sensible à la logique du posi-
tionnement des Panthers, fondé sur l'idée que le pouvoir
politique commençait au bout du canon d'un pistolet
(on savait même de quels modèles, grâce à un mémo-
randum rédigé aux tout débuts par Huey P. Newton :
« *.45 de l'armée ; carabine ; Magnum calibre 12, canon
18 pouces, de marque High Standard de préférence ;
M-16 ; pistolets Magnum .357 ; P-38* »), et j'étais sensible aussi à la beauté particulière du « problème » Huey
Newton. Dans la politique de la révolution, tout le
monde pouvait être sacrifié, mais je n'étais pas sûre que
Huey Newton fût politiquement assez sophistiqué pour
en être conscient dans son propre cas : la valeur de
l'affaire de Scottsboro[1] est plus facile à voir si on n'est
pas soi-même le gamin de Scottsboro. « Avez-vous

---

1. Référence à un célèbre procès du début des années 30, au
cours duquel neuf adolescents noirs âgés de douze à dix-neuf ans
furent injustement condamnés à mort pour le viol de deux femmes
blanches.

d'autres questions à poser à Huey ? » demanda Charles Garry. Apparemment non. L'avocat ajusta son magnétophone. « J'ai reçu une requête, Huey, dit-il, d'un lycéen, en reportage pour le journal de son école, qui voudrait une déclaration de toi, et il va m'appeler ce soir. As-tu un message que je pourrais lui transmettre ? »

Huey Newton regarda le micro. Pendant un moment il donna l'impression de ne plus se souvenir dans quelle pièce il jouait, puis il s'anima. « Je voudrais faire remarquer, dit-il d'une voix dont le volume augmentait à mesure que les disquettes mémoire s'enclenchaient, *école, lycéen, jeunesse, message à la jeunesse*, que l'Amérique est en train de devenir une très jeune nation... »

J'ai entendu gémir et grogner, et je suis allée voir et c'était – il y avait cet homme de couleur. Il avait reçu une balle dans l'estomac et à ce moment-là il ne paraissait pas en état de détresse prononcé, alors j'ai dit que j'allais voir, et je lui ai demandé s'il était un Kaiser, s'il avait la mutuelle Kaiser, et il a dit : « Oui, oui. Faites venir un médecin. Vous ne voyez pas que je saigne ? On m'a tiré dessus. Faites venir quelqu'un tout de suite. » Alors je lui ai demandé s'il avait sa carte Kaiser et alors il s'est énervé et il a dit : « Allez, amenez-moi un médecin, on m'a tiré dessus. » J'ai dit : « Je vois bien, mais vous n'êtes pas en état de détresse prononcé. » (...) Alors je lui ai dit qu'il fallait qu'on vérifie pour être sûr qu'il était inscrit. (...) Et ça l'a encore plus énervé et il m'a traitée de plusieurs

noms d'oiseau et il a dit : « Maintenant faites venir
un médecin immédiatement, on m'a tiré dessus et je
saigne. » Alors il a enlevé sa veste et sa chemise et
il les a lancées sur le bureau, là, et il a dit : « Mais
vous ne voyez pas tout ce sang ou quoi ? » Alors
j'ai dit : « Je le vois. » Et il n'y en avait pas tant
que ça, alors j'ai dit : « Il faut que vous signiez
notre formulaire d'admission avant qu'un médecin
puisse vous examiner. » Et il a dit : « Je ne signerai
rien du tout. » Alors j'ai dit : « Vous ne pouvez pas
être examiné par un médecin si vous ne signez pas
le formulaire d'admission », et il a dit : « Je n'ai
pas à signer quoi que ce soit » et autres paroles
bien senties...

Les lignes qui précèdent sont extraites du témoignage
devant le jury d'accusation du comté d'Alameda de
Corrine Leonard, l'infirmière responsable des urgences
du Kaiser Foundation Hospital d'Oakland à 5 h 30 du
matin le 28 octobre 1967. L'« homme de couleur » était
bien sûr Huey Newton, blessé ce matin-là au cours de
l'échange de coups de feu qui tua John Frey. J'ai longtemps conservé une copie de ce témoignage, punaisée
au mur de mon bureau, partant de la théorie qu'il illus-
trait une collision entre cultures, l'exemple parfait de la
confrontation entre un outsider au regard de l'histoire
et l'ordre établi à son niveau le plus mesquin et insondable. Théorie qui s'est écroulée quand j'ai appris que
Huey Newton était bel et bien inscrit à la mutuelle de la
Fondation Kaiser, c'est-à-dire qu'il était, pour reprendre
l'expression de l'infirmière Leonard, « un Kaiser ».

6

Un matin en 1968, je suis allée voir Eldridge Cleaver dans l'appartement de San Francisco où il vivait alors avec sa femme, Kathleen. Pour être autorisé à y entrer, il fallait d'abord sonner puis rester debout au milieu d'Oak Street, à un endroit bien visible depuis l'appartement des Cleaver. Après cet examen, on ouvrait la porte au visiteur, ou pas. On m'ouvrit, et après avoir grimpé les escaliers je trouvai Kathleen Cleaver dans la cuisine en train de faire frire des saucisses et Eldridge Cleaver dans le salon en train d'écouter un disque de John Coltrane et un certain nombre d'autres personnes dispersées dans l'appartement, des gens partout, des gens debout dans l'encadrement des portes et des gens qui circulaient dans le champ de vision les uns des autres et des gens qui décrochaient le téléphone pour passer des appels ou y répondre. « Quand est-ce que vous pouvez lancer l'opération ? » entendais-je quelque part, et « Vous pouvez pas m'acheter avec un dîner, dans ces dîners du *Guardian* c'est que de la Vieille Gauche, une vraie veillée funèbre ». La plupart de ces gens étaient des membres du Parti des Black Panthers, mais l'un d'eux, dans le salon, était le contrôleur judiciaire d'Eldridge Cleaver. Il me semble que je suis restée environ une heure. Il me semble que nous avons tous les trois – Eldridge Cleaver, son contrôleur judiciaire et moi – discuté surtout des perspectives commerciales de *Panthère noire*, qui sortait justement ce jour-là. Nous avons parlé de l'avance (5 000 dollars). Nous avons parlé du premier tirage (10 000 exemplaires). Nous avons parlé du budget de publicité et nous avons parlé des librairies dans lesquelles le livre était ou n'était pas disponible. Ce n'était pas une conversation inhabituelle entre écrivains, à ceci près que l'un de ces écrivains était avec son contrôleur judiciaire et que l'autre avait dû rester debout dans Oak Street et passer un contrôle visuel avant d'être autorisé à entrer.

7

SAC DE VOYAGE :

> *2 jupes*
> *2 chandails ou justaucorps*
> *1 pull*
> *2 paires de chaussures*
> *bas*
> *soutien-gorge*
> *nuisette, robe de chambre, chaussons*
> *cigarettes*
> *bourbon*
> *trousse avec :*
>> *shampooing*
>> *brosse à dents et dentifrice*
>> *savon Basis*
>> *rasoir, déodorant*
>> *aspirine, médicaments, Tampax*
>> *crème pour le visage, talc, huile pour bébé*

BAGAGE À MAIN :

> *plaid en mohair*
> *machine à écrire*

2 blocs-notes et stylos
limes à ongles
clés de la maison

Ce qui précède est la liste qui était scotchée à l'intérieur de la porte de ma penderie à Hollywood à l'époque où je partais en reportage de manière plus ou moins régulière. Cette liste me permettait de faire ma valise, sans réfléchir, en prévision de n'importe quel reportage. Remarquez l'anonymat délibéré de la tenue : en jupe, chandail *et bas*, je pouvais m'immiscer d'un côté comme de l'autre du champ culturel. Remarquez le plaid en mohair pour les vols charters (c'est-à-dire sans couverture) et pour la chambre de motel dans laquelle on ne pouvait pas éteindre l'air conditionné. Remarquez le bourbon pour la même chambre de motel. Remarquez la machine à écrire pour l'aéroport, au retour : l'idée était de rendre la voiture de location Hertz, enregistrer les bagages, trouver une banquette de libre et commencer à taper les notes de la journée.

Il est très clair que c'était une liste établie par une personne qui tenait à contrôler les choses, qui aspirait à la perfection, une personne déterminée à jouer son rôle comme si elle avait le scénario, suivait les répliques, connaissait l'histoire. Il y a dans cette liste une omission importante, un objet dont j'avais besoin et que je n'ai jamais possédé : une montre. J'avais besoin d'une montre non pas durant la journée, où je pouvais toujours allumer la radio ou demander à quelqu'un, mais le soir, au motel. Souvent je demandais l'heure à la réception toutes les demi-heures, jusqu'au moment où, trop embarrassée à l'idée de demander une énième fois, j'appelais à Los Angeles pour demander à mon mari. Autrement dit j'avais des jupes, des chandails, des justaucorps, un pull, des chaussures, des bas, un soutien-gorge, une nuisette, une robe de chambre, des chaussons, des cigarettes, du bourbon, du shampooing, une brosse à dents et du dentifrice, du savon Basis, un rasoir, du déodorant, de l'aspirine, des médicaments, des Tampax, de la crème pour le visage, du talc, de l'huile pour bébé, un plaid en mohair, une machine à écrire, des blocs-notes, des stylos, des limes à ongles et les clés de la maison, mais je ne savais pas quelle heure il était. C'est peut-être là une parabole, soit de ma vie de reporter à cette époque, soit de l'époque elle-même.

8

Sur la route dans une voiture de location Budget Rent-A-Car entre Sacramento et San Francisco, un matin pluvieux de novembre 1968, j'écoutais la radio à plein volume. Ce jour-là, je laissai la radio à plein volume non pas pour savoir quelle heure il était mais pour essayer d'effacer six mots de mon esprit, six mots qui n'avaient pas de signification pour moi mais qui semblaient, cette année-là, signaler le début d'un climat d'angoisse ou de terreur. Ces mots, un vers du poème « Dans une station de métro » d'Ezra Pound, étaient les suivants : *Pétales sur un rameau noir humide*. La radio passait « Wichita Lineman » et « I Heard It Through the Grapevine ». *Pétales sur un rameau noir humide*. Quelque part entre la Yolo Causeway et Vallejo, il m'est apparu qu'au cours de n'importe quelle semaine donnée je rencontrais trop de gens qui se déclaraient favorables au bombardement des centrales électriques. Quelque part entre la Yolo Causeway et Vallejo, il m'est aussi apparu que la terreur, ce matin-là, allait se traduire par une incapacité à traverser le pont de Carquinas dans cette voiture Budget Rent-A-Car. *The Wichita Lineman was still on the line*[1]. J'ai fermé les yeux et j'ai traversé le pont de Carquinas, parce que j'avais des rendez-vous, parce que je travaillais, parce que j'avais promis d'aller observer la révolution en marche au San Francisco State College et parce qu'il n'y avait aucune agence Budget Rent-A-Car à Vallejo où rendre la voiture et parce que rien de ce qui m'occupait l'esprit ne figurait dans le scénario tel que je me le rappelais.

9

Au San Francisco State College, ce matin-là, la pluie froide, fouettée par le vent, tombait à verse sur les pelouses boueuses et contre les fenêtres éclairées des salles de cours désertes. Les jours précédents, il y avait eu des incendies, des classes occupées, et pour finir une confrontation avec l'Unité tactique de la police de San Francisco, et dans les semaines à venir, le campus allait se transformer, comme le disaient avec satisfaction ceux qui étaient sur les lieux, en « un champ de bataille ». La police, les matraques et les arrestations en plein jour allaient devenir la routine quotidienne sur le campus, et chaque soir les combattants revoyaient

---

1. Littéralement : « Le poseur de lignes électriques de Wichita était toujours en ligne. »

leur journée à la télévision : les vagues d'étudiants en marche, la bousculade en bordure cadre, l'apparition furtive des matraques, le moment où la caméra tremblait pour montrer quels risques il avait fallu prendre pour obtenir ces images ; puis, sans transition, la carte de la météo. Au début, il y avait eu l'indispensable « question », celle de la suspension d'un enseignant de vingt-deux ans qui se trouvait aussi être le ministre de l'Education du Parti des Black Panthers, mais cette question, comme presque toujours, avait bientôt cessé d'être un enjeu, même dans l'esprit des protagonistes les plus impliqués. Le chaos était à soi-même son propre enjeu.

Je n'avais encore jamais été sur un campus livré au chaos, j'avais raté même Berkeley et Columbia, et j'imagine que je m'attendais à autre chose en me rendant à San Francisco State. De manière très littérale, quelque chose clochait dans le décor. L'architecture même des universités publiques en Californie va à l'encontre de toute notion de radicalisme, reflétant plutôt la vision modeste et optimiste d'une administration progressiste, et tandis que je traversais le campus ce jour-là et les jours suivants, le dilemme tout entier de San Francisco State – la politisation croissante, les « questions » ici et là, les « Quinze Revendications » de rigueur, l'excitation permanente de la police et des citoyens scandalisés – paraissait sonner de plus en plus faux, comme si les *enfants terribles* et la présidence de l'université s'étaient inconsciemment alliés pour réaliser un fantasme (Révolution sur le Campus) et le mener à son terme avant les informations de dix-huit heures. « Réunion du comité d'ajet-prop dans la salle Redwood », pouvait-on lire sur une affichette rédigée à la hâte, épinglée sur la porte de la cafétéria un matin ; seul quelqu'un ayant viscéralement besoin d'être inquiété était susceptible de répondre avec force à un groupe de guérilla qui non seulement annonçait ses réunions sur le panneau d'informations de l'ennemi mais paraissait tout ignorer de l'orthographe – et donc du sens – des mots qu'il employait. « Hitler Hayakawa » : tel était le surnom que certains professeurs donnaient à S.I. Hayakawa, le sémanticien qui était devenu le troisième président de l'université en un an, et qui avait suscité un large mécontentement en essayant de faire en sorte que le campus reste ouvert. « *Eichmann* », lui avait crié Kay Boyle pendant une manifestation. C'est ainsi, à grossiers coups de pinceau, que se dessinait le tableau de l'automne 1968 sur le campus pastel de San Francisco State.

Il semblait tout bonnement impossible de prendre cet endroit au sérieux. Les grands titres étaient sombres, ce premier jour, l'université avait été fermée « jusqu'à nouvel ordre », Ronald Reagan et Jesse Unruh[1] lançaient tous deux des menaces de représailles ; et pourtant, l'atmosphère à l'intérieur du bâtiment de l'administration faisait plutôt penser à une comédie musicale sur la vie étudiante. « Pas la *moindre* chance qu'on soit ouverts demain, répondaient les secrétaires au téléphone. Allez faire du ski, allez vous amuser. » Des militants noirs grévistes venaient à l'impromptu discuter avec les doyens de l'université ; des radicaux blancs grévistes échangeaient des on-dit dans les couloirs. « Pas d'interview, pas de presse », annonça un leader de la grève

---

1. Chef de file du Parti démocrate en Californie dans les années 60 et 70, opposant au gouverneur de l'époque, Ronald Reagan.

étudiante en entrant dans le bureau d'un doyen où j'étais
assise ; l'instant d'après, il était vexé parce que personne
ne lui avait dit qu'une équipe de tournage de l'émission
d'infos Huntley-Brinkley était présente sur le campus.
« Il est encore temps de se brancher là-dessus », dit le
doyen d'une voix rassurante. Tout le monde semblait
réuni dans un même esprit de camaraderie plutôt festive,
un même jargon, la même conscience du moment :
l'avenir n'était plus ardu et indéfini mais immédiat et
programmatique, resplendissant de la perspective de
problèmes à « traiter », de projets à « mettre en œuvre ».
Tout le monde s'accordait à dire que le conflit pouvait
être « un processus très sain », qu'il fallait peut-être en
passer par la fermeture de l'université « pour aboutir à
quelque chose ». L'ambiance, comme l'architecture,
était au fonctionnalisme version 1948, un modèle d'optimisme pragmatique.

Peut-être Evelyn Waugh aurait-il été capable de
rendre cela à la perfection : Waugh était bon dans les
scènes où les gens se bercent d'illusions avec acharnement, se laissent absorber par les jeux les plus
étranges. Ici, à San Francisco State, seuls les militants
noirs donnaient l'impression d'être sérieux ; c'étaient
eux en tout cas qui menaient le jeu, dictaient les règles
et profitaient autant que possible de ce qui aux yeux
de tous les autres n'était qu'une innocente occasion
d'échapper à la routine, à l'angoisse institutionnelle,
au morne déroulement du calendrier universitaire. Pendant ce temps-là, les administrateurs pouvaient discuter
des programmes. Pendant ce temps-là, les radicaux
blancs pouvaient se prendre, à peu de frais, pour des
combattants de la guérilla urbaine. Il faisait le bonheur
de tout le monde, ce petit jeu à San Francisco State,

et ses vertus particulières ne me sont jamais apparues avec autant d'évidence que l'après-midi où j'ai assisté à une réunion de cinquante ou soixante membres du SDS[1]. Ils avaient annoncé une conférence de presse un peu plus tard le même jour, et à présent ils discutaient du « format qu'il fallait donner à cette conférence de presse ».

« Il faut qu'on pose nos conditions, avertit quelqu'un. Parce qu'ils vont poser des questions très biaisées, ils vont poser des *questions*.

— Il faut leur faire soumettre les questions à l'avance par écrit, suggéra quelqu'un d'autre. A la Black Student Union ça leur réussit très bien, ils répondent à aucune question à laquelle ils ont pas envie de répondre.

— Voilà, c'est ça, ne tombons pas dans leur piège.

— Il y a un point sur lequel il faudrait insister pendant cette conférence, c'est *qui possède les médias*.

— Tu ne crois pas que tout le monde sait que les journaux représentent les intérêts du grand capital ? intervint un réaliste d'un ton dubitatif.

— Je ne pense pas que ce soit *compris*. »

Deux heures et plusieurs dizaines de votes à main levée plus tard, le groupe avait sélectionné quatre membres pour dire à la presse qui possédait les médias, avait décidé d'assister en masse à une conférence de presse de l'opposition, et avait débattu de divers slogans pour la manifestation du lendemain. « Bon alors, d'abord on a "Hearst Vous Ment", et puis "Stop au

---

1. « Students for a Democratic Society » : organisation étudiante affiliée au mouvement de la Nouvelle Gauche américaine dans les années 60.

Détournement de la Presse" – c'est celui qui a fait l'objet d'une controverse politique… »

Et, avant de se séparer, ils avaient écouté un étudiant qui était venu pour la journée de l'université de San Mateo, une petite université au sud de la péninsule de San Francisco. « Je suis venu ici aujourd'hui avec des étudiants du tiers monde vous dire que nous sommes avec vous, et nous espérons que vous serez avec *nous* quand nous lancerons la grève la semaine prochaine, parce que nous sommes vraiment motivés, nous portons nos casques de moto en permanence, on ne peut plus réfléchir, on ne peut plus aller en cours. »

Il avait marqué une pause. C'était un jeune homme à l'air sympathique, et enflammé par sa mission. Je songeai à la douce mélancolie de la vie à San Mateo, l'un des comtés les plus riches par habitant des Etats-Unis d'Amérique, et je songeai au Wichita Lineman et aux pétales sur le rameau noir humide, me demandant s'ils représentaient l'oisiveté de la bourgeoisie, et je songeai au semblant d'objectif atteint par l'organisation d'une conférence de presse, le seul problème avec les conférences de presse étant que la presse posait des questions. « Je suis ici pour vous dire qu'à l'université de San Mateo, nous vivons comme des *révolutionnaires* », dit alors le jeune homme.

10

Nous mettions « Lay Lady Lay » sur le tourne-disque, et « Suzanne ». Nous allions sur Melrose Avenue voir les Flying Burritos. Il y avait des pousses de jasmin sur la véranda de la grande maison de

Franklin Avenue, et le soir, l'odeur de jasmin entrait par les portes et les fenêtres grandes ouvertes. Je faisais de la bouillabaisse pour les gens qui ne mangeaient pas de viande. J'imaginais que ma propre vie était simple et douce, et parfois c'était le cas, mais il se passait des choses étranges en ville. Il y avait des rumeurs. Il y avait des histoires. Tout était indicible mais rien n'était inimaginable. La tentation mystique de l'idée de « péché » – cette impression qu'il était possible d'aller « trop loin », et que beaucoup de gens le faisaient – était très présente parmi nous en 1968 et 1969. Une tension en vortex, démente et séduisante, montait au sein de la communauté. La nervosité s'installait. Je me rappelle une époque où les chiens aboyaient tous les soirs et la lune était toujours pleine. Le 9 août 1969, j'étais assise dans le petit bassin de la piscine de ma belle-sœur à Beverly Hills quand elle reçut un coup de téléphone d'un ami qui venait d'apprendre les meurtres commis dans la maison de Sharon Tate Polanski sur Cielo Drive. Le téléphone sonna de nombreuses fois durant l'heure qui suivit. Ces premiers comptes rendus étaient confus et contradictoires. Quelqu'un parlait de cagoules, un autre parlait de chaînes. Il y avait vingt morts, non, douze, dix, dix-huit. On imaginait des messes noires, et on mettait ça sur le compte de mauvais *trips*. Je me souviens parfaitement de toutes les informations erronées de cette journée, et je me souviens aussi de ceci, que j'aurais préféré oublier : *je me souviens que personne n'était surpris.*

11

La première fois que j'ai rencontré Linda Kasabian, à l'été 1970, elle portait la raie au milieu, pas de maquillage, le parfum « Blue Grass » d'Elizabeth Arden, et l'uniforme bleu froissé qu'on donnait aux détenues de la prison pour femmes Sybil Brand de Los Angeles. Elle était à Sybil Brand en détention provisoire, par mesure de protection en attendant de pouvoir témoigner dans l'affaire des meurtres de Sharon Tate Polanski, Abigail Folger, Jay Sebring, Voytek Frykowski, Steven Parent, Rosemary et Leno LaBianca, et, en présence de son avocat, Gary Fleischman, j'ai passé plusieurs soirées à parler avec elle là-bas. De ces soirées, je me rappelle surtout la terreur que j'éprouvais en entrant dans la prison, en quittant même pour une heure les possibilités infinies qui m'apparaissaient soudain dans le crépuscule estival. Je me revois rejoindre le centre-ville par la Hollywood Freeway dans la Cadillac décapotable de Gary Fleischman avec le toit ouvert. Je me revois observer un lapin manger l'herbe devant la porte tandis que Gary Fleischman signait le registre de la prison. Chacune des six ou sept portes qui se refermaient derrière nous quand nous entrions à Sybil Brand était une petite mort, et je ressortais de chaque entretien telle Perséphone revenant de l'autre monde, euphorique, exaltée. Arrivée chez moi, je buvais deux verres et je me faisais un hamburger que je dévorais.

« Pigé », disait sans cesse Gary Fleischman. Un soir, comme nous rentrions de Sybil Brand à Hollywood dans la Cadillac décapotable avec le toit ouvert, il me somma de lui dire le nombre d'habitants en Inde. Je dis que je ne savais pas combien il y avait d'habitants en Inde. « Devinez », insista-t-il. Je dis un chiffre au hasard, absurdement peu élevé, et il était atterré. Il avait posé la même question à sa nièce (« étudiante »), à Linda, et maintenant à moi, et aucune d'entre nous n'avait su répondre. Ce qui semblait conforter l'idée qu'il avait des femmes, leur inaptitude foncière au savoir, leur similarité profonde. Gary Fleischman était quelqu'un d'un genre que j'ai peu rencontré, un réaliste comique en chapeau mou, un homme d'affaires en voyage aux confins de l'époque, un homme habitué au tribunal et à Sybil Brand et qui restait enjoué, voire enthousiaste, face au formidable et insondable mystère au cœur de ce qu'il appelait « l'affaire ». Du reste, nous ne parlions jamais de « l'affaire », et nous ne faisions référence à ses événements principaux que par les termes « Cielo Drive » et « LaBianca ». Nous parlions plutôt des loisirs et des déceptions de Linda pendant son enfance, de ses amourettes de lycée et de son inquiétude pour ses enfants. Cette singulière juxtaposition du dit et de l'indicible était étrange et troublante, et faisait de mon carnet de notes une litanie de petites ironies tellement évidentes qu'elles n'auraient pu intéresser que les inconditionnels de l'absurde. Exemple : Linda rêvait d'ouvrir une boutique qui ferait à la fois restaurant et animalerie.

12

Certains dysfonctionnements organiques du système nerveux central sont caractérisés par des périodes de rémission, donnant l'impression d'une guérison

complète des nerfs atteints. Voici ce qui semble
se passer alors : à mesure que l'enveloppe du nerf
s'enflamme et durcit pour former un tissu cicatriciel,
bloquant ainsi le passage des impulsions neuronales,
le système nerveux modifie progressivement le réseau
de ses circuits, trouve d'autres nerfs sains pour relayer
les mêmes messages. A l'époque où j'estimais nécessaire de faire réviser les circuits de mon cerveau, j'ai
découvert que cela ne m'intéressait plus de savoir si
la femme sur le rebord de la fenêtre au seizième étage
allait ou non sauter, ni pourquoi. Seule m'intéressait
cette image d'elle dans mon esprit : ses cheveux incan-
descents dans la lumière des projecteurs, ses orteils nus
recourbés pour s'agripper au rebord.

Dans une telle perspective, toute histoire était sentimentale. Dans une telle perspective, toutes les
connexions étaient uniformément sensées, et uniformément insensées. Par exemple : le matin de la mort
de John Kennedy en 1963, j'étais en train d'acheter,
chez Ransohoff à San Francisco, une jupe courte en
soie pour mon mariage. Quelques années plus tard,
cette jupe fut abîmée quand, lors d'un dîner à Bel Air,
Roman Polanski renversa dessus par mégarde un verre
de vin rouge. Sharon Tate elle aussi était à ce dîner,
même si, à l'époque, elle et Roman Polanski n'étaient
pas encore mariés. Le 27 juillet 1970, je suis allée au
Magnin-Hi Shop, au troisième étage de I. Magnin à
Beverly Hills, pour acheter, à la demande de Linda
Kasabian, la robe dans laquelle elle commença à livrer
son témoignage sur les meurtres qui avaient eu lieu
dans la maison de Sharon Tate Polanski sur Cielo
Drive. « Taille 36, disaient ses instructions. Mini mais
pas ultra-mini. En velours si possible. Vert émeraude

ou doré. Ou bien : une robe paysanne mexicaine, à smocks ou brodée. » Elle avait besoin d'une robe ce matin-là parce que le procureur, Vincent Bugliosi, avait exprimé des doutes sur celle qu'elle comptait porter, une longue robe blanche cousue main. « Long, c'est pour le soir », avait-il informé Linda. Long, c'était pour le soir, et blanc, c'était pour les mariées. A son propre mariage en 1965, Linda Kasabian avait porté un tailleur en brocart blanc. Le temps passait, les temps changeaient. Tout devait nous apprendre quelque chose. A onze heures vingt ce matin de juillet 1970, j'ai donné la robe dans laquelle elle témoignerait à Gary Fleischman, qui attendait devant son bureau sur Rodeo Drive à Beverly Hills. Il portait son chapeau mou et il était avec le second mari de Linda, Bob Kasabian, et leur ami Charlie Melton, tous deux habillés en longue tunique blanche. Long, c'était pour Bob et Charlie, et la robe dans la boîte I. Magnin était pour Linda. Ils prirent tous trois la boîte I. Magnin, montèrent dans la Cadillac décapotable de Gary Fleischman avec le toit ouvert et partirent dans la lumière du jour rejoindre le centre-ville en me faisant de grands signes. Tout ceci est à mes yeux un enchaînement de correspondances authentiquement insensé, mais en ce glorieux matin d'été, cela avait autant de sens que n'importe quoi d'autre.

13

Je me souviens d'une conversation que j'ai eue en 1970 avec le gérant d'un motel dans lequel j'étais descendue près de Pendleton, Oregon. Je faisais un reportage pour le magazine *Life* sur le stockage des gaz neurotoxiques VX et Sarin dans un dépôt de l'armée du comté d'Umatilla ; à présent j'avais fini et j'essayais de rendre ma chambre. Au cours de cette procédure, le gérant, qui était mormon, me posa cette question : *Si vous ne croyez pas que vous irez au paradis dans votre propre corps et sous votre prénom avec tous les membres de votre famille, alors quel est l'intérêt de mourir ?* A ce moment-là, je pensais que mes commandes affectives de base n'étaient plus intactes, mais aujourd'hui, en vous la soumettant, cette question est plus pertinente qu'il n'y paraît de prime abord, une sorte de *koan* de l'époque.

14

Un jour, je me suis cassé une côte, et les quelques mois durant lesquels il m'était pénible de me tourner dans mon lit ou de lever les bras à la piscine, j'ai eu, pour la première fois, l'intuition précise de ce que ce serait d'être vieille. Par la suite, j'ai oublié. A un moment au cours des années dont je parle ici, après une série de troubles visuels intermittents, trois électroencéphalogrammes, deux examens complets du crâne et du cou aux rayons X, un test de tolérance au glucose de cinq heures, deux électromyogrammes, une batterie de tests chimiques et des consultations auprès de deux ophtalmologistes, un interniste et trois neurologues, j'ai appris que le problème ne se situait pas vraiment au niveau des yeux mais du système nerveux central. Il était possible que je présente des symptômes de troubles neurologiques toute ma vie, ou pas. Ces

symptômes, qui pouvaient se déclarer ou pas, pourraient affecter mes yeux ou pas. Ils pourraient affecter
mes bras ou mes jambes ou pas, ils pourraient être
handicapants ou pas. Leurs effets pourraient être atté-
nués par des injections de cortisone, ou pas. Rien
n'était prévisible. Cette maladie avait un nom, le genre
de nom qu'on associe en général aux téléthons, mais
ce nom ne voulait rien dire et le neurologue n'aimait
pas l'employer. Ce nom était sclérose en plaques, mais
ce nom ne voulait rien dire. C'était, dit le neurologue,
un diagnostic réducteur, et il ne voulait rien dire.

J'ai eu, à ce moment-là, l'intuition précise non pas
de ce que ce serait d'être vieille mais de ce que c'était
d'ouvrir la porte à l'étranger et de s'apercevoir que cet
étranger l'avait bel et bien à la main, le couteau. En
quelques lignes de dialogue dans le cabinet du neurologue à Beverly Hills, l'improbable était devenu le
probable, la norme : des choses qui n'arrivaient qu'aux
autres pouvaient m'arriver à moi. Je pouvais être
frappée par la foudre, manger une pêche et être empoi-
sonnée par le cyanure contenu dans le noyau. Ce qu'il
y avait de sidérant, c'était ceci : mon corps présentait
l'exact équivalent physiologique de ce qui se passait
dans mon esprit. « Menez une vie simple, conseilla le
neurologue. Même si, pour autant qu'on sache, ça ne
fait aucune différence. » Autrement dit, c'était là
encore une histoire dénuée de toute trame narrative.

15

Beaucoup de gens que je connais à Los Angeles
pensent que les années 60 ont brusquement pris fin le

9 août 1969, au moment précis où la rumeur des meurtres de Cielo Drive s'est répandue comme un feu de
brousse dans la communauté, et en un sens, c'est vrai.
La tension se brisa ce jour-là. La paranoïa était accom-
plie. Dans un autre sens, les années 60 n'ont pas vraiment pris fin pour moi avant le mois de janvier 1971,
quand j'ai quitté la maison de Franklin Avenue pour
emménager dans une maison au bord de la mer.
Laquelle maison au bord de la mer avait elle-même
fait éminemment partie des années 60, et durant quelques mois après notre emménagement, je tombais sur
des souvenirs de cette époque dans l'histoire de cette
maison – un fascicule de scientologie au fond d'un
tiroir, un exemplaire d'*En terre étrangère* au fond
d'une armoire –, mais au bout d'un moment nous avons
fait des travaux, et entre les scies électriques et le vent
de la mer, l'endroit fut exorcisé.

J'ai, depuis cette époque, très peu suivi le parcours
des gens qui me semblaient emblématiques de ces
années-là. Je sais bien sûr qu'Eldridge Cleaver est allé
en Algérie et qu'il est revenu transformé en industriel.
Je sais que Jim Morrison est mort à Paris. Je sais que
Linda Kasabian est partie chercher la pastorale dans le
New Hampshire, où je suis allée une fois lui rendre
visite ; elle est venue à son tour me rendre visite à
New York, et nous avons emmené nos enfants sur le
Staten Island Ferry voir la Statue de la Liberté. Je sais
aussi qu'en 1975, Paul Ferguson, qui purgeait une
peine de prison à vie pour le meurtre de Ramon
Novarro, gagna le premier prix d'un concours littéraire
organisé par le PEN-Club et qu'il annonça son intention de « continuer à écrire ». Ecrire l'avait aidé, dit-il,
à « réfléchir à cette expérience et comprendre ce

qu'elle signifiait ». Très souvent, je songe à la grande maison de Hollywood, à « Midnight Confessions » et à Ramon Novarro et au fait que Roman Polanski et moi sommes le parrain et la marraine du même enfant, mais écrire ne m'a pas encore aidée à comprendre ce que tout cela signifie.

1968-78

II

UNE CALIFORNIE DE RÊVES

Quelques rêveurs du rêve d'or

C'est une histoire d'amour et de mort en terre d'or, et elle commence par le pays. La vallée de San Bernardino n'est qu'à une heure de route à l'est de Los Angeles par la San Bernardino Freeway, mais à certains égards c'est un endroit étranger : non pas la Californie côtière des crépuscules subtropicaux et des doux vents d'ouest du Pacifique, mais une Californie plus rude, hantée par le Mojave juste derrière les montagnes, dévastée par le souffle sec et brûlant du Santa Ana qui s'engouffre entre les cols à 160 km/h, gémit dans les eucalyptus coupe-vent et tire sur les nerfs. Octobre est le pire mois pour le vent, le mois où il est difficile de respirer et où les collines s'embrasent spontanément. Il n'a pas plu depuis avril. Chaque voix semble un cri. C'est la saison du suicide et du divorce et de la terreur rampante, partout où souffle le vent.

Les mormons se sont installés dans ce pays inquiétant, puis ils l'ont abandonné, mais quand ils partirent, les premiers orangers avaient déjà été plantés et pendant les cent années suivantes, la vallée de San Bernardino allait attirer des gens qui s'imaginaient pouvoir vivre au milieu des fruits talismaniques et prospérer dans l'air sec, des gens qui apportèrent avec eux leurs mœurs du Midwest en matière de construction, de cuisine, de prière, et qui essayèrent de greffer ces mœurs sur cette terre. La greffe prit de curieuses façons. C'est la Californie où il est possible de vivre et de mourir sans avoir jamais mangé un artichaut, sans avoir jamais rencontré un catholique ou un juif. C'est la Californie où il est facile de composer des numéros verts religieux mais difficile d'acheter un livre. C'est le pays dans lequel une croyance en l'interprétation littérale de la Genèse s'est imperceptiblement muée en une croyance en l'interprétation littérale d'*Assurance sur la mort*, le pays des cheveux peignés en arrière et des shorts Capri et des filles pour qui toute la promesse de la vie se résume à une robe de mariée blanche coupée pour la valse et la naissance d'une Kimberly ou d'une Sherry ou d'une Debbi et un divorce à Tijuana et un retour à l'école de coiffure. « On était juste des gamins inconscients », disent-elles sans regret, et elles regardent vers l'avenir. L'avenir paraît toujours souriant sur la terre d'or, parce que personne ne se souvient du passé. C'est ici que souffle le vent chaud et que les mœurs d'antan ne semblent plus avoir aucun sens, ici que le taux de divorce est deux fois plus élevé que la moyenne nationale et qu'une personne sur trente-huit vit dans une caravane. C'est ici le dernier arrêt pour tous ceux qui viennent d'ailleurs, pour tous ceux qui ont fui le froid et le passé et les mœurs d'antan. C'est ici qu'ils essaient de trouver un nouveau style de vie, qu'ils essaient de le trouver dans les seuls endroits où ils songent à regarder : les films et les journaux. Le cas de Lucille Marie Maxwell Miller est un monument de tabloïd à ce nouveau style de vie.

Imaginez Banyan Street d'abord, car c'est sur Banyan que ça s'est passé. Pour arriver à Banyan, il faut prendre à l'ouest à la sortie de San Bernardino par Foothill Boulevard, Route 66 ; dépasser la gare de triage Santa Fe, le Forty Winks Motel. Dépasser le motel constitué de dix-neuf tipis en stuc : DORMEZ DANS UN WIGWAM – VOUS EN AUREZ POUR VOS DENIERS. Dépasser Fontana Drag City et l'Eglise nazaréenne de Fontana et le garage Pit Stop A Go-Go ; dépasser Kaiser Steel, traverser Cucamonga pour déboucher sur le restaurant-bar et coffee shop Kapu Kai, au croisement de la Route 66 et de Carnelian Avenue. Sur Carnelian Avenue, à partir du Kapu Kai, qui veut dire « Mers interdites », les fanions claquent dans le vent féroce. RANCHS D'UN DEMI-HECTARE ! SNACK-BARS ! ENTRÉES EN TRAVERTIN ! 95 $ DE CAUTION. C'est la piste d'un grand projet dévoyé, l'écume de la Nouvelle Californie. Mais au bout d'un moment, les panneaux se font de plus en plus rares sur Carnelian Avenue, et les maisons ne sont plus les pastels vifs des propriétaires de Springtime Home mais les bungalows aux couleurs passées des gens qui cultivent quelques vignes et élèvent quelques poulets ici, et puis la colline se fait plus escarpée et la route grimpe et même les bungalows sont peu nombreux, et c'est là – désolée, crûment asphaltée, plantée d'eucalyptus et de citronniers – qu'est Banyan Street.

Comme tant d'autres choses dans ce pays, Banyan évoque quelque chose de curieux et d'artificiel. Les citronniers sont enfoncés, derrière un muret d'un mètre, un mètre et demi, de sorte qu'on voit directement leur épais feuillage, trop luxuriant, étrangement luisant, d'un vert cauchemardesque ; l'écorce des eucalyptus, au sol, est trop poussiéreuse, lieu idéal où se

reproduire pour les serpents. Les pierres ont l'air non
pas de pierres naturelles mais des débris de quelque
événement chaotique passé sous silence. Il y a des brû-
leurs à huile, et une citerne fermée. D'un côté de
Banyan, il y a la vallée plate, et de l'autre, les montagnes
San Bernardino, sombre masse venant surplomber de
trop haut, trop vite, 2 700, 3 000, 3 300 mètres d'alti-
tude, les citronniers. A minuit dans Banyan Street, il
n'y a aucune lumière, et aucun bruit à part le vent dans
les eucalyptus et les aboiements sourds des chiens. Il y
a peut-être un chenil dans les environs, ou peut-être que
ces chiens sont en réalité des coyotes.

C'est par Banyan Street que passa Lucille Miller
pour rentrer chez elle du supermarché Mayfair Market
ouvert 24 heures sur 24 la nuit du 7 octobre 1964, une
nuit où la lune était sombre et le vent soufflait et elle
n'avait plus de lait, et c'est sur Banyan Street, vers
minuit et demi, que sa Volkswagen 1964 s'est brusquement arrêtée, a pris feu et commencé à brûler. Pendant une heure et quinze minutes, Lucille Miller a
appelé au secours en courant partout dans Banyan,
mais aucune voiture ne passa et aucun secours ne vint.
A trois heures du matin, alors que le feu était éteint et
que les policiers de la California Highway Patrol rédi-
geaient leur rapport, Lucille Miller était toujours en
larmes et incohérente, car son mari se trouvait dans la
Volkswagen, endormi. « Qu'est-ce que je vais dire aux
enfants, alors qu'il ne reste plus rien, plus rien à mettre
dans le cercueil, dit-elle en pleurant à l'amie appelée
pour trouver du réconfort. Comment est-ce que je peux
leur dire qu'il n'y a plus rien ? »

Mais il restait quelque chose, et une semaine plus
tard, ce reste se trouvait à la chapelle funéraire Draper,

dans un cercueil fermé en bronze tapissé d'œillets roses. Quelque 200 personnes écoutèrent le pasteur Robert E. Denton de l'Eglise adventiste du Septième Jour d'Ontario parler de « la fureur qui s'est déclenchée parmi nous ». Pour Gordon Miller, dit-il, il n'y aurait « plus de mort, plus de peines de cœur, plus de malentendus ». Le pasteur Ansel Bristol parla du chagrin « particulier » de ce moment. Le pasteur Fred Jensen demanda : « Quel profit pour l'homme qui, à gagner le monde entier, perd son âme ? » Il y eut quelques gouttes de pluie, une bénédiction en cette saison sèche, et une chanteuse entonna « A l'abri dans les bras de Jésus ». On fit un enregistrement de la cérémonie pour la veuve, qui était détenue, sans possibilité de liberté provisoire sous caution, à la prison du comté de San Bernardino pour meurtre avec préméditation.

Bien sûr elle venait d'ailleurs, de la grande prairie qu'elle avait quittée à la recherche de quelque chose qu'elle avait vu au cinéma ou entendu à la radio, car cette histoire se passe en Californie du Sud. Elle était née le 17 janvier 1930 à Winnipeg, Manitoba, fille unique de Gordon et Lily Maxwell, tous deux enseignants et tous deux fidèles de l'Eglise adventiste du Septième Jour, dont les membres observent le sabbat tous les samedis, croient en une Seconde Venue apocalyptique, ont une fibre missionnaire prononcée et, s'ils sont très pratiquants, ne fument pas, ne boivent pas, ne mangent pas de viande, ne se maquillent pas et ne portent pas de bijoux, pas même d'alliance. Quand Lucille Maxwell entra au Walla Walla College à College Place, Washington, l'université adventiste où ses parents enseignaient alors, c'était une jeune fille de dix-huit ans d'une peu remarquable beauté et d'une remarquable joie de vivre. « Lucille voulait voir le monde, dirait plus tard son père, et on dirait qu'elle a vu. »

La joie de vivre ne semblait pas prêter à des études poussées au Walla Walla College, et au printemps 1949, Lucille Maxwell rencontra et épousa Gordon (« Cork ») Miller, vingt-quatre ans, diplômé de Walla Walla et de l'école dentaire de l'université de l'Oregon, qui accomplissait alors son service militaire à Fort Lewis en tant que médecin. « On pourrait dire que ce fut le coup de foudre, se souvient Mr Maxwell. Avant même qu'ils soient officiellement présentés, il avait envoyé à Lucille une botte et demie de roses avec une carte disant que même si elle ne sortait pas avec lui, il espérait que les roses lui plairaient. » Les Maxwell se souviennent que leur fille fut une jeune mariée « radieuse ».

Les mariages malheureux se ressemblent tellement qu'il n'est pas nécessaire de savoir grand-chose de celui-ci. Peut-être, ou non, y a-t-il eu des problèmes à Guam, où Cork et Lucille vécurent le temps qu'il finisse son armée. Peut-être, ou non, y a-t-il eu des problèmes dans la petite ville de l'Oregon où il installa son premier cabinet privé. Leur déménagement semble avoir occasionné une certaine déception : Cork Miller avait dit à ses amis qu'il voulait devenir médecin, qu'il n'était pas heureux comme dentiste, et qu'il avait l'intention de s'inscrire à la faculté de médecine évangélique de l'Université adventiste du Septième Jour à Loma Linda, à quelques kilomètres au sud de San Bernardino. Au lieu de quoi il acheta un cabinet dentaire dans l'ouest du comté de San Bernardino, où la famille s'installa, dans une modeste maison dans le genre de rue où il y a toujours des tricycles et des crédits permanents et des rêves de plus grandes maisons dans de plus belles rues. On était en 1957. A l'été 1964, ils avaient obtenu la plus grande maison dans la plus belle rue et la panoplie habituelle d'une famille en pleine ascension : les 30 000 dollars par an, les trois enfants pour la carte de vœux de Noël, la baie panoramique, le grand séjour, les photos découpées dans les journaux qui montraient « Mrs Gordon Miller, présidente du Comité caritatif d'Ontario... ». Ils en payaient le prix habituel. Et ils avaient atteint l'habituelle saison du divorce.

Ç'aurait pu être un sale été comme tous les autres, un accablement de chaleur et de nervosité et de migraines et de problèmes d'argent comme tous les autres, mais celui-ci commença particulièrement tôt et particulièrement mal. Le 24 avril, une vieille amie, Elaine Hayton, mourut de manière soudaine ; Lucille Miller l'avait vue encore la veille au soir. Au cours du mois de mai, Cork Miller fut brièvement hospitalisé pour un ulcère hémorragique, et sa réserve coutumière dégénéra en dépression. Il confia à son comptable qu'il en avait « marre de regarder à l'intérieur de bouches ouvertes » et menaça de se suicider. Le 8 juillet, les conventionnelles tensions propres à l'amour et à l'argent avaient abouti à la conventionnelle impasse dans la nouvelle maison du lotissement 8488 Bella Vista, et Lucille Miller demanda le divorce. Un mois plus tard, toutefois, les Miller semblaient s'être réconciliés. Ils consultèrent un conseiller matrimonial. Ils évoquèrent la possibilité d'un quatrième enfant. Leur couple en était semble-t-il arrivé à la traditionnelle trêve, au moment où si souvent les gens se résignent à faire le deuil et de leurs pertes et de leurs espoirs.

Mais la saison houleuse des Miller ne devait pas prendre fin si facilement. Le 7 octobre débuta comme la plus banale des journées, l'une de ces journées qui vous font grincer des dents à force d'ennui et de frustrations minuscules. La température grimpa jusqu'à 39° à San Bernardino cet après-midi-là, et les enfants des Miller étaient à la maison car il n'y avait pas école à cause de la réunion des enseignants. Il y avait du linge à repasser. Il y avait une ordonnance de Nembutal à aller chercher, un aller-retour à faire au pressing. En début de soirée, un désagréable accident avec la Volkswagen : Cork Miller heurta et tua un berger allemand, et déclara plus tard qu'il avait l'impression « qu'un trente tonnes lui roulait sur le crâne ». C'était quelque chose qu'il disait souvent. A ce jour, Cork Miller était débiteur de 63 479 dollars, dont les 29 637 dollars d'emprunt immobilier pour la nouvelle maison, endettement dont le poids lui semblait oppressant. C'était un homme à qui ses responsabilités pesaient, et qui se plaignait de migraines presque constamment.

Il dîna seul ce soir-là, d'un plateau-repas devant la télé dans le salon. Plus tard, les Miller regardèrent John Forsythe et Senta Berger dans *See How They Run*, et à la fin du film, vers onze heures, Cork Miller suggéra qu'ils aillent acheter du lait. Il avait envie d'un chocolat chaud. Il prit une couverture et un coussin du canapé et monta dans la Volkswagen à la place du passager. Lucille Miller se souvient d'avoir tendu le bras devant lui pour fermer sa portière pendant qu'elle reculait dans l'allée. Quand elle quitta le Mayfair

Market, et bien avant qu'ils atteignent Banyan Street, Cork Miller semblait s'être endormi.

Lucille Miller ne sait plus très bien ce qui s'est passé entre minuit trente, quand le feu s'est déclaré, et une heure cinquante du matin, quand il a été signalé. Elle dit qu'elle roulait vers l'est, sur Banyan Street, à environ 55 km/h, quand elle a senti la Volkswagen faire une brusque embardée sur la droite. Soudain, la voiture était sur le talus, tout près du muret, et des flammes jaillissaient à l'arrière. Elle ne se rappelle pas avoir sauté de la voiture. Elle se souvient d'avoir ramassé une pierre avec laquelle elle brisa la fenêtre du côté de son mari, puis fouillé au pied du muret à la recherche d'un bâton. « Je ne sais pas comment j'aurais fait pour le sortir, dit-elle. Mais je me disais qu'avec un bâton, j'arriverais à le sortir en le poussant. » Elle n'y arriva pas, et au bout d'un moment elle courut au croisement de Banyan et de Carnelian Avenue. Il n'y a pas de maisons à ce carrefour, et presque pas de circulation. Après avoir vu une voiture passer sans s'arrêter, Lucille Miller retourna en courant vers la Volkswagen en feu. Elle ne s'arrêta pas, mais elle ralentit, et dans les flammes elle vit son mari. Il était, dit-elle, « tout noir ».

A la première maison sur Sapphire Avenue, à 800 mètres de la Volkswagen, Lucille Miller trouva enfin de l'aide. Mrs Robert Swenson appela le shérif, puis, à la demande de Lucille Miller, elle appela Harold Lance, l'avocat des Miller et l'un de leurs proches amis. Harold Lance arriva et emmena Lucille Miller chez lui, auprès de sa femme Joan. Harold Lance et Lucille Miller retournèrent deux fois à Banyan Street pour s'entretenir avec les policiers de la Highway

Patrol. Harold Lance y retourna seul une troisième fois, et à son retour il dit à Lucille Miller : « OK (…) maintenant tu ne dis plus rien. »

Quand Lucille Miller fut arrêtée le lendemain aprèsmidi, Sandy Slagle était avec elle. Sandy Slagle était la jeune étudiante en médecine, intense et d'une loyauté à toute épreuve, qui faisait du baby-sitting pour les Miller et comptait comme un membre à part entière de la famille depuis la fin de ses études au lycée en 1959. Les Miller la sortirent d'une situation familiale compliquée, et elle voyait en Lucille Miller « une sorte de mère ou de sœur » mais aussi « la personne la plus merveilleuse » qu'elle ait jamais connue. Le soir de l'accident, Sandy Slagle était dans sa chambre à l'internat de l'université de Loma Linda, mais Lucille Miller l'appela à la première heure le lendemain matin et lui demanda de venir. Le médecin était là quand Sandy Slagle arriva ; il administrait à Lucille Miller une injection de Nembutal. « Elle pleurait en perdant peu à peu connaissance, se rappelle Sandy Slagle. Elle n'arrêtait pas de dire : "Sandy, toutes ces heures que j'ai passées à essayer de le sauver et maintenant mais qu'est-ce qu'ils essaient de me *faire* ?" »

A treize heures trente cet après-midi-là, le sergent William Paterson et les inspecteurs Charles Callahan et Joseph Karr de la brigade criminelle se présentèrent au 8488 Bella Vista. « L'un d'eux se montra à la porte de la chambre, se souvient Sandy Slagle, et dit à Lucille : "Vous avez dix minutes pour vous habiller ou on vous emmène comme vous êtes." Elle était en chemise de nuit, vous voyez, alors j'ai essayé de l'habiller. »

Sandy Slagle raconte aujourd'hui l'histoire comme si elle la récitait par cœur, et ses yeux ne bougent pas.

« Donc je lui ai mis sa culotte et son soutien-gorge et ils ont rouvert la porte, alors je lui ai mis des Capri, vous voyez, et une écharpe. » Sa voix faiblit. « Et puis ils l'ont emmenée. »

L'arrestation eut lieu douze heures à peine après le signalement de l'accident sur Banyan Street, rapidité qui conduirait par la suite l'avocat de Lucille Miller à déclarer que toute l'affaire avait pour seul but de justifier une arrestation arbitraire. En réalité, si les inspecteurs qui arrivèrent sur Banyan Street à l'aube ce matin-là portèrent une attention particulière à cet accident, c'est qu'ils remarquèrent certaines incohérences matérielles. Alors que Lucille Miller avait dit qu'elle conduisait à environ 55 km/h quand la voiture fit une embardée et s'arrêta, l'examen du moteur refroidi de la Volkswagen démontra que sa boîte de vitesses était alors en première et que les codes, non pas les phares, étaient allumés. La position des roues avant, en outre, ne semblait pas exactement correspondre au récit qu'avait fait Lucille Miller de l'accident, et la roue arrière droite était profondément embourbée, comme si elle avait roulé sur place. Les inspecteurs trouvèrent aussi curieux qu'un brusque arrêt à 55 km/h – provoquant la secousse qui avait apparemment renversé le bidon d'essence sur le siège arrière et déclenché l'incendie – n'ait pas fait tomber les deux packs de lait sur la plage arrière, et que les restes d'un appareil photo Polaroïd, sur le siège arrière, n'aient pas non plus bougé.

Personne, cela dit, n'aurait pu raisonnablement raconter avec précision ce qui s'était et ce qui ne s'était pas passé dans un tel moment de terreur, et ces incohérences ne semblaient pas en elles-mêmes constituer la preuve incontestable d'une intention criminelle.

Mais elles intriguèrent le bureau du shérif, de même
que l'état apparemment inconscient de Gordon Miller
au moment de l'accident et le temps qu'il avait fallu
à Lucille Miller pour trouver de l'aide. Les inspecteurs
trouvèrent qu'il y avait d'autre part quelque chose de
louche dans le comportement de Harold Lance quand
il revint pour la troisième fois à Banyan Street et
s'aperçut que l'enquête était loin d'être terminée. « En
voyant l'attitude de Lance, dit plus tard le procureur,
ils se sont dit qu'ils avaient peut-être mis le doigt sur
quelque chose. »

Et c'est ainsi qu'au matin du 8 octobre, avant même
que le médecin soit venu administrer un sédatif à Lucille
Miller, le bureau du shérif du comté de San Bernardino
essayait de dresser un scénario différent pour expliquer
ce qui s'était passé entre minuit et demi et une heure
cinquante du matin. L'hypothèse qu'ils finiraient par
présenter s'appuyait sur le présupposé assez alambiqué
selon lequel Lucille Miller avait mis en œuvre un plan
qui avait échoué : arrêter son véhicule sur une route
isolée, asperger d'essence son mari sans doute drogué
et, grâce à un bâton calé sur l'accélérateur, « accompa-
gner » doucement la Volkswagen jusque sur le talus,
d'où elle tomberait dans les citronniers, un mètre
plus bas, et exploserait. Lucille Miller aurait pu alors
remonter Carnelian pour rejoindre Bella Vista, trois
kilomètres plus loin, et être chez elle à temps quand
l'accident serait découvert. Ce plan fit long feu, d'après
l'hypothèse du bureau du shérif, quand la voiture refusa
de basculer par-dessus le talus. Il se peut que Lucille
Miller ait alors paniqué – après avoir noyé le moteur
pour la troisième ou quatrième fois, mettons, là sur cette
route plongée dans l'obscurité, alors que l'essence avait

déjà été répandue et que les chiens hurlaient et que le vent soufflait et que l'étreignait la sourde frayeur de voir des phares surgir sur Banyan Street et la surprendre la main dans le sac – et qu'elle ait elle-même mis le feu à la voiture.

Si cette version expliquait certains détails physiques – la voiture en première parce qu'elle avait été démarrée à l'arrêt, les codes allumés parce qu'elle ne pouvait pas faire ce qu'elle voulait faire sans lumière, une roue arrière enfoncée à force d'essayer de faire basculer la voiture par-dessus le talus, les packs de lait toujours debout parce qu'il n'y avait pas eu d'arrêt brutal –, elle ne paraissait pas en soi plus ou moins crédible que celle de Lucille Miller. De plus, d'autres détails semblaient concorder avec son récit : un clou dans un des pneus avant, une pierre de quatre kilos trouvée à l'intérieur du véhicule, celle avec laquelle elle aurait brisé la vitre pour essayer de sauver son mari. Quelques jours plus tard, une autopsie établissait que Gordon Miller était vivant quand il avait brûlé, ce qui ne faisait pas vraiment les affaires de l'accusation, et qu'il avait une dose suffisante de Nembutal et de Sandoptal dans le sang pour endormir un individu de corpulence moyenne, ce qui allait dans le sens contraire ; cependant, Gordon Miller prenait régulière-ment du Nembutal et du Fiorinal (un médicament cou-rant contre le mal de tête, à base de Sandoptal), et d'autre part il était souffrant.

Les éléments manquaient dans cette affaire, et pour arriver à ses fins, l'accusation allait devoir trouver un motif. On parla de drame conjugal, on parla d'un autre homme. C'est ce genre de motif, durant les semaines qui suivirent, qu'ils s'efforcèrent d'établir. Ils s'efforcèrent

de le trouver en épluchant les livres de comptes et les
clauses d'assurance-vie et les registres de motel, ils
s'efforcèrent de déterminer ce qui aurait pu conduire
une femme qui croyait aux promesses de la classe
moyenne – une femme qui avait été présidente du
Comité caritatif et qui savait toujours où trouver une
petite couturière aux tarifs modiques et qui était sortie
du lugubre désert du fondamentalisme de la prairie
pour trouver ce qu'elle s'imaginait être la belle vie –
ce qui aurait pu pousser une telle femme à s'asseoir
chez elle, dans une rue appelée Bella Vista, et regarder
par sa baie vitrée flambant neuve le soleil vide de
Californie en se demandant comment elle pourrait
brûler vif son mari dans une Volkswagen. Ils trouvèrent la cheville qui leur manquait plus près encore que
ce qu'ils avaient dû imaginer, car, comme le révéle-
raient plus tard les témoignages au cours du procès,
Lucille Miller, depuis le mois de décembre 1963, entre-
tenait apparemment une liaison avec le mari d'une de
ses amies, un homme dont la fille l'appelait « Tatie
Lucille », un homme qui lui avait peut-être semblé
posséder le don pour les relations humaines et l'argent
et la belle vie que Cork Miller n'avait manifestement
jamais eu. Cet homme était Arthwell Hayton, avocat
bien connu de San Bernardino et autrefois membre du
bureau du procureur.

A certains égards, c'était la liaison clandestine clas-
sique dans un endroit comme San Bernardino, un
endroit où il n'y a guère de joie ni de beauté, où il est
fréquent d'égarer son avenir et facile de se mettre à le
chercher entre des draps. Au cours des sept semaines

que durerait le procès de Lucille Miller pour meurtre, l'assistant du procureur Don A. Turner et l'avocat de la défense Edward P. Foley allaient reconstituer, à eux deux, une histoire curieusement prévisible. Il y avait les registres de motel falsifiés. Il y avait les rendez-vous à déjeuner, les promenades de l'après-midi dans la Cadillac rouge décapotable d'Arthwell Hayton. Il y avait les interminables conversations sur les époux trompés. Il y avait les confidents (« Je savais tout, affirmerait Sandy Slagle par la suite avec une insistance farouche. Je savais chaque fois, les endroits, tout ») et il y avait les paroles apprises dans les histoires à l'eau de rose des magazines (« Ne m'embrasse pas, après on ne pourra plus faire marche arrière », avait dit un jour Lucille Miller à Arthwell Hayton sur le parking du Harold's Club à Fontana après le déjeuner) et il y avait les petits mots, les doux échanges : « Mon petit lapin ! Tu es ma chérie d'amour !! Joyeux anniversaire – on te donnerait 29 ans, pas un jour de plus !! Ton bébé, Arthwell. »

Et, vers la fin, il y avait eu l'aigreur. Le 24 avril 1964, la femme d'Arthwell Hayton mourut subitement, et plus rien de bien n'arriva après cela. Arthwell Hayton était parti sur son yacht, le *Captain's Lady*, à Catalina ce week-end-là ; il appela chez lui à neuf heures du soir le vendredi, mais ne parla pas à sa femme, car c'est Lucille Miller qui décrocha, et elle lui dit qu'Elaine était sous la douche. Le lendemain matin, la fille des Hayton trouva sa mère au lit, morte. Les journaux parlèrent d'une mort accidentelle, peut-être causée par une allergie à de la laque pour cheveux. Quand Arthwell Hayton rentra chez lui par avion de

Catalina ce week-end-là, Lucille Miller l'attendait à l'aéroport, mais la fin était déjà écrite.

C'est avec la rupture que la liaison cessa de se dérouler sur le mode conventionnel et se mit à ressembler aux romans de James M. Cain, aux films de la fin des années 30, à tous les rêves dans lesquels la violence, les menaces et le chantage semblent faire partie de la vie quotidienne de la classe moyenne. Ce qui était le plus frappant dans le dossier que constituait l'Etat de Californie contre Lucille Miller, c'était quelque chose qui n'avait rien à voir avec la loi, quelque chose qui n'apparaissait jamais dans les grands titres de la presse du soir mais qui était toujours là, entre les colonnes : la révélation que le rêve donnait une leçon de vie aux rêveurs. Voici ce que dit Lucille Miller à son amant, un jour au début de l'été 1964, après qu'il l'avait informée que, sur le conseil de son pasteur, il n'avait plus l'intention de la fréquenter : « D'abord, je vais aller le voir, ton cher pasteur, et je vais lui dire deux mots. (…) Quand je lui aurai dit ça, tu ne feras plus partie de l'Eglise de Redlands. (…) Ecoute-moi bien, monsieur le Beau Gosse, tu crois que c'est ta réputation qui est en jeu ? C'est ta vie qui vaudra pas un clou. » Et voici la réponse d'Arthwell Hayton à Lucille Miller : « Je vais aller voir le shérif Frank Bland, lui dire deux trois petites choses que je sais sur toi et tu vas regretter d'avoir même entendu parler d'Arthwell Hayton. » Pour une liaison entre une femme de dentiste adventiste du Septième Jour et un avocat adventiste du Septième Jour, c'est un dialogue qui paraît curieux.

« Ça, le gamin, je l'avais à mes pieds », confia plus tard Lucille Miller à Erwin Sprengle, entrepreneur de

Riverside, associé d'Arthwell Hayton et ami des deux amants. (Ami ou non, ce jour-là il avait attaché une bobine d'induction à son téléphone afin d'enregistrer l'appel de Lucille Miller.) « Et il n'a rien sur moi qu'il puisse prouver. Moi j'ai du concret – lui, rien. » Au cours de la même conversation enregistrée avec Erwin Sprengle, Lucille Miller parlait d'un autre enregistrement, celui qu'elle avait elle-même réalisé à l'insu d'Arthwell Hayton dans la voiture de ce dernier, plusieurs mois auparavant.

« Je lui ai dit, j'ai dit : "Arthwell, j'ai l'impression de me faire manipuler." (…) Il s'est mis à sucer son pouce et il a dit : "Je t'aime. (…) Ce n'est pas comme si ça datait d'hier. Je t'épouserais demain si je pouvais. Je n'aime pas Elaine." Il adorerait entendre cette cassette, n'est-ce pas ?

— Sûr, répondait Sprengle de sa voix traînante sur l'enregistrement. Ça serait un petit peu incriminant, non ?

— Juste un *petit peu* incriminant, acquiesçait Lucille Miller. Sans le *moindre* doute. »

Plus loin, Sprengle demandait où était Cork Miller.

« Il a emmené les enfants à l'église.

— Tu n'y es pas allée ?

— Non.

— Coquine. »

Tout cela, de surcroît, au nom de « l'amour » ; tous ceux qui étaient impliqués dans cette affaire plaçaient une foi surnaturelle dans l'efficacité de ce seul mot. Il y avait l'importance que Lucille Miller donnait aux paroles d'Arthwell quand il lui avait dit qu'il l'« aimait », qu'il n'« aimait » pas Elaine. Il y eut le déni catégorique d'Arthwell, plus tard, durant le procès, jurant qu'il n'avait jamais dit cela, qu'il lui avait peut-être, à la rigueur, « murmuré quelques mots doux à l'oreille » (la défense ayant insinué qu'il avait murmuré à de nombreuses oreilles), mais il n'avait aucun souvenir de l'avoir spécialement adoubée, d'avoir prononcé le grand mot, d'avoir professé « de l'amour ». Il y avait ce soir d'été où Lucille Miller et Sandy Slagle avaient suivi Arthwell Hayton sur son nouveau bateau, qui mouillait dans le port de Newport Beach, et défait les amarres alors qu'Arthwell était à bord, Arthwell et une fille avec qui, selon le témoignage qu'il donna par la suite, il était en train de boire du chocolat chaud et de regarder la télévision. « J'ai fait ça exprès, dit plus tard Lucille Miller à Erwin Sprengle, pour me sauver, empêcher mon cœur de commettre une folie. »

Le 11 janvier 1965 fut une journée chaude et ensoleillée en Californie du Sud, l'une de ces journées où Catalina flotte sur l'horizon du Pacifique et l'air embaume les fleurs d'oranger et on est très loin de la sinistre, de la difficile côte Est, très loin du froid, très loin du passé. Une femme à Hollywood passa la nuit assise sur le capot de sa voiture pour empêcher une compagnie financière de la lui enlever. Un retraité de soixante-dix ans passa dans son break à 10 km/h devant trois salles de poker de Gardena et vida trois pistolets et un fusil calibre 12 à travers leurs fenêtres, blessant vingt-neuf personnes. « Il y a des tas de jeunes femmes qui se prostituent afin d'avoir assez d'argent pour jouer aux cartes », expliqua-t-il dans un mot. Mrs Nick Adams déclara qu'elle n'était « pas surprise » d'entendre son mari annoncer ses projets de divorce dans le *Les Crane*

Show à la télévision, et plus au nord, un gamin de seize ans sauta du Golden Gate Bridge et survécut.

Et, dans le tribunal du comté de San Bernardino, le procès Miller s'ouvrit. Il y avait une telle foule que les portes en verre de la salle d'audience furent brisées dans la cohue, et dès lors on remit des badges d'identité aux quarante-trois premiers spectateurs de la file d'attente. On commençait à faire la queue dès six heures du matin, et des étudiantes campaient devant le tribunal toute la nuit, avec des réserves de biscuits secs et de soda No-Cal.

Il s'agissait seulement de choisir les membres du jury, durant ces premiers jours, mais l'aspect sensationnel de l'affaire était déjà perçu partout. Au début du mois de décembre, il y avait eu un premier procès avorté, un procès au cours duquel aucune preuve ne fut avancée, car le jour même où le jury fut réuni, le *Sun-Telegram* de San Bernardino publia un « reportage » révélant que le procureur Don Turner aurait déclaré : « Nous enquêtons sur les circonstances de la mort de Mrs Hayton. Etant donné le procès en cours sur la mort du Dr Miller, je crois que je devrais m'abstenir de tout commentaire sur la mort de Mrs Hayton. » Des traces de barbituriques avaient apparemment été retrouvées dans le sang d'Elaine Hayton, et il semblait y avoir une certaine bizarrerie dans la façon dont elle était vêtue, le matin où elle fut découverte dans ses draps, morte. Toutefois, si cette mort avait éveillé sur le moment quelque soupçon que ce soit, le bureau du shérif n'en avait pas entendu parler. « A mon avis, il y en a qui ont préféré ne pas faire de vagues, déclara plus tard Turner. C'étaient des gens très en vue. »

Tous ces détails ne figuraient pas dans l'article du *Sun-Telegram*, mais le procès avait immédiatement été annulé pour vice de forme. Presque aussi immédiatement, un nouveau rebondissement était intervenu : Arthwell Hayton avait convoqué les journalistes pour une conférence de presse dans son bureau un dimanche matin à onze heures. Il y avait des caméras de télévision et des explosions de flash à ampoule. « Comme vous le savez, messieurs, avait déclaré Hayton d'une voix sèchement joviale, beaucoup de femmes tombent amoureuses de leur médecin ou de leur avocat. Cela ne veut pas dire que le médecin ou l'avocat en question partage ces sentiments envers sa patiente ou cliente.

— Niez-vous avoir eu une liaison avec Mrs Miller ? avait demandé l'un des journalistes.

— Je nie qu'il y ait eu de ma part un quelconque sentiment amoureux. »

Distinction qu'il maintiendrait tout au long des éprouvantes semaines à venir.

Elle était donc venue voir Arthwell, cette foule à présent amassée sous les palmiers poussiéreux devant le tribunal, et voir aussi Lucille, qui faisait l'effet d'une femme frêle, jolie par intermittence, déjà pâle à cause du manque de soleil, une femme qui fêterait ses trente-cinq ans avant la fin du procès et dont la tendance à la déréliction commençait à se voir, une femme méticuleuse qui insistait, contre l'avis de son avocat, pour venir au tribunal avec une mise en plis soignée, les cheveux laqués. « J'aurais préféré qu'elle se présente avec les cheveux détachés, mais Lucille s'y refusait », déclara son avocat. C'était Edward P. Foley, un catholique irlandais, petit et émotif, qui pleura plusieurs fois dans la salle d'audience. « Elle a une grande honnêteté, cette femme, ajouta-t-il, mais cette honnêteté quant à son apparence a toujours joué contre elle. »

Quand le procès débuta, l'apparence de Lucille Miller consistait notamment en des vêtements de grossesse, car un examen officiel, le 18 décembre, avait révélé qu'elle était enceinte de trois mois et demi, ce qui avait rendu d'autant plus difficile la sélection des jurés, Turner requérant la peine de mort. « C'est malheureux, mais c'est ainsi », dirait-il à propos de cette grossesse à chacun des membres du jury, lesquels se retrouvèrent finalement au nombre de douze, dont sept femmes, quarante et un ans pour le plus jeune, un aréopage de ces mêmes semblables – des femmes au foyer, un machiniste, un chauffeur routier, un épicier, un clerc de notaire – au-dessus desquels Lucille Miller avait tant voulu s'élever.

Tel était, plus que l'adultère, le péché qui tendait à aggraver celui pour lequel elle était jugée. Il était implicite, tant pour la défense que pour l'accusation, que Lucille Miller était une femme égarée, une femme qui voulait peut-être trop. Mais pour l'accusation, ce n'était pas seulement une femme qui aurait voulu une nouvelle maison, faire la fête et accumuler de lourdes factures de téléphone (1 152 dollars en dix mois), mais une femme qui serait allée jusqu'à tuer son mari pour les 80 000 dollars de l'assurance, et à maquiller le meurtre en accident pour récolter les 40 000 dollars supplémentaires de double indemnité prévus par la clause accident de la police d'assurance. Selon Turner, c'était une femme qui ne voulait pas simplement sa liberté et une pension alimentaire raisonnable (ce qu'elle aurait très bien pu obtenir, fit observer la défense, en divorçant), mais qui voulait tout, une femme motivée par

« l'amour et la cupidité ». C'était une « manipulatrice ».
C'était quelqu'un qui « utilisait les gens ».

Pour Edward Foley, au contraire, c'était une femme
impulsive qui « ne savait pas contrôler son bête petit
cœur ». Alors que Turner contournait le sujet de la
grossesse, Foley insistait dessus, faisant même venir
de Washington la mère du défunt pour témoigner que
son fils lui avait dit qu'ils allaient faire un autre enfant
parce que Lucille avait le sentiment que « ça aiderait
à ressouder notre foyer autour des liens agréables
d'autrefois ». Là où l'accusation voyait une « calcula-
trice », la défense voyait une « bavarde impénitente »,
et de fait, Lucille Miller montrait un talent ingénu dans
l'art de la conversation. De même que, avant la mort
de son mari, elle avait parlé à ses amies de sa liaison
amoureuse, elle en avait parlé aussi après sa mort, à
l'officier de police qui l'avait arrêtée. « Bien sûr, Cork
a vécu avec ça pendant des années, vous savez, disait
sa voix au sergent Patterson sur la bande de l'enregistrement réalisé le lendemain de son arrestation. Après
la mort d'Elaine, il a perdu les pédales un soir et il
m'a posé la question de but en blanc, et c'est là, je
crois, qu'il a vraiment – la première fois qu'il en prenait vraiment conscience. » Quand le sergent demanda
pourquoi elle avait accepté de lui parler, en dépit des
instructions spécifiques de son avocat, Lucille Miller
répondit d'un ton désinvolte : « Oh, j'ai toujours été
quelqu'un de plutôt honnête. (…) Bon, je peux faire
des petites concessions de temps à autre, mais en gros
j'ai toujours vécu ma vie comme je l'entendais, et si
ça ne vous plaît pas, tant pis pour vous. »

L'accusation insinua qu'il y avait eu d'autres
hommes à part Arthwell, et parvint même, malgré les

objections de Foley, à en nommer un. La défense
déclara que Miller était suicidaire. L'accusation fit venir
à la barre des experts qui affirmèrent que l'incendie de
la Volkswagen n'avait pas pu être accidentel. Foley fit
venir des témoins qui affirmèrent l'inverse. Le père de
Lucille, professeur dans un lycée en Oregon, cita Isaïe :
« *Toute langue qui s'élèvera en justice contre toi, tu la*
condamneras. » « Lucille a mal agi, cette liaison, dit
judicieusement sa mère. Pour elle c'était de l'amour.
Mais pour d'autres, j'imagine que ce n'est qu'une histoire de passion. » Il y eut Debbie, la fille des Miller,
âgée de quatorze ans, qui raconta d'une voix impertur-
bable qu'elle et sa mère étaient allées au supermarché
acheter le bidon d'essence la semaine précédant l'accident. Il y eut Sandy Slagle, présente tous les jours au
tribunal, qui déclara que Lucille Miller avait empêché
au moins une fois son mari non seulement de se suicider
mais de se suicider d'une telle façon qu'on croirait à
un accident et que l'assurance verserait la double
indemnité. Il y eut Wenche Berg, la jolie Norvégienne
de vingt-sept ans, gouvernante des enfants d'Arthwell
Hayton, qui témoigna qu'Arthwell lui avait donné pour
instruction de ne pas laisser Lucille Miller s'approcher
des enfants ou leur parler.

Deux mois passèrent péniblement, et l'affaire continuait à faire les gros titres. Les chroniqueurs judiciaires
de la Californie du Sud avaient établi leur quartier
général à San Bernardino pour toute la durée du
procès : Howard Hertel du *Times*, Jim Bennett et Eddy
Jo Bernal du *Herald-Examiner*. Deux mois durant lesquels les seuls événements qui chassèrent le procès
Miller de la une de l'*Examiner* furent les nomina-
tions aux Oscars et la mort de Stan Laurel. Et enfin,

le 2 mars, après que Turner eut répété que tout ça était une histoire « d'amour et de cupidité », et que Foley se fut indigné qu'on fasse le procès de sa cliente pour adultère, les jurés se retirèrent pour délibérer.

Ils rendirent leur verdict, coupable de meurtre avec préméditation, à seize heures cinquante le 5 mars. « Elle ne l'a pas fait, cria Debbie Miller en se dressant au milieu des spectateurs. Elle ne l'a *pas* fait. » Sandy Slagle s'effondra dans son siège et se mit à hurler. « Sandy, je t'en supplie, *arrête* », dit Lucille Miller d'une voix qui portait jusqu'au fond de la salle d'audience, et Sandy Slagle retrouva momentanément son calme. Mais tandis que les jurés quittaient le tribunal, elle se remit à hurler : « Vous êtes des assassins. (…) Tous autant que vous êtes, des *assassins*. » Les adjoints du shérif intervinrent alors, chacun portant une cravate Western sur laquelle était gravé « 1965 SHE-RIFF'S RODEO », et le père de Lucille Miller, ce professeur de lycée au visage triste qui croyait en la parole du Christ et aux dangers qu'il y avait à vouloir voir le monde, lui envoya un baiser du bout des doigts.

La California Institution for Women à Frontera, où est maintenant Lucille Miller, est située à l'endroit où Euclid Avenue devient une route de campagne, à quelques kilomètres de là où elle vivait autrefois, faisait ses courses et organisait le bal de charité du Heart Fund. Des vaches paissent de l'autre côté de la route, et la luzerne est entretenue par un arrosage automatique. Frontera a un stade de softball et des courts de tennis, et ressemblerait presque à un campus californien, sauf que les arbres ne sont pas encore assez élevés pour dissimuler les barbelés au sommet du grillage. Le jour des visites, il y a de grosses voitures sur le parking, de grosses Buick et de grosses Pontiac appartenant à des grands-parents, des sœurs, des pères (rarement à des maris), et certaines sont ornées d'autocollants sur le pare-chocs où l'on peut lire SOUTENEZ VOTRE POLICE LOCALE.

Beaucoup de meurtrières californiennes vivent là, beaucoup de filles qui, d'une manière ou d'une autre, se sont méprises sur la promesse. C'est là que Don Turner a envoyé Sandra Garner (et son mari dans la chambre à gaz de San Quentin) après l'affaire des meurtres dans le désert, en 1959, que les journalistes avaient appelée « les meurtres soda-pop ». Carole Tregoff est là, depuis qu'elle a été reconnue coupable d'avoir planifié l'assassinat de l'épouse du Dr Finch à West Covina, non loin de San Bernardino. Carole Tregoff est même devenue l'assistante de l'infirmière à l'hôpital de la prison, et aurait pu accoucher Lucille Miller si le bébé de celle-ci était né à Frontera ; mais Lucille Miller décida d'accoucher à l'extérieur, et de payer le gardien qui resta devant la porte de la salle de travail au St. Bernardine's Hospital. Debbie Miller vint à l'hôpital récupérer le bébé pour le ramener, dans son nid d'ange blanc à rubans roses, et Debbie fut autorisée à lui choisir un nom. Elle appela le bébé Kimi Kai. Les enfants vivent avec Harold et Joan Lance désormais, car Lucille Miller restera probablement dix années à Frontera. Don Turner renonça à demander la peine capitale (de l'avis général, il n'avait fait initialement cette requête que dans le but, selon les termes d'Edward Foley, « de virer de la sélection du jury toute personne qui aurait eu une once d'humanité dans les

veines ») et requit la prison à vie avec possibilité de
libération sur parole. Lucille Miller ne se plaît pas à
Frontera et a du mal à s'adapter. « Elle va devoir
apprendre l'humilité, dit Turner. Elle va devoir faire
usage de son charme, de ses dons de manipulation. »

La nouvelle maison est vide à présent, la maison sur
rue avec l'écriteau qui dit

VOIE PRIVÉE

BELLA VISTA

IMPASSE

Les Miller n'eurent jamais l'occasion de la décorer,
et les mauvaises herbes grimpent sur le muret d'enceinte
en pierre des champs. L'antenne de télévision s'est
affaissée sur le toit, et une poubelle est remplie des
débris d'une vie de famille : une pauvre valise, un jeu
pour enfants appelé « Le détecteur de mensonges ». Il
y a un écriteau planté dans ce qui aurait été la pelouse,
et sur cet écriteau on peut lire « A VENDRE ». Edward
Foley essaie d'obtenir un procès en appel pour Lucille
Miller, mais il y a eu des contretemps. « Un procès se
résume toujours à une question de compassion, dit
aujourd'hui Foley d'un air las. Je n'ai pas réussi à susciter de la compassion pour elle. » Tout le monde est
un peu las aujourd'hui, las et résigné, tout le monde
sauf Sandy Slagle, dont l'amertume est toujours à vif.
Elle vit dans un appartement près de l'école de médecine de Loma Linda, et compulse les articles consacrés
à l'affaire dans *True Police Cases* et *Official Detective
Stories*. « Je préférerais qu'on ne parle pas trop de
l'affaire Hayton, dit-elle à ses visiteurs, et elle enregistre
toutes ses conversations. Je préférerais parler de Lucille,

de la merveilleuse personne qu'elle est, et de la violation de ses droits. » Harold Lance ne dit pas un mot à ses visiteurs. « On ne veut pas dévoiler ce qu'on peut vendre », explique-t-il de manière charmante ; on a essayé de vendre l'histoire de Lucille Miller à *Life*, mais *Life* n'a pas voulu l'acheter. Dans les bureaux du procureur, on poursuit d'autres meurtres, et on ne comprend pas pourquoi le procès Miller a attiré tant d'attention. « Ce n'était pas un meurtre très intéressant en soi », dit Don Turner sur un ton laconique. L'enquête a été suspendue sur la mort d'Elaine Hayton. « On sait tout ce qu'on voulait savoir », dit Turner.

Le bureau d'Arthwell Hayton est situé juste au-dessus de celui d'Edward Foley. Certains à San Bernardino disent qu'Arthwell Hayton a souffert ; d'autres disent qu'il n'a pas souffert du tout. Peut-être que non en effet, car on ne croit pas que le temps passé pèse d'un poids quelconque sur le temps présent ou à venir, dans ce pays d'or où chaque jour le monde renaît. Quoi qu'il en soit, le 17 octobre 1965, Arthwell Hayton s'est remarié, il a épousé la jolie gouvernante de ses enfants, Wenche Berg ; la cérémonie s'est tenue à la Chapelle des Roses, dans un village de retraités près de Riverside. Puis une réception pour soixante-quinze personnes a été organisée en l'honneur des jeunes mariés dans la salle des fêtes de Rose Garden Village. Le marié portait une cravate noire et un œillet blanc à la boutonnière. La mariée portait une longue robe blanche en peau de soie et un bouquet de roses rouges avec des serpentins de jasmin. Un diadème de perles de culture maintenait son voile des illusions.

John Wayne : une chanson d'amour

A l'été 1943, j'avais huit ans, et mon père, ma mère, mon petit frère et moi étions sur la base de Peterson Field, à Colorado Springs. Un vent chaud souffla durant tout cet été-là, souffla tant et tant qu'on avait l'impression qu'avant même le début du mois d'août, toute la poussière du Kansas se retrouverait dans le Colorado, recouvrant les baraquements de tôle et la piste temporaire pour ne s'arrêter qu'au mont Pikes Peak. Il n'y avait pas grand-chose à faire, par un été pareil ; il y eut le jour où ils amenèrent le premier B-29, événement mémorable en soi mais guère excitant comme programme de vacances. Il y avait un Club des officiers, mais pas de piscine ; le seul intérêt que présentait le Club des officiers, c'était le rideau de pluie bleue artificielle derrière le bar. La pluie m'intéressait beaucoup, mais je ne pouvais pas passer l'été à la regarder, alors nous allions, mon frère et moi, au cinéma.

Nous y allions trois, quatre après-midi par semaine, assis sur des chaises pliantes dans la pénombre du hangar en tôle qui servait de salle de projection, et c'est là, en cet été 1943 tandis que le vent chaud

soufflait dehors, que j'ai vu John Wayne pour la première fois. Vu la démarche, entendu la voix. Que je
l'ai entendu dire à la fille dans un film qui s'appelait
La Ruée sanglante qu'il lui construirait une maison,
« au tournant du fleuve, là où poussent les peupliers ».
Il se trouve que je ne suis pas devenue, en grandissant,
une héroïne de western, et même si les hommes que
j'ai connus avaient de nombreuses qualités et m'ont
emmenée vivre dans de nombreux endroits que j'ai
appris à aimer, ils n'étaient jamais John Wayne, et ils
ne m'ont jamais emmenée à ce tournant du fleuve, là
où poussent les peupliers. Dans ce recoin profond de
mon cœur où pour l'éternité tombe la pluie artificielle,
c'est toujours la réplique que j'espère entendre.

Je vous raconte tout ça non pas dans l'esprit d'une
confession ni comme un exercice mémoriel, mais simplement pour démontrer qu'en traversant au galop toute
mon enfance, et peut-être aussi la vôtre, John Wayne a
fixé à jamais la forme de certains de nos rêves. Il paraissait impossible qu'un homme comme lui puisse tomber
malade, porter en lui cette maladie inexplicable et
incontrôlable entre toutes. La rumeur fit résonner une
obscure inquiétude, vaciller notre enfance tout entière.
Dans le monde de John Wayne, John Wayne était censé
donner les ordres. « On y va », disait-il, et « En selle ».
« En avant *hue* », et « Un homme doit faire ce qu'il a
à faire ». « *Hello, there* », disait-il quand il rencontrait
une fille, sur un chantier ou dans un train ou debout sur
le perron, attendant quelqu'un avec qui chevaucher dans
les hautes herbes. Quand John Wayne parlait, impossible de se méprendre sur ses intentions ; il avait une
autorité sexuelle si forte que même un enfant pouvait
la percevoir. Et dans un monde dont nous avions très

tôt compris qu'il était caractérisé par la vénalité, le doute et les ambiguïtés paralysantes, il évoquait un autre monde, un monde qui avait jadis ou n'avait peut-être jamais existé mais qui en tout cas n'existait plus : un endroit où un homme pouvait se déplacer librement, inventer son propre code et s'y tenir ; un monde dans lequel, si un homme faisait ce qu'il avait à faire, il pouvait prendre la fille un beau jour, chevaucher dans la prairie puis finir chez lui, librement, pas dans un hôpital avec quelque chose de travers à l'intérieur de lui, pas dans un lit surélevé avec les fleurs et les médicaments et les sourires forcés, mais là, au tournant du fleuve splendide, les peupliers scintillant au soleil du petit matin.

« *Hello, there.* » D'où venait-il, avant les hautes herbes ? Même son histoire personnelle semblait parfaite, car ce n'était pas du tout une histoire, rien qui puisse entraver le rêve. Né Marion Morrison à Winterset, Iowa, fils de pharmacien. Déménagé pendant son enfance à Lancaster, Californie, au cours de la migration vers cette terre promise qu'on appelle parfois « la côte Ouest de l'Iowa ». Non que Lancaster fût la promesse exaucée ; Lancaster était une ville du Mojave où soufflait un vent de poussière. Mais Lancaster, c'était toujours la Californie, et à une année seulement de Glendale, où la désolation avait un goût différent : appuie-tête en dentelle parmi les orangeraies, prélude de classe moyenne au cimetière de Forest Lawn. Imaginez Marion Morrison à Glendale. Boy-scout, puis lycéen à Glendale High. Plaqueur dans l'équipe de foot de l'université de Californie du Sud, fraternité Sigma Chi. Vacances d'été, petit boulot, transporter les accessoires du décor dans le vieux studio de la Fox. Là, rencontre avec John Ford, l'un des quelques réalisateurs qui allaient avoir l'intuition que dans ce moule parfait pourraient être déversées les espérances informulées d'une nation qui se demandait au détour de quel col la piste s'était perdue. « Bon sang, dirait plus tard Raoul Walsh, il avait l'air d'un homme, l'enfoiré. » Et ainsi, au bout de quelque temps, le gamin devint une star. Il devint non pas un acteur, comme il prenait toujours soin de le préciser aux journalistes (« Combien de fois faudra que je vous le redise, un acteur agit, moi je *ré*-agis »), mais une star, et la star nommée John Wayne passerait la majeure partie du reste de son existence avec l'un ou l'autre de ces réalisateurs, sur tel ou tel lieu de tournage perdu au milieu de nulle part, à la recherche du rêve.

> *Là-bas où les cieux sont un peu plus bleus*
> *Là-bas où l'amitié est un peu plus vraie*
> *C'est là que commence l'Ouest.*

Rien de très grave ne pouvait arriver dans le rêve, rien qu'un homme ne pût affronter. Et pourtant. La voilà qui arriva, la rumeur, et au bout d'un moment les grands titres. « J'ai eu la peau du Grand C », annonça John Wayne, à la manière de John Wayne, traitant ces cellules renégates comme n'importe quel autre renégat, et pourtant nous sentions tous que l'issue de cet affrontement-là était pour une fois imprévisible, que c'était le seul et unique duel que Wayne risquait de perdre. L'illusion et la réalité me posent autant problème qu'à n'importe qui d'autre, et je n'avais pas très envie de voir John Wayne au moment où lui-même devait (du moins c'est ce que j'imaginais) être confronté à ce problème, mais j'y suis quand même allée, et c'était là-bas

au Mexique, où il tournait le film que sa maladie avait
si longtemps retardé, là-bas au pays même du rêve.

C'était le 165ᵉ film de John Wayne. Le 84ᵉ de Henry
Hathaway. Numéro 34 pour Dean Martin, qui finissait
d'honorer un vieux contrat avec Hal Wallis, dont
c'était la production indépendante numéro 65. Ça
s'appelait *Les Quatre Fils de Katie Elder*, et c'était un
western, et après le retard de trois mois ils avaient
enfin tourné les extérieurs à Durango, et maintenant
ils en étaient aux derniers jours du tournage en studio,
à Estudio Churubusco, près de Mexico, et le soleil
cognait et le temps était dégagé et c'était l'heure du
déjeuner. Dehors, sous les faux-poivriers, les gamins
de l'équipe mexicaine étaient assis à mâcher des cara-
mels, et plus bas sur la route, quelques membres de
l'équipe technique étaient rassemblés autour d'un petit
comptoir où l'on servait du homard farci avec un verre
de tequila pour un dollar américain, mais c'est à l'intérieur du réfectoire caverneux et désert qu'on pouvait
trouver les stars, les raisons de tout cet exercice, assis
autour de la grande table devant leurs *huevos con queso*
et leurs bières Carta Blanca. Dean Martin, pas rasé.
Mack Gray, qui suit Martin partout. Bob Goodfried,
responsable des relations publiques à la Paramount,
qui était venu trouver une caravane à louer et qui avait
l'estomac fragile. « Thé et pain grillé, ne cessait-il
d'avertir. Y a pas mieux. La salade, faut se méfier. »
Et Henry Hathaway, le réalisateur, qui ne semblait pas
écouter Goodfried. Et John Wayne, qui ne semblait
écouter personne.

« La semaine a été lente, dit Dean Martin pour la troisième fois.

— Comment tu peux dire ça ? demanda Mack Gray.

— *La... semaine... a été... lente,* voilà comment je peux le dire.

— Tu veux pas dire que t'as envie qu'elle se termine.

— Je le dis comme je le pense, Mack, je veux qu'elle se *termine.* Demain soir je rase cette barbe, je me tire à l'aéroport, je dis *adiós amigos* ! Bye-bye *muchachos* ! »

Henry Hathaway alluma un cigare et tapota affectueusement le bras de Martin. « Pas demain, Dino.

— Henry, tu comptes rajouter quoi ? Une guerre mondiale ? »

Hathaway tapota à nouveau le bras de Martin et regarda devant lui. Au bout de la table, quelqu'un parlait d'un homme qui, quelques années auparavant, avait essayé, sans succès, de faire exploser un avion.

« Il est toujours en tôle, dit soudain Hathaway.

— En tôle ? » Martin fut distrait un instant de la question qui le préoccupait, à savoir s'il devait faire repartir ses clubs de golf avec Bob Goodfried ou les laisser à Mack Gray. « Pourquoi il est en tôle si personne est mort ?

— Tentative de meurtre, Dino, dit Hathaway d'une voix douce. C'est un délit.

— Tu veux dire que si un type *essayait* juste de me tuer, il finirait en tôle ? »

Hathaway enleva le cigare de sa bouche et regarda de l'autre côté de la table. « Si un type essayait de me tuer *moi*, c'est pas en tôle qu'il finirait. Qu'est-ce que t'en dis, Duke ? »

Très lentement, le destinataire de la question de Hathaway s'essuya la bouche, repoussa sa chaise et se leva. C'était du vrai de vrai, de l'authentique, c'était le geste qu'on avait déjà vu parachever mille séquences sur 165 frontières de celluloïd et champs de bataille fantasmagoriques, et il allait parachever celle-ci maintenant, dans le réfectoire d'Estudio Churubusco, près de Mexico. « Ouais, fit John Wayne d'un accent traînant. Je le tuerais. »

Presque tous les acteurs de *Katie Elder* étaient rentrés chez eux, cette dernière semaine ; seuls restaient les premiers rôles, Wayne, Martin, Earl Holliman, Michael Anderson Jr., et Martha Hyer. Martha Hyer n'était pas souvent là, mais de temps en temps quelqu'un la mentionnait, en l'appelant généralement « la fille ». Ils avaient passé neuf semaines tous ensemble, dont six à Durango. Mexico n'était pas exactement Durango ; les mères de famille aiment aller dans des endroits comme Mexico, aiment acheter des sacs à main, aller à des fêtes chez Merle Oberon Pagliai[1], aiment regarder ses tableaux. Mais Durango. Ce seul nom hallucine. Le pays de l'homme. Là où commence l'Ouest. Il y avait eu des cyprès ahuehuete à Durango ; une cascade, des serpents à sonnette. Il y avait eu le climat, des nuits si froides qu'ils avaient annulé une ou deux scènes d'extérieur

---

1. Merle Oberon, actrice britannique qui connut son heure de gloire à Hollywood dans les années 30-40 ; elle fut l'épouse de l'industriel italien Bruno Pagliai.

pour les tourner en studio à Churubusco. « C'était à cause de la fille, expliquaient-ils. On pouvait pas laisser la fille dans le froid comme ça. » Henry Hathaway avait fait la cuisine à Durango, gaspacho, côtelettes, et les steaks que Dean Martin avait fait livrer par avion depuis l'hôtel Sands à Las Vegas ; il avait voulu faire la cuisine à Mexico, mais la direction de l'Hotel Bamer avait refusé de le laisser installer un barbecue en briques dans sa chambre. « Vous avez vraiment loupé quelque chose, *Durango* », disaient-ils, parfois pour plaisanter, parfois non, jusqu'à ce que ça devienne un refrain, le Paradis perdu.

Mais si Mexico n'était pas Durango, ce n'était pas non plus Beverly Hills. Personne d'autre n'utilisait Churubusco cette semaine-là, et à l'intérieur du grand studio, là derrière la porte où l'on pouvait lire LOS HIJOS DE KATIE ELDER, là au milieu des faux-poivriers sous le soleil resplendissant, ils pouvaient encore, juste le temps du film, perpétuer un monde particulier aux hommes qui aiment faire des westerns, un monde de loyautés et de moqueries affectueuses, de sentiments et de cigares partagés, d'interminables séances de souvenirs décousus ; de conversations autour d'un feu de camp, dont l'unique but est de dresser la barrière d'une voix humaine contre la nuit, le vent, les bruissements dans les broussailles.

« Un cascadeur s'est fait cogner accidentellement un jour sur un de mes films, racontait par exemple Hathaway entre deux prises d'une scène de combat savamment chorégraphiée. Comment il s'appelait déjà, il avait épousé Estelle Taylor, l'avait rencontrée en Arizona. »

Le cercle se resserrait autour de lui, les cigares roulaient entre les doigts. L'art délicat de la mise en scène des combats était objet de contemplation.

« J'ai cogné qu'un seul type de toute ma vie, disait John Wayne. Accidentellement, je veux dire. C'était Mike Mazurki.

— Sacré type. Hé, Duke dit qu'il a cogné qu'un seul type de toute sa vie, Mike Mazurki.

— Sacré choix. » Murmures, acquiescements.

« C'était pas un choix, c'était un accident.

— Je te crois.

— Je veux, oui.

— Bon sang. Mike Mazurki. »

Et ça continuait comme ça. Il y avait Web Overlander, le maquilleur de Wayne depuis vingt ans, voûté dans un coupe-vent bleu, qui distribuait des tablettes de chewing-gum Juicy Fruit. « *Insecticide*, disait-il. Parlez-moi pas d'insecticide. On a connu ça en Afrique, l'insecticide, ça oui alors. Vous vous souvenez de l'Afrique ? » Ou bien : « Les *palourdes* vapeur. Parlez-moi pas de palourdes vapeur. Ça, on en a eu notre content, de palourdes vapeur, sur la tournée de promo de *Hatari !* Vous vous souvenez chez Bookbinder's ? » Il y avait Ralph Volkie, l'entraîneur personnel de Wayne depuis onze ans, avec sa casquette rouge et l'article de Hedda Hopper qu'il avait toujours sur lui, un hommage à Wayne : « Sacrée bonne femme, cette Hopper, répétait-il sans cesse. Pas comme tous ces autres types, là, qui ne parlent que de maladie, maladie, maladie, comment on peut dire que ce type est malade alors qu'il souffre, qu'il tousse, qu'il travaille toute la journée, *sans jamais se plaindre*. Ce type a le meilleur crochet depuis Dempsey, tout sauf *malade*. »

Et puis il y avait Wayne lui-même, qui bataillait pour venir à bout du numéro 165. Wayne, avec ses éperons de trente-trois ans, son foulard poussiéreux, sa chemise bleue. « Y a pas trop à se creuser sur quoi se mettre dans ces histoires-là, dit-il. Vous pouvez mettre une chemise bleue, ou bien, si vous êtes à Monument Valley, vous pouvez mettre une chemise jaune. » Wayne, portant un chapeau relativement neuf, un chapeau qui le fait curieusement ressembler à William S. Hart[1]. « J'avais ce vieux chapeau de cavalerie que j'adorais, mais je l'ai prêté à Sammy Davis. Je l'ai récupéré, il était plus portable. A mon avis ils le lui ont enfoncé sur la tête en disant *OK, John Wayne* – pour blaguer, voyez. »

Wayne, qui s'était remis à travailler trop tôt et finissait le film avec une mauvaise crève et une toux carabinée, tellement fatigué à la fin de l'après-midi qu'il avait un inhalateur à oxygène à portée de main sur le plateau. Mais la seule chose qui comptait, c'était encore et toujours le Code. « Ce type, murmura-t-il à propos d'un journaliste qui l'avait contrarié. Je reconnais que je me déplume. Je reconnais que j'ai une bouée sur les hanches. Normal pour un homme de cinquante-sept ans, non ? Vous parlez d'un scoop. Bref, ce type. »

Il marqua une pause, sur le point de révéler le cœur du problème, l'origine de son mécontentement, l'infraction aux règles qui l'agaçait plus que les fausses citations, plus que les sous-entendus suggérant qu'il n'était plus le Ringo Kid. « Il débarque, sans invitation, mais

---

1. William S. Hart, l'une des premières stars du western hollywoodien dans les années 10.

je le reçois quand même. Donc on est là, assis, à boire une carafe de mescal. »

Une nouvelle pause ; il lança un regard entendu à Hathaway, le préparant à l'impensable dénouement. « Il a fallu l'*aider* à regagner sa chambre. »

Ils discutaient des mérites de tel ou tel boxeur, ils discutaient du prix du J&B en pesos. Ils discutaient des dialogues.

« C'est peut-être un dur, Henry, mais je crois quand même pas qu'il mettrait à la tombola la Bible de sa mère.

— J'aime le détail qui choque, Duke. »

Ils échangeaient des blagues de comptoir à n'en plus finir. « Vous savez pourquoi on appelle ça la sauce du souvenir ? demanda Martin en levant son bol de chili.

— Pourquoi ?

— Parce qu'on *s'en souvient le lendemain matin*.

— T'entends ça, Duke ? T'entends pourquoi on appelle ça la sauce du souvenir ? »

Ils se régalaient les uns les autres en décidant des subtiles variations du grand combat qui occupe une place centrale dans les films de Wayne ; justifiée ou totalement gratuite, la séquence de combat doit figurer dans le film, tant ils prennent de plaisir à la tourner. « Ecoutez un peu – ça va vraiment être marrant. Duke soulève le gamin, voyez, et ensuite Dino et Earl doivent s'y mettre à deux pour le balancer par la porte – *qu'est-ce que vous dites de ça ?* »

Ils communiquaient en échangeant de vieilles blagues ; ils scellaient leur camaraderie à coups de moqueries innocentes et désuètes sur le compte de leurs épouses, ces êtres qui civilisent, qui domptent. « Alors Señora Wayne se met en tête de rester debout et de prendre un cognac. Et tout le reste de la soirée, c'est "Oui, Pilar, tu as raison, ma chérie. Je suis une brute, Pilar, tu as raison, je suis impossible."

— Vous entendez ça ? Duke dit que Pilar lui a lancé une table à la figure.

— Hé, Duke, j'en ai une bonne pour toi. Ce doigt que tu t'es blessé aujourd'hui, dis au toubib de te mettre un bandage autour, montre-le à Pilar, dis-lui que c'est elle qui t'a fait ça en lançant la table. Tu vois, histoire de lui faire croire qu'elle était vraiment en rogne. »

Ils traitaient les plus vieux d'entre eux avec respect ; ils traitaient les plus jeunes avec affection. « Voyez ce gamin ? disaient-ils de Michael Anderson Jr. Sacré gamin.

— Il joue pas, ça vient droit du cœur, dit Hathaway en se tapotant le cœur.

— Hé gamin, dit Martin. Tu seras dans mon prochain film. Ce sera la totale, pas de barbe. Les chemises rayées, les filles, la hi-fi, les reflets dans les yeux. »

Ils firent fabriquer une chaise pour Michael Anderson, au dos de laquelle était écrit « BIG MIKE ». Quand elle fut livrée sur le plateau, Hathaway le serra dans ses bras. « Vous avez vu ça ? » demanda Anderson à Wayne, soudain trop timide pour le regarder dans les yeux. Wayne le gratifia du sourire, du hochement de tête, de l'accolade finale. « J'ai vu, petit. »

Le matin du jour où ils devaient finir *Katie Elder*, Web Overlander arriva non pas dans son coupe-vent mais en blazer bleu. « A la maison, les enfants, dit-il en offrant son dernier Juicy Fruit. J'ai mis mes vêtements

de voyage. » Mais il était maussade. A midi, la femme
de Henry Hathaway vint au réfectoire lui dire qu'elle
allait peut-être prendre un avion pour Acapulco.
« Vas-y, lui dit-il. Moi, quand j'aurai fini ici, tout ce
que je vais faire c'est prendre du Seconal jusqu'à la
limite du suicide. » Ils étaient tous maussades. Après
le départ de Mrs Hathaway, il y eut quelques mornes
tentatives de réminiscence, mais le pays de l'homme
s'éloignait à vue d'œil ; ils étaient déjà presque rentrés
chez eux, et tout ce dont ils parvinrent à se souvenir
fut l'incendie de Bel Air en 1961, au cours duquel
Henry Hathaway avait chassé les pompiers de Los
Angeles de sa propriété et sauvé l'endroit à lui tout
seul, notamment en jetant dans la piscine tout ce
qui était inflammable. « Ces pompiers, eux, ils auraient
peut-être laissé tomber, dit Wayne. Laissé tout
cramer. » C'était une bonne histoire, d'ailleurs, et qui
comportait plusieurs de leurs thèmes de prédilection,
mais une histoire de Bel Air, ce n'était quand même
pas une histoire de Durango.

Au début de l'après-midi, ils commencèrent à
tourner la dernière scène, et même s'ils passèrent
autant de temps que possible à la préparer, le moment
finit par arriver où il n'y avait plus rien à faire qu'à la
tourner. « Deuxième équipe dehors, première équipe
en place, *portes fermées* », cria une dernière fois
l'assistant-réalisateur. Les doublures lumière quittèrent
le plateau, John Wayne et Martha Hyer entrèrent.
« Bon, les enfants, *silencio*, ça tourne. » Ils firent deux
prises. Deux fois, la fille offrit à John Wayne la Bible
déchiquetée. Deux fois, John Wayne lui dit que « dans
beaucoup d'endroits où je vais, ça n'aurait pas sa
place ». Personne ne bougeait. Et à quatorze heures

trente ce vendredi après-midi, Henry Hathaway se détourna de la caméra, et dans le silence étouffé qui suivit, il écrasa son cigare dans un seau de sable. « OK, dit-il. Terminé. »

Depuis cet été 1943, j'avais pensé à John Wayne de diverses façons. J'avais pensé à lui en train de conduire du bétail depuis le Texas, et de faire atterrir des avions avec un seul moteur, j'avais pensé à lui en train de dire à la fille à Alamo que « République est un joli mot ». Je n'avais jamais pensé à lui en train de dîner avec sa famille et avec moi et mon mari dans un restaurant chic de Chapultepec Park, mais le temps apporte d'étranges mutations, et nous étions donc là, un soir de cette dernière semaine-là au Mexique. Pendant un moment ce ne fut qu'une soirée agréable, une soirée n'importe où. Nous buvions beaucoup et j'avais fini par oublier que ce visage, de l'autre côté de la table, m'était à certains égards plus familier que celui de mon mari.

Et puis il se passa quelque chose. Soudain, le rêve semblait avoir envahi la pièce, et je n'arrivais pas à comprendre pourquoi. Trois hommes surgirent de nulle part, guitare à la main. Pilar Wayne se pencha légèrement en avant, et John Wayne leva son verre dans sa direction, presque imperceptiblement. « Il va nous falloir du pouilly-fuissé pour le reste de la table, dit-il, et du bordeaux rouge pour le Duke. » Nous avons tous souri et bu le pouilly-fuissé pour le reste de la table et le bordeaux rouge pour le Duke, et pendant tout ce temps les hommes aux guitares continuèrent de jouer, jusqu'à ce que je reconnaisse ce qu'ils jouaient depuis

le début : « The Red River Valley » et le thème du film
Ecrit dans le ciel. Ils ne jouaient pas très en mesure,
mais aujourd'hui encore je les entends, dans un autre
pays et longtemps plus tard, au moment même où je
vous raconte tout ça.

1965

L.A. Noir

Autour de la Division 47 du Los Angeles Municipal Court, le tribunal en centre-ville où, pendant onze semaines au cours du printemps et de l'été 1989, furent organisées des auditions préliminaires pour déterminer si les poursuites judiciaires dans l'affaire du meurtre en 1983 d'un promoteur de spectacles âgé de trente-trois ans nommé Roy Alexander Radin devaient être abandonnées ou si les accusés devaient être déférés devant une cour supérieure pour être jugés, la rumeur disait qu'il y avait, « en préparation », cinq films, quatre livres et d'« innombrables » articles sur l'affaire. Il se disait parfois qu'il y avait quatre films et cinq livres « en préparation », ou un film et deux livres, ou deux films et six livres. Il y avait, en tout cas, « du lourd ». « Tout le monde est sur le coup », dit un journaliste qui couvrait le procès, un matin tandis que nous attendions d'être fouillés à l'entrée de la salle d'audience, mesure de sécurité mise en place suite à une alerte à la bombe par téléphone et encouragée par le désir général chez tous les gens impliqués de mettre l'affaire au premier plan. « Beaucoup d'argent. »

C'était curieux. Les affaires de meurtre sont en général intéressantes dans la mesure où elles semblent révéler une anomalie ou une leçon dans le monde, mais en l'occurrence il ne semblait y avoir aucune anomalie ni leçon à retenir dans le meurtre de Roy Radin, qui avait été vu vivant pour la dernière fois en train de monter dans une limousine pour se rendre à un dîner dans un restaurant de Beverly Hills, La Scala, et avait été vu ensuite en état de décomposition, dans un canyon au bord de l'Interstate 5. Parmi les accusés physiquement présents aux audiences préliminaires, il y avait Karen Delayne (« Lanie ») Jacobs Greenberger, une dure à cuire assez séduisante qui s'était installée dans le Sud de la Floride, où son mari, disait-on, avait jadis été le numéro deux du trafic de cocaïne dirigé par Carlos Lehder, le seul baron de la drogue colombien à avoir jamais été jugé et condamné aux Etats-Unis. (On disait aussi que Lanie Greenberger elle-même avait fait de très grosses affaires dans le milieu, et qu'elle s'était fait voler près d'un million de dollars en cocaïne et en espèces dans sa maison de Sherman Oaks peu de temps avant la disparition de Roy Radin.) Les autres accusés présents étaient William Mentzer et Alex Marti, des durs à cuire pas vraiment aussi séduisants, autrefois employés dans le service de sécurité de Larry Flynt. (Larry Flynt est le patron du magazine *Hustler*, et l'une des pièces à conviction mises au jour dans l'affaire Radin était un chèque d'un montant d'un million de dollars signé en 1983 par Flynt à Mitchell Livingston WerBell III, ancien trafiquant d'armes, décédé depuis, qui dirigeait une école de contre-terrorisme dans les environs d'Atlanta et se présentait lui-même comme un lieutenant général en retraite de l'Armée royale libre d'Afghanistan. Le bureau du shérif du comté de Los Angeles affirmait que ce chèque avait été signé par Flynt à WerBell en règlement du contrat pour assassiner Frank Sinatra, Hugh Hefner, Bob Guccione et Walter Annenberg. L'avocat de Larry Flint déclara qu'il n'y avait jamais eu de tel contrat, et parla du chèque, sur lequel opposition fut faite, comme d'une blague lancée au cours d'un dîner.) Il y avait aussi un accusé absent, un troisième membre du service de sécurité de Flynt, qui se défendait contre une procédure d'extradition dans le Maryland.

Autrement dit, c'était une affaire typique d'un certain genre, et le genre en question, « *L.A.* Noir¹ », était bien connu. Il y a une affaire *noire* tous les un ou deux ans à Los Angeles. Il y eut par exemple l'affaire Wonderland – quatre personnes battues à mort en 1981. L'affaire Wonderland, ainsi nommée parce que le meurtre avait eu lieu dans une maison de Wonderland Avenue à Laurel Canyon, tournait, comme l'affaire Radin, autour d'un vol de cocaïne pour un million de dollars, mais ses protagonistes étaient encore plus profondément *noirs* : un gérant de night-club condamné pour trafic de cocaïne du nom d'Adel Nasrallah, alias « Eddie Nash » ; une star du cinéma pornographique, mort depuis du sida, qui s'appelait John C. Holmes, alias « Johnny Wadd » ; et un jeune homme nommé Scott Thorson, qui était, au moment de sa première déposition dans l'affaire, détenu dans la prison du

---

1. « Noir », ici, doit se comprendre comme dérivé de l'expression « film noir », passée telle quelle, en français, dans la langue américaine (et utilisée à l'origine pour qualifier les grands classiques policiers du Hollywood des années 30 et 40).

comté de Los Angeles (Scott Thorson était, dans l'éco-
logie naturelle du système judiciaire pénal, le témoin
vedette du procureur dans l'affaire Wonderland), et qui
en 1982 intenta un procès à Liberace au motif que ce
dernier lui avait promis 100 000 dollars par an à vie
en contrepartie de ses services comme amant, chauffeur, secrétaire de voyage et dresseur d'animaux.

Dans ce contexte, il n'y avait en apparence rien
de très nouveau dans l'affaire Radin. Il est vrai qu'il
y avait, flottant dans les marges de l'histoire, plusieurs autres morts non naturelles, par exemple celle
du mari de Lanie Greenberger, Larry Greenberger,
alias « Vinnie De Angelo », qui se tua ou fut tué
d'une balle dans la tête en septembre 1988 sur le
porche de sa maison d'Okeechobee en Floride, mais
ces morts n'avaient au fond rien de surprenant. Il est
vrai également que l'affaire Radin offrait d'assez bons
détails secondaires. Je fus intéressée, par exemple, par
le nombre de patrouilles de sécurité apparemment
employées par Larry Flynt à Doheny Estates, où il avait
sa résidence, et à Century City, où étaient situés les
bureaux de *Hustler*. Je fus intéressée par Dean Kahn,
le gérant de la compagnie de limousines qui fournit la
Cadillac stretch à vitres teintées dans laquelle Roy
Radin fit, pour parler comme dans l'univers particulier
qu'on découvrait là, sa dernière balade. Je fus intéressée par la façon dont Roy Radin, avant d'arriver à
Los Angeles et de décider d'aller dîner à La Scala,
avait essayé de creuser son trou dans le monde en
faisant des tournées dans les auditoriums de lycées
avec Tiny Tim, Frank Fontaine et une troupe de nains
danseurs de claquettes.

Cela dit, un imprésario de nains danseurs de claquettes qui se fait refroidir par des durs à cuire, ce
n'est pas, historiquement, le genre d'événement qui
fournit matière à cinq films, quatre livres et d'innombrables articles. L'intérêt pour ainsi dire fébrile porté
à cette affaire était dû non pas à ses protagonistes
principaux mais à un rôle qu'on pourrait qualifier de
figuration, joué par Robert Evans. Robert Evans avait
été directeur de production de la Paramount durant
l'âge d'or du *Parrain*, de *Love Story* et de *Rosemary's
Baby*, il avait signé ensuite comme producteur indé-
pendant de grands succès tels que *Chinatown* et *Mara-
thon Man*, et il était, au cours de ce que tout le monde
s'accordait à appeler sa traversée du désert (il avait
récemment réalisé une vidéo de quarante-cinq minutes
sur la vie de Jean-Paul II et avait annoncé qu'il était
en train d'écrire une autobiographie intitulée *The Kid
Stays In the Picture*), le rêve incarné pour tout procureur : un personnage à forte visibilité, très probablement désespéré, très connu pour son amour du risque
et très introduit dans les milieux les plus louches.

La théorie du bureau du procureur du comté de
Los Angeles était que Lanie Greenberger avait engagé
ses co-accusés pour assassiner Roy Radin après que
celui-ci avait refusé de partager avec elle les profits
que lui avait rapportés le film *Cotton Club* produit
par Robert Evans en 1984. Lanie Greenberger aurait
présenté Roy Radin, qui voulait entrer dans le business
du cinéma, à Robert Evans. Roy Radin aurait proposé de trouver, contre 45 % des profits générés par
un film d'Evans (*Cotton Club*), ou par trois films
d'Evans (*Cotton Club*, *Le Sicilien* et *Two Jakes*), « des

investisseurs portoricains » prêts à allonger trente-cinq ou cinquante millions de dollars.

Certaines objections viennent aussitôt à l'esprit profane en matière de justice (les « investisseurs portoricains » se révélèrent être un banquier portoricain qui avait des « connexions », on ne trouva jamais la trace du moindre argent, Roy Radin ne toucha donc aucun profit, il n'y eut aucun profit en tout état de cause) mais ne figurent pas dans le dossier de la partie civile. Le bureau du procureur laissait aussi entendre, sans vraiment l'affirmer toutefois, que Robert Evans lui-même avait contribué à payer les assassins de Radin, et le bureau du procureur avait un témoin placé sous protection (encore un membre du service de sécurité de Flynt, rémunéré celui-là 3 000 dollars par mois par le département du shérif du comté de Los Angeles) qui avait accepté de témoigner au tribunal que l'un des accusés, William Mentzer, lui avait dit que Lanie Greenberger et Robert Evans avaient, selon les mots du témoin, « payé pour le contrat ». Etant donné la propre logique de la partie civile, il était difficile de savoir ce que Robert Evans comptait gagner en mettant un contrat sur la poule aux œufs à 50 millions de dollars, mais le procureur adjoint chargé de l'affaire ne semblait pas disposé à ignorer cette possibilité, et il avait même indiqué aux journalistes que Robert Evans était « l'une des personnes que nous n'avons pas éliminées de la liste des suspects ».

Mais, d'un autre côté, Robert Evans n'était pas l'une des personnes qu'ils avaient arrêtées, détail suggérant certaines lacunes dans le dossier du point de vue financier comme du point de vue du procureur. Parmi les gens en dehors du système judiciaire pénal, la croyance était largement répandue, quoique de manière très vague, que Robert Evans était « jugé » durant l'été 1989. « Evans impliqué pour la première fois devant le tribunal dans le meurtre de Radin », leur disaient les gros titres, et, au passé, comme dans une nécrologie : « Les succès précoces d'Evans : une carrière qui symbolisait le rêve hollywoodien. »

« Bob avait toujours eu la prémonition que sa carrière atteindrait son sommet avant ses cinquante ans, puis déclinerait, confia Peter Bart, qui avait travaillé avec Evans à la Paramount, au *Los Angeles Times*, toujours au passé nécrologique. Il vivait à travers cette prémonition. Il en était hanté. (...) Pour ceux d'entre nous qui l'ont connu et connaissaient sa bonté, c'est une immense tristesse. » C'était une affaire décrite par le *Times* comme « un gros plan sur la face obscure du business à Hollywood », une affaire qui jetait « un éclairage impitoyable sur les aspects les moins reluisants de la capitale du cinéma », une affaire que tout le monde appelait simplement Cotton Club, ou même Cotton, comme dans « "Cotton" : la suite du film est à mourir ».

A l'intérieur du système, le fait que la seule personne à l'horizon qui eût un lien concret avec *Cotton Club* n'ait pas été inculpée rendait Cotton Club – l'affaire – de plus en plus problématique. Non seulement Robert Evans n'était pas « jugé » à la Division 47, mais il ne s'agissait même pas d'un « procès », juste d'auditions préliminaires dans le but de déterminer si l'Etat disposait de suffisamment d'éléments pour poursuivre les inculpés, dont Evans ne faisait pas

partie. Depuis qu'une décision de la Cour suprême de
Californie en 1978 a octroyé aux accusés le droit à une
audition préliminaire, même après une mise en accusation, ces auditions préliminaires ont, en pratique, remplacé les grands jurys dans le processus d'inculpation
des suspects en Californie, et elles sont l'une des raisons
pour lesquelles les affaires pénales à Los Angeles ont
aujourd'hui tendance à s'étendre sur plusieurs années.
Les auditions préliminaires dans l'affaire des viols
pédophiles de la famille McMartin durèrent à elles
seules dix-huit mois[1].

Les jours où je passais à la Division 47, le juge,
une jeune femme noire aux cheveux striés de gris,
paraissait nerveuse, inattentive. Les avocats semblaient
soucieux. Les huissiers discutaient de problèmes
domestiques au téléphone. Quand Lanie Greenberger
entrait dans la salle d'audience, non pas marchant mais
ondulant plutôt sur la pointe des pieds, en une petite
démarche syncopée, personne ne prenait la peine de
lever les yeux. La salle était pleine le jour où Robert
Evans avait comparu comme premier témoin de l'accusation et prêté serment, mais en l'absence d'Evans il
n'y avait que quelques journalistes et les deux ou trois
retraités habituels, peut-être une dizaine de personnes
en tout, réduits à s'interviewer les uns les autres et à
débattre des divers surnoms donnés à l'affaire du
Rôdeur de la Nuit, qui concernait un certain Richard
Ramirez, accusé de treize meurtres et trente autres

---

1. Célèbre procès à Los Angeles, de 1983 à 1990, au cours
duquel furent jugés des membres de la famille McMartin, direc-
teurs d'une école maternelle accusés d'avoir abusé sexuellement
de plusieurs de leurs élèves.

crimes commis dans le comté de Los Angeles en 1984 et 1985. Un journaliste appelait l'affaire Ramirez, dont le procès en était alors à son sixième mois après neuf semaines d'audiences préliminaires et six mois de sélection du jury, l'affaire de l'Intrus de la Vallée. Un autre s'en tenait au Tueur en Série. « Moi je continue à l'appeler le Rôdeur de la Nuit, dit une troisième journaliste. Dites-moi, me demanda-t-elle. Pour vous dire à quel point j'ai rien. Il y a quelque chose à raconter, pour que vous soyez là ? »

Les audiences préliminaires dans l'affaire Radin devaient à l'origine durer trois semaines, et en prirent onze. Le 12 juillet, à la Division 47, le juge Patti Jo McKay déclara que non seulement les éléments étaient suffisamment probants pour déférer Lanie Greenberger, Alex Marti et William Mentzer devant la justice, mais aussi que le meurtre de Radin avait été commis pour des motifs financiers, ce qui signifiait que les accusés pouvaient encourir, en cas de condamnation, jusqu'à la peine de mort. « Mr Radin était un obstacle dans la poursuite des négociations concernant *Cotton Club*, avait conclu l'avocat des parties civiles. L'affaire ne pouvait être conclue à moins que certaines questions spécifiques telles que les pourcentages soient résolues. Dès lors, Mrs Greenberger avait un motif pour assassiner Mr Radin. »

Je fus frappée par cet argument final, parce qu'il semblait suggérer que toute l'affaire reposait sur l'idée selon laquelle un intérêt sur une part entièrement hypothétique des profits entièrement hypothétiques d'un long métrage entièrement hypothétique (au moment de l'assassinat de Roy Radin, *Cotton Club* avait une affiche mais pas de scénario, ni de financement, ni de distribution, ni de date de début de tournage) était de l'argent sonnant et trébuchant. Tout ce qui avait séparé Lanie Greenberger de la culbute, aux yeux du procureur, n'était que de la paperasserie, une histoire de « pourcentages à résoudre ».

La certitude de l'accusation sur ce point me laissait perplexe, et je demandai à l'une de mes connaissances dans le milieu du cinéma s'il pensait qu'il y avait jamais eu de l'argent à escompter avec *Cotton Club*. Il parut ne pas comprendre ce que je lui demandais. Il y avait eu « des positions en brut », me rappela-t-il, des intéressements sur le brut plutôt que sur le net. Il y avait eu des investisseurs auparavant. Des engagements avaient déjà été pris sur *Cotton Club*, des papiers dans toute la ville. Il y avait eu, surtout, un budget initial de 26 millions de dollars (le film en coûta au final 47) et une équipe de production peu réputée pour sa frugalité. « Il fallait entre cent et cent quarante millions de recettes, selon ce qui serait volé, avant que quiconque voie la couleur du brut, dit-il. Du net sur celui-là ? Même pas en rêve. Ce qu'aurait compris, sans effusion de sang, même un débutant préposé au tri du courrier à l'agence William Morris. »

Il y avait toujours, dans l'affaire Cotton Club, un côté onirique, une sorte de folie douce, due en partie à la foi, égarée mais ardente, de tous les acteurs impliqués, à la croyance aux aubaines, aux soudains retournements de fortune (cinq films et quatre livres changeraient la fortune d'untel, une partie de *Cotton Club* celle de tel autre, une affaire médiatisée celle du procureur) ; à ce qui est mortel, littéralement et figurativement. Du reste, ce genre de foi n'est pas rare à

Los Angeles. Dans une ville non seulement conçue en grande partie comme une série d'opérations immobilières mais vivant en grande partie grâce à une série d'arnaques, une ville flottant même alors sur les films et les obligations spéculatives et le bombardier furtif B-2, la conviction qu'il est possible de faire quelque chose à partir de rien est peut-être l'une des seules grandes légendes auxquelles tout le monde participe. Une croyance aux possibilités extrêmes colore la vie quotidienne. Tout le monde peut se réveiller un matin dans la peau de la nouvelle star découverte au drugstore Schwab's ou du cadavre assassiné au Bob's Big Boy. « La chance vous tend les bras », dit une voix suave dans la publicité pour le loto de Californie, avec la chanson « Dream a Little Dream of Me » en fond sonore. « Imaginez si vous gagniez des millions… que feriez-vous ? »

Durant l'été 1989, ce frémissement du possible continuait d'entourer Cotton Club, même s'il semblait y avoir, parmi tous les rêveurs auxquels j'ai parlé dans le milieu du cinéma comme dans le milieu de la justice pénale, une certaine impatience quant à la façon dont cette affaire déroulait son intrigue. Personne, dans aucun de ces deux milieux, y compris les détectives assignés à l'affaire, ne pouvait entendre les mots « Cotton Club » sans penser à un possible banco, mais la réalité était récalcitrante. Il manquait encore un élément vendeur. Il y avait un vrai désir de passer, comme on dit dans le milieu du cinéma, à la phase du scénario. Les détectives étaient en contact avec les producteurs,

par téléphones de voiture interposés, esquissant un
réseau de connexions invisible dans la salle d'audience.
« Un ami à moi du bureau du shérif m'a tout expliqué
il y a trois ans, m'a raconté un producteur. En gros, ça
se résumait à ça : "C'est une histoire de drogue, Bob
Evans est impliqué, on va le choper." Et ainsi de suite.
Il voulait savoir si et quand il y aurait un film. Il m'a
appelé il y a une semaine, de sa voiture, il voulait savoir
si j'allais bouger sur ce projet. »

J'ai entendu un certain nombre de scénarios alterna-
tifs. « Toute l'histoire est dans le personnage de ce flic
qui voulait pas lâcher », m'a dit un producteur. « Toute
l'histoire est dans les personnages secondaires », m'a
dit un détective que j'ai réussi à joindre sur son téléphone de voiture. Un autre producteur racontait être
tombé sur l'avocat de Robert Evans, Robert Shapiro, la
veille au soir au Hillcrest Country Club, où le combat
entre Thomas Hearns et Sugar Ray Leonard était diffusé
sur un circuit privé en direct du Caesars Palace à Las
Vegas. « J'ai demandé comment allait notre gars, dit-il
en parlant d'Evans. Shapiro dit que ça va. Il s'en tire
bien, il dit. Voilà le topo. Un type de notre univers, tout
doux, assis là tranquillement dans sa maison à seize
pièces, reçoit sans cesse la visite de détectives. Des durs,
des vrais. Des bêtes. Qui attendent qu'il craque. »

Nous avions là la trame de plusieurs histoires très
différentes, mais il aurait été difficile de ne pas remarquer que dans chacune d'entre elles, la dynamique
dramatique dépendait de la présence de Robert Evans.
Je le faisais remarquer un jour à Marcia Morrissey, qui
– en tant que conseillère judiciaire associée à l'avocat
de Miami Edward Shohat, qui avait défendu Carlos

Lehder – représentait Lanie Greenberger. « Bien sûr qu'ils *veulent* tous l'impliquer », dit Marcia Morrissey.

Je lui demandai si elle pensait que le bureau du procureur arriverait à l'impliquer.

Marcia Morrissey roula les yeux. « C'est comme ça que ça s'appelle, non ? Enfin c'est vrai, quoi. Ça s'appelle Cotton Club. »

1989

Une fille de l'Ouest doré

Les détails domestiques jaillissent en mémoire. Le soir du 4 février 1974, dans son duplex du 2603 Benvenue à Berkeley, Patricia Campbell Hearst, dix-neuf ans, étudiante en histoire de l'art à l'université de Californie et petite-fille de feu William Randolph Hearst, passa une robe de chambre en tissu-éponge bleu, mit à réchauffer une boîte de bouillon de poulet et prépara des sandwiches au thon pour elle et son fiancé, Steven Weed ; regarda *Mission impossible* et *Le Magicien* à la télévision ; fit la vaisselle ; s'apprêtait à réviser quand on sonna à la porte ; fut enlevée sous la menace des armes et détenue les yeux bandés, par trois hommes et cinq femmes qui se faisaient appeler l'Armée de libération symbionaise, pendant les cinquante-sept jours suivants.

Du cinquante-huitième jour, quand elle accepta de se rallier à ses ravisseurs et se fit photographier devant le drapeau de l'ALS à l'effigie du cobra, un fusil M-1 à canon scié à la main, jusqu'au 18 septembre 1975, jour de son arrestation à San Francisco, Patricia Campbell Hearst participa de manière active aux casses de la Hibernia Bank à San Francisco et de la Crocker

National Bank près de Sacramento ; arrosa Crenshaw Boulevard à Los Angeles d'une rafale de mitraillette pour couvrir un camarade appréhendé pour vol à l'étalage ; et fut actrice ou témoin de plusieurs vols et autres attentats moins médiatisés, ce qu'elle appela par la suite des « actions » ou des « opérations ».

Jugée à San Francisco pour l'opération Hibernia Bank, elle apparut au procès les ongles peints en blanc et montra au jury le mouvement de culasse nécessaire pour armer un M-1. Lors d'un examen psychiatrique auquel elle fut soumise au cours de sa détention, elle compléta la phrase « La plupart des hommes… » par les mots « … sont des connards ». Sept ans plus tard, elle vivait avec le garde du corps qu'elle avait épousé, leur petite fille, et deux bergers allemands, « derrière les portes verrouillées d'une maison de style espagnol équipée du meilleur système de sécurité électronique disponible », se décrivait comme « plus âgée et plus sage » et dédiait le récit où elle racontait ces événements, *Mon voyage en enfer*, à « Maman et Papa ».

Ce fut un genre particulier d'éducation sentimentale, un roman de formation en public, avec un casting aux relents littéraires insistants, et qui sur le moment semblait offrir une parabole de l'époque. Certaines de ses images sont entrées dans la mémoire nationale. Nous avions Patricia Campbell Hearst dans sa robe de première communiante, souriante, et nous avions Patricia Campbell Hearst sur les images arrêtées des caméras de surveillance de la Hibernia Bank, pas souriante. Nous la retrouvions souriante sur ses photos de fiançailles, jeune fille d'une beauté quelconque vêtue d'une robe toute simple sur une pelouse ensoleillée, et nous la retrouvions pas souriante sur la photo de « Tania », le célèbre Polaroïd où elle brandit le M-1. Nous l'avions avec son père et sa sœur Anne sur une photo prise au Burlingame Country Club quelques mois avant l'enlèvement : les trois Hearst souriant cette fois, non seulement souriant mais portant des colliers de fleurs, alyxias et orchidées pour le père, pikakés pour les filles, le plus rare et le plus précieux des colliers, rang après rang de minuscules fleurs de jasmin arabe tressées comme des perles d'ivoire.

Nous avions la rangée de micros devant la maison de Hillsborough chaque fois que Randolph et Catherine Hearst (« Papa » et « Maman » dans les premiers messages spectraux de la fille disparue, « cochons de Hearst » à mesure que passait le printemps) parlaient à la presse, les fleurs en pot sur le perron qui changeaient avec les saisons, l'entretien domestique intact face à la crise : azalées, fuchsias, puis des brassées d'orchidées cymbidiums pour Pâques. Nous avions eu, au début, les horribles images de pillage et de caméras brisées et de cuisses de dinde surgelées balancées par les fenêtres à West Oakland, violences consécutives à la première tentative des Hearst de satisfaire la demande de rançon de l'ALS, et nous avions appris, à la télévision le même soir, que William Knowland, ancien sénateur de Californie et membre le plus éminent de la famille qui avait gouverné Oakland pendant un demi-siècle, avait pris le pistolet qu'il portait sur lui, disait-on, pour se protéger contre les terroristes, s'était arrêté sur une rive de la Russian River et tiré une balle dans la tête.

Toutes ces images racontaient une histoire, enseignaient une leçon dramatique, chacune venant ajouter
au *frisson* de la précédente, invitant aux comparaisons
et aux parallèles. L'image de Patricia Campbell Hearst
sur les affichettes « *wanted* » du FBI, par exemple, était
tirée de la photo de la jeune fille d'une beauté quelconque vêtue d'une robe toute simple sur la pelouse
ensoleillée, preuve schématique que même une jeune
fille en or pouvait se retrouver épinglée sur le fléau de
l'histoire. Il n'y avait en réalité aucun lien entre les
cuisses de dinde surgelées jetées par les fenêtres à West
Oakland et William Knowland flottant dos au ciel dans
la Russian River, mais le paradigme était évident : une
Californie s'affairait à naître et l'autre à mourir. Ces
cymbidiums sur le perron des Hearst à Hillsborough se
fondaient sous nos yeux en l'image d'un palmier en
flammes dans le sud de Los Angeles (le modèle était à
nouveau celui des deux Californies), le palmier surplombant le bungalow en stuc dans lequel on crut pendant un moment que Patricia Campbell Hearst était en
train de brûler vive en direct à la télévision. (En fait,
Patricia Campbell Hearst était à ce moment-là dans une
troisième Californie, une chambre de motel à Disney-
land, en train de regarder le palmier en feu comme nous
tous, à la télévision, et c'était Donald DeFreeze, Nancy
Ling Perry, Angela Atwood, Patricia Soltysik, Camilla
Hall et William Wolfe, un prisonnier noir évadé et cinq
enfants de la classe moyenne blanche, qui brûlaient vifs
dans le bungalow en stuc.)
Non seulement les images mais la voix racontaient
une histoire, la voix sur les enregistrements, la voix
déprimée à l'accent californien, la voix traînante,
tantôt presque inaudible, tantôt teintée d'un soupçon

de gémissement, d'un sarcasme d'écolière, une voix que tous les parents reconnaissaient : *Maman, Papa. Je vais bien. Je me suis fait deux trois égratignures, mais ils les ont soignées. (...) J'espère juste que tu feras ce qu'ils demandent, Papa. (...) Si tu peux organiser le truc pour la nourriture avant le 19 alors ce serait bien. (...) Quoi que tu fasses en gros ça ira, on a jamais dit que le but c'était de nourrir l'Etat tout entier. (...) Je suis ici parce que j'appartiens à une famille de la classe dirigeante et je pense que vous commencez à voir l'analogie. (...) Les gens devraient arrêter de se comporter comme si j'étais morte, Maman devrait retirer sa robe noire, ça n'aide pas du tout. (...) Maman, Papa (...) je ne pense pas que vous faites tout votre possible (...) Maman, Papa (...) je commence à me dire que personne ne se préoccupe plus de moi. (...)* Et puis : *Salut au peuple. Ici Tania.*

L'arrière-grand-père de Patricia Campbell Hearst était arrivé en Californie à pied en 1850, sans éducation, sans épouse, à trente ans, sans grands talents ni perspectives, fils d'un fermier du Missouri qui passerait les dix années suivantes à gratter partout dans les comtés d'El Dorado, Nevada et Sacramento à la recherche d'un filon. En 1859, il en trouva un, et à sa mort en 1891, George Hearst laissa à l'enseignante qu'il avait épousée en 1862 une fortune tirée du sol, les profits continus des mines les plus productives de l'époque, l'Ophir dans le Nevada, la Homestake dans le Dakota du Sud, l'Ontario dans l'Utah, l'Anaconda dans le Montana, la San Luis au Mexique. La veuve, Phoebe Apperson Hearst, une femme menue et au fort tempérament âgée alors de quarante-huit ans seulement, se servit de cette manne quasi artésienne pour aider son fils unique à financer son empire de presse, couvrit une partie considérable des frais de construction du campus où son arrière-petite-fille serait inscrite au moment de son enlèvement, et bâtit pour elle-même, sur un terrain de vingt-sept mille hectares le long de la McCloud River dans le comté de Siskiyou, le Wyntoon original, un château en roche volcanique dont l'architecte, Bernard Maybeck, disait simplement : « Ici, vous pouvez atteindre tout ce qui est en vous. »

Certains lieux dominent l'imagination californienne à un point qu'il est difficile, même pour les Californiens, d'appréhender. Dérivant non seulement de la terre mais de sa conquête, de la romance de l'émigration, de l'abandon radical des liens établis, l'imagination demeure obstinément symbolique, tendant à percevoir des leçons là où le reste du pays ne voit qu'un panorama. Yosemite, par exemple, reste ce que Kevin Starr[1] a appelé « l'un des symboles majeurs de la Californie, un facteur immuable d'identité pour tous ceux qui sont partis en quête d'une esthétique californienne singulière ». La communauté et la côte de Carmel ont une signification symbolique incompréhensible pour le visiteur d'aujourd'hui, une allusion de longue date à l'art comme liberté, à la liberté comme ouvrage artisanal – le panthéisme « bohème » du début du XXe siècle. Le Golden Gate Bridge, avec ses références à l'infini et à la technologie, suggère, pour le

1. Historien, spécialiste de la Californie.

Californien, une représentation très complexe de la fin des terres, et aussi de leur début.

Patricia Campbell Hearst nous disait dans *Mon voyage en enfer* que l'endroit appelé Wyntoon par les Hearst était « une terre mystique », « fantastique, surnaturelle », « plus encore que San Simeon », lequel était à son tour « si bouleversant que je suis toujours incapable de le décrire ». Ce premier château dessiné par Maybeck sur la McCould River, la plupart des Californiens ne le virent que sur des photographies, et pourtant, avant qu'il brûle en 1933 et soit remplacé par un lotissement de chalets Julia Morgan plus joyeux (« La maison de Cendrillon », « La maison des anges », « La maison de l'ours brun »), le Wyntoon gothique de Phoebe Hearst et le San Simeon baroque de son fils semblaient à eux deux incarner certains élans contraires de la conscience locale : le nord et le sud, la nature sauvage sanctifiée et la nature sauvage bannie, la mise en avant de la nature et la mise en avant de l'individu. Wyntoon avait des brumes, et des relents d'infini, de grands troncs d'arbres livrés à la putréfaction là où ils étaient tombés, une rivière sauvage, des feux barbares. San Simeon, baigné de soleil et de l'ici et maintenant, avait deux piscines, et un zoo.

C'était une famille dans laquelle l'élan romantique semblait s'être éteint. Patricia Campbell Hearst nous disait qu'elle « avait grandi dans une atmosphère de ciel bleu sans nuages, de soleil, de grands espaces ouverts, de longues pelouses vertes, de vastes demeures confortables, de country clubs avec piscines, courts de tennis et chevaux d'équitation ». Au couvent du Sacré-Cœur

de Menlo Park, elle dit à une nonne d'« aller au diable »
et se dit qu'elle était « très courageuse, mais très bête ».
A l'école Santa Catalina, à Monterey, elle et Patricia
Tobin, dont la famille avait fondé l'une des banques
que l'ALS braquerait plus tard, séchèrent la bénédiction
et reçurent « un paquet de blâmes ». Son père lui apprit
à tirer, à chasser le canard. Sa mère lui interdit de porter
un jean à San Francisco. C'étaient des héritiers qui préféraient que leur nom n'apparaisse pas dans les journaux, ne témoignaient guère d'intérêt pour le monde
extérieur (« C'est qui déjà, ce type ? » demanda Randolph Hearst à Steven Weed quand ce dernier suggéra
d'essayer d'approcher l'ALS par l'intermédiaire de
Régis Debray, puis, quand il eut sa réponse, il déclara :
« Un foutu révolutionnaire d'Amérique du Sud, c'est
bien la dernière chose dont on a besoin dans ce bazar »),
et considéraient la plupart des honneurs avec le réflexe
de méfiance typique du country club.

Pourtant, si les Hearst n'étaient plus une famille
californienne particulièrement saisissante, ils demeuraient nimbés de l'aura symbolique du lieu, et enlever
une Hearst de Berkeley, la citadelle même des aspira-
tions de Phoebe Hearst, c'était transformer la Californie en opéra. « Je ne pensais à ce moment-là qu'à
une seule chose : survivre, nous disait l'héritière de
Wyntoon et de San Simeon à propos des cinquante-sept
jours qu'elle avait passés dans un placard. Les questions d'amour et de mariage, la vie de famille, les amis,
les relations humaines, toute ma vie jusqu'alors était
devenue, selon les mots de l'ALS, des luxes bour-
geois. »

Ce brusque renoncement au passé a, pour l'oreille
californienne, un lointain écho, et cet écho est celui

des journaux intimes des émigrants. « Que cette lettre ne décourage personne, ne prenez jamais de raccourcis et poursuivez votre route aussi rapidement que vous le pouvez », écrivait une jeune survivante de l'expédition Donner à la fin de son témoignage. « Ne t'inquiète pas, racontait s'être dit à elle-même dans son placard l'auteur de *Mon voyage en enfer* après son premier rapport sexuel avec un membre de l'ALS. Ne te préoccupe pas de tes sentiments. Ne te préoccupe jamais de tes sentiments – ils ne servent à rien. » Pendant le procès de Patricia Campbell Hearst à San Francisco, des psychiatres furent appelés pour essayer de résoudre ce qui semblait à certains un mystère d'une insondable profondeur dans cette histoire, à savoir le moment où la victime lie son destin à celui de ses ravisseurs. « Elle était en proie à ce que j'appelle l'angoisse de mort et avait atteint le point de rupture », dit Robert Jay Lifton, l'un de ces psychiatres. « Ses points de référence externes pour préserver sa personnalité avaient disparu », dit Louis Jolyon West, un autre psychiatre. C'étaient là deux façons de voir les choses, et il y en avait une autre : Patricia Campbell Hearst avait fait la part du feu et était partie à l'ouest, comme l'avait fait avant elle son arrière-grand-père.

L'histoire qu'elle raconta en 1982 dans *Mon voyage en enfer* fut accueillie, de manière générale, avec circonspection, comme lorsqu'elle l'avait racontée durant *The United States of America* contre *Patricia Campbell Hearst*, le procès en 1976 au cours duquel elle fut jugée et déclarée coupable du vol à main armée de la Hibernia Bank (premier chef d'inculpation) et (le second) usage

d'une arme au moment du crime. Laconique, légèrement ironique, résistant non seulement à l'accusation
mais aussi à sa propre défense, Patricia Hearst n'apparut
pas, pendant son procès à San Francisco, comme une
personne de bonne volonté au sens conventionnel du
terme. Je me rappelle l'avoir entendue répéter sans cesse
« Je ne sais pas », les quelques jours où j'assistai au
procès. « Je ne me souviens pas. » « Je suppose. » N'y
avait-il pas, demanda un jour le procureur, de téléphone
dans les motels où elle s'était arrêtée quand elle avait
traversé le pays avec Jack Scott ? Je me rappelle que
Patricia Hearst l'avait regardé comme si elle le prenait
pour un demeuré. Je me rappelle que Randolph Hearst
regardait par terre. Je me rappelle que Catherine Hearst
remettait en place une veste Galanos sur le dossier de
sa chaise.

« Je suis sûre que si », répondit leur fille.

Où, demanda le procureur, étaient ces motels ?

« Il y en avait un… je crois… » Patricia Hearst
marqua une pause, et puis : « Cheyenne ? Wyoming ? »
Elle prononça ces noms comme s'ils étaient étrangers,
exotiques, des informations apprises puis oubliées. L'un
de ces motels était dans le Nevada, l'endroit d'où pro-
venait l'argent des Hearst à l'origine ; l'héritière pro-
nonçait *Nevahda*, comme une étrangère.

Dans *Mon voyage en enfer*, comme au cours de son
procès, elle semblait dégager une distance affective,
un mélange singulier de passivité et de désinvolture
pragmatique (« J'avais franchi la ligne. Et j'allais
devoir me débrouiller au mieux désormais […] vivre
au jour le jour, faire tout ce qu'ils disaient, jouer mon
rôle, et prier pour survivre ») que beaucoup trouvèrent
inexplicable et agaçant. En 1982 comme en 1976, elle

ne parlait que de manière abstraite du *pourquoi*, mais avec une grande précision du *comment*. « Je n'arrivais pas à croire que j'avais tiré avec cette mitraillette pour de vrai », dit-elle à propos de la fusillade de Crenshaw Boulevard, mais voici comment elle s'y était prise : « J'ai gardé mon doigt appuyé sur la détente jusqu'à ce que les trente coups de la cartouche aient été tirés. (…) Ensuite j'ai pris ma propre arme, le fusil semi-automatique. J'ai tiré encore trois fois… »

Et, après son livre comme après son procès, les questions soulevées ne portèrent pas exactement sur sa véracité mais sur son authenticité, ses intentions générales, si elle n'était pas, pour employer le terme du procureur, « bidon ». C'était évidemment une interrogation vaine (le procès finit par tourner tout entier autour de la question de savoir si elle « aimait » ou non William Wolfe) et qui entraîna une curieuse régression rhétorique dans les rangs des enquêteurs. « Pourquoi a-t-elle choisi d'écrire ce livre ? » demanda Mark Starr dans *Newsweek* à propos de *Mon voyage en enfer*, avant d'apporter lui-même la réponse : « Sans doute a-t-elle hérité de sa famille le talent journalistique pour sentir ce qui est vendeur. » « Les riches sont toujours plus riches », concluait Jane Alpert dans le magazine *New York*. « Patty, faisait remarquer Ted Morgan dans la *New York Times Book Review*, est désormais, grâce aux ventes de son livre, retournée à une activité plus traditionnelle dans la famille : l'acquisition de capital. »

C'étaient là des considérations fantaisistes sur ce qu'un Hearst était prêt à faire pour une poignée de dollars, mais elles reflétaient une insatisfaction plus générale, la conviction que la Hearst en question ne racontait pas toute l'histoire, « laissait quelque chose de côté », même si ce quelque chose, au vu du récit obstinément détaillé qu'on trouvait dans *Mon voyage en enfer*, aurait sans doute été bien difficile à définir. Si « des questions subsistent », comme le pensait *Newsweek*, ce n'était pas la question de savoir comment on chargeait une balle avec du cyanure : pour l'ALS, il suffisait de percer l'extrémité de plomb, juste au-dessus de la poudre, enduire ce minuscule orifice de cristaux de cyanure et sceller le tout avec de la paraffine. Si *Mon voyage en enfer* « soulève plus d'énigmes qu'il n'en résout », comme le pensait Jane Alpert, le problème n'était en tout cas pas de savoir comment fabriquer une bombe artisanale : le truc était de bourrer le tuyau de suffisamment de poudre pour créer une explosion et de laisser suffisamment d'oxygène pour la mise à feu ; tout le problème, selon Patricia Hearst, était de « trouver les bonnes proportions entre la poudre, la longueur du tuyau et le fil, sans compter le précieux papier toilette de Teko ». « Teko », ou Bill Harris, insistait pour envelopper ses bombes de papier toilette, et, quand l'une d'elles refusa d'exploser sous une voiture de police dans le Mission District, réagit en piquant « l'une de ses pires crises de colère ». Beaucoup de journalistes, par la suite, virent en Bill et Emily Harris des accusés idéaux comme Patricia Hearst ne le fut jamais, mais *Mon voyage en enfer* les dépeignait de manière convaincante comme des gens, selon l'auteur, non seulement « peu séduisants » mais, le plus péjoratif de tous les adjectifs sous sa plume, « incompétents ».

Dans le registre des témoignages sur la vie en clandestinité, celui de Patricia Hearst était excentrique dans

ses détails. Elle nous racontait que l'émission de
télé préférée de Bill Harris était « SWAT » (on pouvait, disait-il, « apprendre beaucoup sur les tactiques
des porcs en regardant ces émissions ») ; que Donald
DeFreeze, ou « Cinque », buvait du vin de prune par
packs de deux litres et guettait à la radio les moindres
allusions à la révolution dans les paroles de chanson ;
et que Nancy Ling Perry, présentée en général par
la presse dans le rôle assez glamour d'« ancienne
pom-pom girl et groupie de Goldwater[1] », mesurait un
mètre cinquante et faisait semblant de parler avec un
accent noir. Emily Harris s'entraînait à « vivre dans la
privation » en ne mâchant que des moitiés de chewing-
gum. Bill Harris avait acheté une kippa, pensant que
c'était le meilleur moyen, pendant le séjour dans les
Catskills après la fusillade, de passer inaperçu à l'hôtel
Grossinger's.

La vie avec ces gens avait la logique déformée des
rêves, et Patricia Hearst semble l'avoir acceptée avec
l'acquiescement prudent du rêveur. N'importe qui pouvait se retourner contre elle. Le moindre mouvement
pouvait se révéler fatal. « Mes sœurs et moi avions été
élevées dans l'idée que nous étions responsables de
nos actes et que nous ne pouvions pas imputer nos
transgressions au fait que quelque chose ne tourne pas
rond dans notre tête. J'avais rejoint l'ALS parce
qu'autrement ils m'auraient tuée. Et je suis restée avec
eux parce que je pensais vraiment que le FBI me tuerait
s'ils en avaient l'occasion, et que sinon l'ALS s'en
chargerait. » Elle avait, comme elle disait, franchi la

---

1. Barry Goldwater, candidat du Parti républicain à la présidentielle de 1964, surnommé « Mr Conservateur ».

ligne. Elle devrait, comme elle disait, se débrouiller au mieux, et ne pas « faire appel à la famille et aux amis ».

C'est sur ce point que la plupart des gens butèrent, doutèrent d'elle, la trouvèrent le moins compréhensible, et c'est aussi sur ce point qu'elle se révéla au plus haut point l'enfant d'une certaine culture. Voici l'unique note personnelle dans le carnet de bord d'un émigrant qu'a conservé un parent à moi, William Kilgore, le journal d'une traversée vers Sacramento en 1850 : « C'est l'un des matins éprouvants pour moi, car je dois à présent quitter ma famille, ou renoncer. Qu'il suffise de dire que nous nous sommes mis en route. » Qu'il suffise de dire. Ne te préoccupe pas de tes sentiments, ils ne servent à rien. Ne prends jamais de raccourcis et poursuis ta route aussi rapidement que tu le peux. Un foutu révolutionnaire d'Amérique du Sud, c'est bien la dernière chose dont on a besoin dans ce bazar. C'était une fille de Californie, et elle avait grandi avec une histoire qui ne mettait pas beaucoup l'accent sur le *pourquoi*.

Elle n'avait rien d'une idéaliste, et ça ne faisait plaisir à personne. Elle était marquée par la survie. Elle revint de l'autre bord avec une histoire que personne ne voulait entendre, le récit désolant d'une situation dans laquelle l'illusion et l'incompétence se retrouvaient confrontées à une illusion et à une incompétence d'un autre genre, et au milieu des cadences fébriles du San Francisco du milieu des années 70, cette histoire paraissait dépourvue de relief. La semaine où son procès prit fin en 1976, le *San Francisco Bay Guardian* publia une interview dans laquelle les membres d'un

collectif appelé New Dawn (« Nouvelle Aube »)
déploraient sa défection. « C'est une question de choix
entre se respecter ou penser qu'à sa gueule, dit l'un
d'eux. Si vous choisissez de penser qu'à votre gueule,
vous vivez avec rien. » Cette idée que l'ALS représentait une idée qui valait la peine d'être défendue (ne
serait-ce qu'au nom du principe selon lequel n'importe
quelle idée vaut mieux que pas d'idée du tout) était
assez répandue à l'époque, même si la plupart des gens
concédaient que cette idée avait mal tourné. En mars
1977, un autre journaliste du *Bay Guardian* faisait une
distinction entre « l'aventurisme débridé » de l'ALS et
« la discipline et le savoir-faire » du Front de libération
du Nouveau Monde, qui avec ses « quelque cinquante
attentats non meurtriers » était une « alternative incon-
testablement préférable » à l'ALS.

Il se trouve que j'avais gardé ce numéro du *Bay
Guardian*, daté du 31 mars 1977 (le *Bay Guardian*
n'était pas à l'époque un journal particulièrement
radical, soit dit en passant, mais qui fournissait plutôt
d'assez bonnes informations sur les restaurants de tofu
et l'atmosphère dans la communauté), et lorsque je l'ai
ressorti pour lire l'article sur l'ALS, j'ai remarqué pour
la première fois un autre article : un long reportage plein
de louanges sur un prêtre de San Francisco dont la
pratique était de « confronter les gens et remettre en
cause toutes leurs idées préconçues (...) comme s'il ne
pouvait tolérer tout le mal du monde, caractéristique
qu'il a en commun avec d'autres autorités morales ».
Le prêtre, qui à un moment était comparé à Cesar
Chavez, était à l'origine, selon le journaliste, de la création d'une « ébouriffante » série de programmes sociaux
– distribution de nourriture, aide judiciaire, réinsertion

des drogués, foyers du troisième âge, frottis gratuits – ainsi que d'une « station agricole de onze mille hectares ». La station agricole se trouvait au Guyana, et le prêtre, bien sûr, était le Révérend Jim Jones, qui finit par choisir le respect de soi aux dépens de sa gueule et de celles de neuf cents autres personnes[1]. Ce fut là un autre opéra local, et qui ne fut pas, celui-là, gâché par une protagoniste s'obstinant à raconter l'histoire à sa façon.

1982

---

1. Allusion à un fait divers célèbre de l'époque : Jim Jones était le fondateur et gourou d'une secte religieuse, « Le Temple du Peuple », dont 914 membres périrent lors d'un suicide collectif le 18 novembre 1978.

III

NEW YORK

Voyages sentimentaux

1

Nous connaissons son histoire, et certains d'entre nous – mais pas tous, ce qui allait constituer l'un des nombreux aspects équivoques de cette affaire – connaissent son nom. C'était une jeune femme de vingt-neuf ans, blanche, célibataire, conseillère en placements au département de la comptabilité d'entreprise chez Salomon Brothers, le groupe d'énergies et de ressources naturelles, dans le quartier des affaires du sud de Manhattan. Elle avait fait, d'après l'un des principaux acteurs d'une OPA sur une compagnie pétrolière texane à laquelle elle avait collaboré en tant que membre de l'équipe Salomon, un travail « du tonnerre ». Elle vivait seule dans un appartement de location, dans un immeuble en copropriété sur la 83e Rue Est, entre York et East End Avenue, qu'elle songeait à acheter. Elle travaillait souvent tard et, quand elle rentrait chez elle, enfilait des vêtements de jogging et partait, à huit heures et demie ou neuf heures et demie du soir, courir neuf ou dix kilomètres dans Central Park, au nord sur East Drive, à l'ouest sur la route moins fréquentée qui relie

East et West Drives à peu près au niveau de la 102ᵉ
Rue, puis sur West Drive vers le sud. Certains, par la
suite, estimèrent que c'était déraisonnable, ceux qui
considéraient le parc comme un endroit à éviter après
la tombée de la nuit, tandis que d'autres approuvaient,
le plus fin de ces défenseurs parlant du droit absolu des
citoyens à l'accès aux lieux publics (« Ce parc nous
appartient, et cette fois, personne ne nous le prendra »,
déclara Ronnie Eldridge, à l'époque candidat du Parti
démocrate au conseil municipal de New York, dans une
tribune publiée par le *New York Times*), d'autres affir-
mant que « courir » était un droit inaliénable. « Les gens
qui courent ont des personnalités extrêmement réglées
et n'aiment pas qu'on perturbe leur emploi du temps »,
déclara au *Times* l'un de ces joggeurs, un courtier en
assurances. « Les heures auxquelles les gens courent
sont fonction de leur style de vie », dit un autre joggeur.
« Je suis personnellement très en colère, dit un troisième. Parce que les femmes devraient avoir le droit de
courir quand elles veulent. »

Pour cette femme-ci, en l'occurrence, ces droits
théoriques ne prévalurent pas. Elle fut retrouvée, ses
vêtements déchirés, non loin de la route reliant le parc
à la 102ᵉ Rue, à une heure trente du matin le 20 avril
1989. Elle fut transportée, entre la vie et la mort, au
Metropolitan Hospital sur la 97ᵉ Rue Est. Elle avait
perdu 75 % de son sang. Elle avait le crâne brisé, l'œil
gauche enfoncé dans l'orbite, les circonvolutions du
cerveau aplaties. On trouva de la terre et des brindilles
dans son vagin, ce qui laissait penser qu'elle avait été
violée. Le 2 mai, quand elle sortit du coma, six adolescents noirs et hispaniques, dont quatre avaient
témoigné devant caméras de leur rôle dans l'agression

et un autre avait avoué sa participation dans une déclaration verbale non consignée, avaient déjà été inculpés pour coups et blessures et pour viol, et elle était devenue, malgré elle et à son insu, la protagoniste sacrificielle de cette légende sentimentale qu'est la vie publique de New York.

Cauchemar à Central Park, titrèrent les journaux. *Une meute de jeunes enragés passe à tabac et viole une cadre de Wall Street qui faisait son jogging. Horreur à Central Park. La proie des loups. Une joggeuse à l'article de la mort après une agression brutale par un gang. Viol sauvage. Les rôdeurs du parc appellent ça « l'Eclate » : se déchaîner, en argot des rues. Un suspect dans l'affaire du viol : « On s'est bien marrés. » Le suspect incarcéré se vante : « C'était rien, cette fille. » Les adolescents retournèrent dans leur cellule, une fois leurs sanglantes confessions terminées. L'un d'eux cria « tous avec moi » et ils se mirent à chanter « Wild Thing » en rap. La Joggeuse et la Meute. Un Outrage et une Prière.* Et, le lundi matin suivant l'agression, à la une du *New York Post*, sous la photo du gouverneur Mario Cuomo et la manchette « *Aucun d'entre nous n'est à l'abri* », ce texte en italiques : « Le gouverneur Cuomo, visiblement ému, a déclaré hier au sujet de l'atroce viol de Central Park : "Les gens sont en colère et ont peur – ma mère a peur, ma famille a peur. Pour moi qui habite depuis toujours dans cette ville, c'est le cri d'alarme ultime." »

Il serait rappelé par la suite qu'on dénombra 3 254 autres viols pour cette même année, un notamment, la semaine suivante, au cours duquel une femme noire fut presque décapitée à Fort Tryon Park, et un autre, deux semaines plus tard, d'une femme noire à Brooklyn qui fut braquée, violée, sodomisée et jetée dans le conduit d'aération d'un immeuble de trois étages, mais leur importance était toute rhétorique, puisque de manière universelle on considère que les crimes ne sont dignes de faire l'information que dans la mesure où ils illustrent, à bon ou à mauvais escient, peu importe, une histoire, une leçon, un grand concept. Dans le cas de la mort à Central Park en 1986 de Jennifer Levin, alors âgée de dix-huit ans, assassinée par Robert Chambers, dix-neuf ans, l'« histoire », dont on extrapola les détails à partir de rien sans jamais vraiment rétablir la vérité, avait à voir non pas avec des gens démunis et marginaux vivant en deçà de ce qu'ils voulaient être, ni avec la quête dreiserienne de la « respectabilité » qui caractérisait les faits révélés (la mère de Robert Chambers était une infirmière libérale qui travaillait douze heures par nuit pour payer l'inscription de son fils dans une école privée et chez les scouts des Knickerbocker Greys), mais avec les « enfants des beaux quartiers » et le dicton familier : « trop et trop tôt ».

Susan Brownmiller, qui consacra une année à passer en revue la couverture médiatique des viols dans le cadre de ses recherches pour son livre *Contre notre gré : Les hommes, les femmes et le viol*, découvrit, sans surprise, que « même si les statistiques de la police de New York montraient que les femmes noires étaient plus fréquemment victimes de viol que les femmes blanches, le profil de victime préféré des tabloïds (…) était une jeune femme blanche issue de la classe moyenne et "séduisante" ». Le *Times*, soulignait-elle, ne couvrit que rarement les affaires de viol cette année-là, mais le peu d'articles qu'ils y consacrèrent « avaient trait à des victimes appartenant toutes plus ou moins à la classe moyenne, "infirmière", "danseuse" ou "enseignante", et dont l'agression avait presque toujours eu lieu à Central Park ».

En tant que sujet médiatique, « la Joggeuse » tournait aux yeux de tous autour de la « différence » flagrante entre la victime et ses agresseurs présumés – quatre d'entre eux vivaient à Schomburg Plaza, un complexe résidentiel subventionné par l'Etat fédéral à l'angle nord-est de la Cinquième Avenue et de la 110ᵉ Rue dans le quartier de East Harlem, et les autres vivaient dans les HLM et les taudis réhabilités au nord et à l'ouest de Schomburg Plaza. Environ vingt-cinq adolescents furent interrogés ; huit furent maintenus en détention. Les six qui furent inculpés au bout du compte avaient entre quatorze et seize ans. Le fait qu'aucun d'entre eux n'ait encore de casier judiciaire passait, dans ce contexte, pour quelque chose de remarquable ; à part ça, l'un, dans le souvenir de ses camarades de classe, était très fier de ses baskets de marque, un autre était « un suiveur ». *J'suis du genre pas énervé, cool, calme et posé*, dirait l'un des six accusés, Yusef Salaam, dans le rap qu'il déclama en guise de déclaration avant le verdict.

> *J'suis un mec plutôt tranquille, mais aujourd'hui*
> *j'vais pas la fermer et comme ça vous saurez*
> *Que j'ai été manipulé, abusé, j'suis même passé*
> *à la télé. (...)*
> *C'est pas tout le monde que je veux balancer,*
> *juste ceux que j'ai nommés.*
> *Eux ils ont voulu me balancer comme si je faisais*
> *deux millimètres, comme un nain, une souris, moins*
> *qu'un homme, moins que rien.*

La victime, à l'inverse, était une meneuse, faisait partie, comme disait le *Times*, de cette « vague de jeunes professionnels qui s'emparèrent de New York dans les années 80 », de ces jeunes gens « beaux, charmants, instruits et blancs » qui, toujours selon le *Times*, non seulement « croyaient que le monde leur appartenait » mais « avaient de bonnes raisons de le croire ». Elle était originaire d'une banlieue de Pittsburgh, Upper St. Clair, fille d'un cadre supérieur à la retraite de la compagnie d'électricité Westinghouse. Elle avait été membre de la sororité Phi Beta Kappa à l'université Wellesley, diplômée de l'école de commerce de Yale, stagiaire au Congrès, nominée pour une bourse Rhodes, « probablement parmi les quatre ou cinq meilleurs étudiants de la décennie », dans le souvenir du directeur de son département à Wellesley. D'après les témoignages, elle était végétarienne, et « pleine d'entrain », même si elle ne s'amusait que « lorsqu'elle avait le temps », et on disait d'elle aussi (tels étaient les détails fournis par le *Times*) qu'elle « se souciait de l'éthique dans le monde des affaires américain ».

En d'autres termes, on la força à correspondre, alors même qu'elle était suspendue entre la vie et la mort, puis entre moments conscients et inconscients, à l'image de la New-Yorkaise idéale, sœur, fille et jeune mariée de Bacharach : une jeune femme incarnant les privilèges et les promesses de la classe moyenne conventionnelle dont la situation était telle que beaucoup eurent tendance à oublier que le dossier d'accusation contre ses agresseurs n'était pas inattaquable. La partie civile pouvait mettre en cause la plupart des accusés dans l'agression et le viol grâce à leurs propres déclarations enregistrées, mais ne disposait pas des preuves matérielles incontestables – ni traces de sperme, ni traces sous les ongles, ni traces de sang – qu'on produit en général dans ce genre d'affaire. En dépit du fait que les jurés, lors du second procès, finiraient par dire que les preuves physiques avaient joué pour beaucoup dans leur décision de déclarer coupable l'un des accusés, Kevin Richardson, le fait est que ces preuves physiques étaient bien peu nombreuses. Des fragments de cheveux « similaires et correspondant » à ceux de la victime avaient été retrouvés sur les vêtements et les sous-vêtements de Kevin Richardson, mais le criminologue de la partie civile lui-même avait affirmé à la barre que les traces capillaires étaient forcément peu concluantes dans la mesure où, contrairement aux empreintes digitales, elles ne pouvaient être assignées à une seule personne. Les traces de terre retrouvées sur les vêtements des accusés étaient, elles aussi, similaires à la terre qu'on trouve dans la zone du parc où s'était déroulée l'agression, mais le criminologue de la partie civile avait concédé qu'elles étaient également similaires à la terre qu'on trouve à d'autres endroits non cultivés du parc. L'idée, toutefois, de s'appuyer sur la maigre teneur de ces éléments concrets pour bâtir une ligne de défense agressive – le genre de défenses qu'incarnent par exemple de grands avocats new-yorkais tels que Jack Litman et Barry Slotnick – serait bientôt interprétée, au cours des semaines et des mois qui allaient suivre, comme une deuxième agression à l'encontre de la victime.

Elle serait Dame Courage pour le *New York Post*, elle serait Le Symbole du Courage pour le *Daily News* et *New York Newsday*. Elle allait devenir, pour Anna Quindlen dans le *New York Times*, l'image même de

« New York s'arrachant à la boue, des New-Yorkais qui ont connu le meilleur et le pire, et ont continué à tenir bon, quelque part entre les deux ». Elle allait devenir, pour le premier maire noir de New York, David Dinkins, l'emblème de ses espoirs apparemment fragiles pour la ville elle-même : « J'espère que la ville saura tirer la leçon de ces événements et puiser de l'inspiration dans l'histoire de cette jeune femme agressée, déclarat-il. Envers et contre tout, elle est en train de reconstruire sa vie. Ce qu'une vie humaine peut faire, une société humaine le peut aussi. » Elle était même aux yeux de John Gutfreund, alors président et directeur exécutif de Salomon Brothers, la personnification de « ce qui rend cette ville si énergique et si formidable », aujourd'hui « frappée par un aspect de notre ville qui est aussi atroce et terrifiant que sa dimension créative est merveilleuse ». C'est précisément dans cette fusion de la victime et de la ville, cette confusion du malheur personnel et de la détresse publique, qu'on allait dénicher l'« histoire », la leçon du crime, l'encourageante promesse d'une résolution narrative.

L'une des raisons pour lesquelles on pouvait si facilement faire abstraction de la victime et assimiler sa situation à celle de la ville, c'est que, en tant que victime d'un viol, la plupart des articles ne mentionnaient pas son nom. Même si la convention, dans la presse américaine et anglaise, consistant à ne pas divulguer le nom des victimes de viol (ce n'est pas le cas, quand les victimes sont majeures, dans la presse française) se justifie par la volonté compréhensible de protéger la victime, le raisonnement qui préside à cette mesure spéciale de protection est fondé sur des notions douteuses, voire irrationnelles. Cette convention présuppose, en offrant aux victimes de viol une protection à laquelle n'ont pas droit les victimes d'autres types d'agression, que ce crime implique une violation singulière. Cette convention présuppose que cette violation est d'une nature qu'il vaut mieux passer sous silence, que la victime d'un viol ressent, et ressentirait encore plus fortement, si on révélait son identité, une honte et un dégoût de soi uniques à cette forme d'agression ; en d'autres termes, qu'elle a été d'une manière ou d'une autre complice de sa propre agression, qu'un contrat spécial existe entre cette victime particulière et son agresseur. Cette convention présuppose, enfin, que la victime ferait naturellement l'objet, si ce contrat spécial devait être révélé, d'un intérêt malsain ; que l'acte de la pénétration masculine est empreint de mystères si puissants que la femme ainsi pénétrée (au lieu, par exemple, de se faire écraser le visage à coups de brique ou de se faire défoncer le crâne à coups de barre de fer) est marquée à jamais, « différente », voire – surtout si une « différence » raciale ou sociale entre la victime et l'agresseur est mise en avant, comme dans les histoires de femmes blanches enlevées par des Indiens au XIXᵉ siècle – « corrompue ».

Ces présupposés spécifiquement masculins (les femmes n'ont pas envie de se faire violer, ni de se faire défoncer le crâne, mais rares sont ceux qui ne font pas de différence entre les deux) tendent en général à devenir d'eux-mêmes réalité, conduisant la victime à définir son agression selon les termes de ses protecteurs. « Au fond, nous ne rendons pas service aux femmes en distinguant le viol d'autres formes de crime

violent », déclarait Deni Elliott, directeur de l'Institut
d'éthique de Dartmouth, dans un entretien au magazine
Time. « Nous renforçons le stigmate du viol en traitant
de manière différente les victimes de ce crime, confiait
Geneva Overholser, rédactrice en chef du *Des Moines
Register*, pour expliquer sa décision de publier en
février 1990 un dossier en cinq parties sur une victime
de viol qui avait accepté que son nom soit cité. Quand
nous, en tant que société, refusons de parler ouverte-
ment du viol, je crois que nous amoindrissons notre
capacité à résoudre ce problème. » Susan Estrich, professeur de droit pénal à la faculté de droit de Harvard
et directrice de campagne de Michael Dukakis lors de
la présidentielle de 1988, parlait, dans *Le Vrai Viol*,
des émotions contradictoires qu'elle avait ressenties
suite à son propre viol en 1974 :

> Au début, avoir été violée est quelque chose dont
> on ne parle pas, tout simplement. Puis on se rend
> compte que les gens qui se sont fait cambrioler ou
> dépouiller à Central Park en parlent *tout* le temps.
> (...) Si ce n'est pas ma faute, pourquoi suis-je
> censée avoir honte ? Si je n'ai pas honte, si ce n'était
> pas « personnel », pourquoi ces regards de travers
> quand j'en parle ?

Il y avait, dans l'affaire de Central Park en 1989, des
circonstances spécifiques renforçant la conviction qu'il
fallait taire le nom de la victime. Elle avait été, de
manière irréfutable, d'après les médecins qui l'exami-
nèrent au Metropolitan Hospital et les déclarations des
suspects (elle-même ne se souvenait ni de son agression
ni de quoi que ce soit pendant les six semaines qui

suivirent), violée par un ou plusieurs agresseurs. Elle avait aussi été frappée si brutalement que, quinze mois plus tard, elle n'arrivait toujours pas à voir clairement ni à marcher sans soutien. Elle avait perdu l'odorat. Sa vision se troublait dès qu'elle lisait. On estimait, à l'époque, que certaines zones de son cerveau avaient été détruites de façon irréversible.

Dans ces circonstances, le fait que ni la famille de la victime ni, par la suite, la victime elle-même ne voulurent que son nom soit connu suscita aussitôt la compassion, ce qui semblait une façon de la protéger, après coup, comme elle ne l'avait pas été à Central Park. Mais il y avait dans cette affaire une tension affective particulière, issue en partie des associations et des tabous profonds et allusifs attachés, dans l'histoire noire américaine, à l'idée du viol des femmes blanches. Le viol demeurait, dans la mémoire collective de nombreux Noirs, le cœur même de leur victimisation. Les hommes noirs étaient accusés de violer les femmes blanches, alors même que les femmes noires, comme l'écrivait Malcolm X dans son *Autobiographie*, avaient été « violées par le maître blanc jusqu'à ce que commence à émerger une race créée de toutes pièces, fabriquée à la main et passée au lavage de cerveau, qui n'était même plus de sa véritable couleur, qui ne connaissait même plus ses vrais noms de famille ». La fréquence même des contacts sexuels entre hommes blancs et femmes noires démultipliait la puissance du tabou attaché au même genre de contacts entre hommes noirs et femmes blanches.

L'abolition de l'esclavage, écrivait W.J. Cash dans *L'Esprit du Sud,* (…) en détruisant la fixité rigide du Noir tout en bas de l'échelle, en lui ouvrant soudain au moins la possibilité légale d'évoluer dans la société, avait inévitablement ouvert, dans l'esprit de chaque habitant du Sud, une perspective dont le point de mire était le renversement de ce tabou. S'il était désormais possible au Noir d'avancer, qui pouvait dire (une fois de plus, la logique de la doctrine de son infériorité constitutive ne tiendrait pas) qu'il ne finirait pas un jour par avancer jusqu'au bout et demander l'égalité totale, et notamment, question toujours cruciale, le droit au mariage ?

Ce que les gens du Sud pensaient, donc, c'était que toute revendication, de quelque ordre que ce soit, de la part des Nègres équivalait, de manière parfaitement réelle, à une agression envers la femme du Sud. Ce qu'ils voyaient, plus ou moins consciemment, dans les conditions de la Reconstruction, c'était une transition vers une condition pour elle aussi dégradante, à leurs yeux, que le viol. Condition, en outre, qui, logique ou pas, était invariablement envisagée comme lui étant imposée au même titre que l'est un viol ; aussi cette condition méritait-elle, tout autant que l'acte littéral, d'être appelée « viol ».

Et l'idée de viol n'était d'ailleurs pas, dans cette affaire, le seul élément sous-jacent potentiellement trompeur. Historiquement, il existe chez les Noirs américains tout un ensemble de références chargées autour de la question du « nom » : nom d'esclave, nom du maître, nom africain, appelez-moi par mon vrai nom, personne ne connaît mon nom ; les histoires, dans lesquelles la gravité spécifique du nom se greffait aussitôt à celle du viol, d'hommes noirs fouettés pour s'être adressés à des femmes blanches par leur prénom. Que, dans cette affaire, un emboîtement de références tout à fait similaire puisse fonctionner à plein, nourrissant les ressentiments et les haines informulées, cela paraissait clair, tout comme il paraissait clair que certains des événements ultérieurs – les références multiples au lynchage, la comparaison entre les accusés et les jeunes de Scottsboro[1], la répétition insistante et provocatrice du nom de la victime, cette étrange et vaine affirmation insistante selon laquelle il n'y avait pas eu viol et que peu de tort avait été causé à la victime – prenaient tout leur sens à la lumière de cette charge historique. « Il y a des années, si une femme blanche disait qu'un Noir l'avait regardée avec concupiscence, il pouvait se retrouver pendu plus haut qu'un magnolia en fleur, sous le regard d'une joyeuse bande de Blancs en train de prendre le thé et de manger des cookies », rappela aux lecteurs de l'*Amsterdam News* la mère de Yusef Salaam. « La première chose qu'on fait, dans les Etats-Unis d'Amérique, quand une femme s'est fait violer, c'est de mettre la main sur une bande de jeunes Noirs, et je crois que c'est ça qui s'est passé », dit au *New York Times* le Révérend Calvin O. Butts III de l'Eglise baptiste abyssinienne de Harlem. « Et maintenant vous allez m'arrêter parce que j'ai prononcé le nom de la Joggeuse ? » demanda de manière rhétorique le militant noir Gary Byrd dans son émission sur la radio WLIB, avant d'être cité par Edwin Diamond dans le magazine *New York* :

---

1. Voir note 1, p. 98.

Je veux dire, c'est à l'évidence une personnalité publique, et très mystérieuse avec ça, pourrais-je ajouter. Eh bien vous savez, nous vivons dans un drôle d'endroit, qui s'appelle l'Amérique, et on devrait s'étonner de les voir concocter leurs petites entourloupes habituelles ? C'est l'une de ces entourloupes qui nous a amenés ici, pour commencer.

Voilà, entre autres, ce qui posait problème dans le fait de ne pas nommer la victime : en réalité, elle était constamment nommée. Tout le monde au tribunal, tous ceux qui travaillaient pour un journal ou une chaîne de télévision ou qui suivaient l'affaire pour une raison professionnelle ou une autre, connaissaient son nom. Elle était désignée par son nom dans tous les rapports judiciaires et toutes les minutes du procès. Elle avait été nommée, les jours suivant l'agression, sur certaines chaînes de télé. Elle était aussi régulièrement nommée – et c'était d'ailleurs une partie du problème, l'une des raisons de la posture morale dommageable de ceux qui ne citaient pas son nom et du non moins dommageable retranchement de ceux qui le citaient – dans les journaux noirs de New York, l'*Amsterdam News* et le *City Sun*, ainsi que sur WLIB, la radio de Manhattan appartenant à un consortium noir dont faisaient partie Percy Sutton[1] et, jusqu'à ce qu'il transmette sa part à son fils en 1985, le maire Dinkins.

Le fait que la victime soit connue à Centre Street et au nord de la 96ᵉ Rue, mais pas entre les deux, témoignait d'une certaine dissonance cognitive, d'autant que

---

1. Avocat (notamment de Malcolm X) et militant du mouvement pour les droits civiques dans les années 60.

même les noms des adolescents suspects avaient été révélés par la police et par la presse avant qu'on ait inculpé ou même appréhendé le moindre suspect. « En général, la police ne donne pas le nom des mineurs accusés de crime, expliqua le *Times* (en réalité, la police préserve l'anonymat des accusés "juvéniles", c'est-à-dire les mineurs de moins de 16 ans, mais pas celui des mineurs de 16 ou 17 ans), mais les autorités déclarent qu'elles ont rendu public le nom des jeunes impliqués dans cette agression en raison de la gravité de l'incident. » Il semblait y avoir un point de conten-tieux ici, la question de savoir si « la gravité de l'inci-dent » n'aurait pas dû paraître au contraire une bonne raison d'éviter tout semblant de précipitation dans le jugement en préservant l'anonymat d'un suspect juvé-nile ; l'un des noms révélés par la police et publiés par le *Times* était celui d'un garçon de quatorze ans qui, en fin de compte, ne fut pas inculpé.

Très tôt, certains aspects de cette affaire semblèrent mal gérés par la police et les accusateurs, et d'autres mal gérés par la presse. Il aurait dû sembler tactique-ment déraisonnable, dans la mesure où, selon la loi de l'Etat de New York, la présence d'un parent ou d'un tuteur est obligatoire quand un enfant de moins de seize ans est auditionné, que la police poursuive l'interroga-toire de Yusef Salaam, alors âgé de quinze ans, au motif que sa carte de transport lui en donnait seize, tandis que sa mère était forcée d'attendre dehors. Il aurait dû paraître déraisonnable que Linda Fairstein, procureur assistant chargée des crimes sexuels à Man-hattan, ignore, au commissariat, l'affirmation de la mère selon laquelle son fils avait quinze ans, et laisse entendre par la suite, devant le tribunal, qu'elle n'avait

pas bien compris quel âge exact avait le garçon parce
que la mère avait employé le mot « mineur ».

Il aurait dû aussi paraître déraisonnable que Linda
Fairstein dise à David Nocenti, le procureur fédéral
assistant qui était responsable de Yusef Salaam dans
le cadre du programme « Grand Frère » et qui était
venu au commissariat à la demande de la mère, qu'il
n'avait « aucun droit légal » d'être là et qu'elle allait
déposer une plainte auprès de ses supérieurs. Il aurait
dû paraître, dans une affaire si délicate, imprudent de
la part des policiers de suivre la procédure normale en
présentant le témoignage initial de Raymond Santana
dans leurs propres termes, des expressions de flic que
certains au tribunal trouveraient évidemment, dans la
bouche d'un garçon de quatorze ans détenu et interrogé
toute une nuit et jusqu'au lendemain après-midi, peu
convaincantes :

> Le 19 avril 1989, à 20 h 30 environ, j'étais dans
> les HLM Taft, du côté de la 113e Rue et de Madison
> Avenue. J'étais là-bas avec de nombreux amis. (…)
> A environ 21 heures, nous avons tous (moi-même et
> une quinzaine d'autres individus environ) descendu
> Madison Avenue jusqu'à la 110e Rue Est, puis nous
> avons pris à l'ouest sur la Cinquième Avenue. Au
> coin de la Cinquième et de la 110e, nous avons
> retrouvé environ quinze autres individus de sexe
> masculin, qui sont entrés avec nous dans Central Park
> à cette jonction dans l'intention de braquer des
> cyclistes et des joggeurs…

La plupart des accusés de cette affaire ayant enregistré des déclarations où ils admettaient au moins

avoir joué un certain rôle dans l'agression et le viol, cette attitude guère méticuleuse quant à la collecte et la diffusion des informations paraissait singulière et contre-productive, le genre de procédure standard obligée ou irréfléchie qui pouvait non seulement exacerber les craintes, les colères et les soupçons de conspiration ressentis par beaucoup de Noirs, mais aussi faire naître, dans ce qui semblait, au vu des témoignages, une affaire conclue d'avance, le genre de doutes qui conduiraient le jury à délibérer, pour le procès des trois premiers accusés, pendant dix jours et, pour le procès des deux suivants, pendant douze jours. L'une des raisons pour lesquelles le jury, dans le premier procès, n'arrivait pas à tomber d'accord sur un verdict, apprenait-on dans le numéro d'octobre 1990 de *Manhattan Lawyer*, était que l'un des jurés, Ronald Gold, demeurait « profondément perplexe devant les décalages entre l'histoire que [Antron] McCray raconte dans son témoignage enregistré et le scénario de la partie civile » :

Pourquoi McCray avait-il déclaré que le viol avait eu lieu près du réservoir, voulait savoir Gold, alors que tout indiquait qu'il avait eu lieu dans l'allée rejoignant la 102e Rue ? Pourquoi McCray disait-il que la joggeuse avait été violée à l'endroit où elle était tombée, alors que l'accusation affirmait qu'elle avait d'abord été traînée dans les bois sur cent mètres ? Pourquoi McCray déclarait-il avoir été obligé de lui maintenir les bras au sol, si on l'avait retrouvée attachée et bâillonnée ?

Le débat fit rage pendant les deux derniers jours, les jurés faisant d'incessants va-et-vient vers le camp de l'acquittement [de McCray] mené par Gold. (…)

Après que les jurés eurent visionné pour la cinquième fois le témoignage de McCray, Miranda [Rafael Miranda, un autre juré] le connaissait par cœur au point de pouvoir donner les chiffres du déroulement chronologique inscrits au bas de l'écran quand il réfutait les arguments de Gold en citant les propos spécifiques de McCray. [Sur la vidéo, McCray, après avoir admis qu'il avait maintenu le bras gauche de la victime tandis qu'on lui arrachait ses vêtements, déclara de lui-même qu'il s'était « mis » sur elle et qu'il s'était frotté contre elle sans être en érection, « comme ça tout le monde (…) saurait que je l'avais fait ».] Gold était de plus en plus sous pression. Trois jurés tombèrent d'accord pour dire que Gold, usé peut-être par ses propres accès d'humeur plus que par autre chose, capitula par épuisement. Si Gold confia avec amertume aux autres jurés qu'il était mortifié d'avoir finalement cédé, Brueland [Harold Brueland, un autre juré qui s'était pendant un moment prononcé en faveur de l'acquittement de McCray] croit que tout ça faisait partie du processus.

« J'aimerais expliquer à Ronnie un jour que l'épuisement nerveux est un élément prévu par le système. Ils le savent très bien, dit Brueland à propos des autorités judiciaires. Ils savent que tôt ou tard on atteint nos limites. La seule question, vous voyez, c'est de voir qui a les tripes pour tenir le coup. »

Les émotions soulevées par cette affaire étaient si fixes que l'idée qu'il pût y avoir, même dans l'esprit d'un seul juré, ne serait-ce qu'un instant de doute quant à la solidité du dossier de l'accusation, sans parler même d'un doute pouvant durer plus de dix jours, paraissait à beaucoup, en ville, ahurissante, presque impensable : l'agression de la joggeuse s'était déjà transformée en légende, et cette légende parlait de confrontation, de ce que le gouverneur Cuomo avait appelé « le cri d'alarme ultime », de ce qui n'allait pas dans cette ville, et de la solution. Ce qui n'allait pas dans cette ville était désormais identifié et avait pour nom Raymond Santana, Yusef Salaam, Antron McCray, Kharey Wise, Kevin Richardson et Steve Lopez. « Ils n'auraient jamais pu imaginer cela au moment où ils se déchaînaient dans Central Park, harcelant et détruisant la vie des gens », écrivait Bob Herbert dans le *News* après l'annonce du verdict dans le procès des trois premiers accusés.

Jamais cela n'aurait pu traverser leur esprit pervers. Bien à l'abri au sein de la meute, ils auraient haussé les épaules à cette seule idée. Ils auraient éclaté de rire.

Et pourtant c'est arrivé. Au bout du compte, Yusef Salaam, Antron McCray et Raymond Santana se sont fait épingler par une femme.

Dans la salle d'audience, samedi soir, Elizabeth Lederer les a regardés tous les trois partir en prison. (…) Parfois, pendant le procès, on avait l'impression qu'elle était deux fois plus petite que Salaam, longue silhouette élancée qui la toisait depuis le banc des accusés. Salaam était apparemment trop bête pour se rendre compte que Lederer – cette avocate menue, aux cheveux bouclés et à la voix douce – était le vengeur de la joggeuse. (…)

On voyait qu'elle avait la tête ailleurs, qu'elle pensait à la joggeuse.

On voyait qu'elle se disait : J'ai réussi, je l'ai fait. Je l'ai fait pour toi.

Faites cela en souvenir de moi : ainsi la solution, du moins selon certains fantasmes répandus, était-elle de prendre en communion symbolique le corps et le sang de la Joggeuse, dont l'idéalisation était désormais complète et s'exprimait, de manière significative, dans les détails soulignant sa « différence » ou son appartenance à une classe supérieure. La Joggeuse était quelqu'un qui portait, selon *Newsday*, « une fine chaîne en or autour de son cou frêle », ainsi, selon le *News*, qu'une « modeste » bague en or et « une légère touche » de rouge à lèvres. La Joggeuse était quelqu'un qui refusait, selon le *Post*, « d'accorder le moindre regard à ses agresseurs présumés ». La Joggeuse était quelqu'un qui parlait, selon le *News*, avec des intonations « propres aux salles de direction », des intonations qui pourraient donc sembler « étrangères à bien des New-Yorkais de souche ». Lors de ses premières apparitions à la barre des témoins, elle avait été soumise, notait le *Times*, « à des questions auxquelles la plupart des gens n'ont jamais à répondre en public au cours de leur vie », notamment sur le fait qu'elle avait mis un diaphragme le dimanche précédant son agression, et elle avait répondu à ces questions, selon un éditorial du *News*, avec une « indomptable dignité » qui avait donné à la ville une leçon « de courage et de classe ».

Cette insistance sur le raffinement supposé de son caractère, de son éducation et de son goût tendait à distordre et aplatir, et au final à donner l'image non pas de la victime réelle d'un crime réel mais du personnage fictif d'une époque un peu passée, la vierge de bonne famille qui honore brièvement la ville de sa présence et reçoit en retour un aperçu de la « vraie vie ». Les accusés, en revanche, étaient considérés comme des individus incapables d'apprécier ces subtilités, ignorants des normes et des coutumes vestimentaires de la classe moyenne. « Est-ce que vous portiez un jogging ? » demanda Elizabeth Lederer à Yusef Salaam pour essayer de discréditer son affirmation selon laquelle il était allé dans le parc ce soir-là uniquement pour « se balader ». Portait-il « un jogging », avait-il « un équipement sportif », avait-il « un vélo » ? Une nostalgie pernicieuse avait fini par contaminer cette affaire, le regret du New York qui, pendant un temps, avait paru incarné par les « équipements sportifs », par le gain et la dépense plutôt que par le fait d'avoir ou de ne pas avoir : s'il ne fallait pas nommer cette victime, c'était pour qu'elle puisse aller incognito, avait dit Jerry Nachman, le rédacteur en chef du *New York Post*, surprenante déclaration reprise ensuite par d'autres qui semblaient y trouver une résonance particulière, dans les grands magasins Bloomingdale's.

Certaines histoires de New York ayant trait à de jeunes femmes blanches de la classe moyenne n'accèdent pas aux pages éditoriales, ni même forcément à la une. En avril 1990, une jeune femme blanche de la classe moyenne du nom de Laurie Sue Rosenthal, qui avait grandi dans un foyer juif orthodoxe et, à vingt-neuf ans, vivait toujours chez ses parents dans le quartier de Jamaica, dans le Queens, trouva la mort, d'après le rapport du médecin légiste, suite à une intoxication accidentelle au Darvocet, absorbé en conjonction avec de l'alcool, dans un appartement situé au 36 de la 68e Rue Est à Manhattan. Cet appartement était celui de l'homme qu'elle fréquentait, selon ses parents, depuis environ un an, un petit chargé de mission de la ville qui s'appelait Peter Franconeri. Peter Franconeri, qui supervisait à l'époque les inspections d'ascenseurs et de chaudières pour le compte du Secrétariat au logement et qui était marié à une autre femme, enveloppa le corps de Laurie Sue Rosenthal dans une couverture, la déposa, avec son sac à main et sa carte d'identité, près des poubelles devant l'immeuble, et se rendit à son bureau au 60 Hudson Street. Un peu plus tard, la police reçut un coup de fil anonyme. Franconeri ne fut identifié qu'après que les parents de Laurie Sue Rosenthal eurent donné à la police son numéro de biper, qu'ils trouvèrent dans le carnet d'adresses de leur fille. Selon *Newsday*, qui couvrit ce fait divers de manière plus exhaustive que le *News*, le *Post* ou le *Times* :

> Les premiers rapports de police indiquaient qu'il n'y avait pas de blessures visibles sur le corps de Rosenthal. Mais selon les déclarations, hier, de la mère de celle-ci, Ceil, la famille a été informée que l'autopsie avait révélé deux « ecchymoses inexpliquées » sur le corps de sa fille.
>
> Pour Larry et Ceil Rosenthal, ces éléments semblaient confirmer leur impression que leur fille était en danger, parce qu'elle les avait appelés à 3 heures

du matin, le jeudi, « pour dire qu'il l'avait battue ». La famille a rapporté la conversation à la police.

« Je lui ai dit de sauter dans un taxi et de rentrer à la maison, a déclaré hier Larry Rosenthal. Et puis ces deux inspecteurs sont venus m'annoncer la terrible nouvelle. »

« Le médecin a dit que les bleus ne prouvaient pas qu'elle ait été battue mais qu'ils allaient les examiner de plus près », a déclaré Ceil Rosenthal.

« Il y avait de légères ecchymoses », confia à *Newsday* quelques jours plus tard une porte-parole du bureau du médecin légiste, mais ces bleus « n'ont aucun rapport avec le décès ». Cela vaut la peine de se repasser la séquence : une jeune femme appelle ses parents à trois heures du matin, « en panique ». Elle dit qu'elle a été battue. Quelques heures plus tard, sur la 68e Rue Est entre Madison et Park Avenues, à deux pas des boutiques Porthault, Pratesi, Armani, Saint Laurent, et du Westbury Hotel, à une heure de la journée, dans cette partie de New York 10021, où l'équipe de promeneurs de chiens de Jim Buck rassemble ses meutes matinales, où la Bentley de Henry Kravis sort nonchalamment de son appartement de Park Avenue, et où les ouvriers pointent, près du musée Frick, dans les maisons à plusieurs millions de dollars en travaux de rénovation pour Bill Cosby et pour le propriétaire des magasins The Limited, le corps de cette jeune femme blanche de la classe moyenne, portant des ecchymoses, est descendu en même temps que les poubelles.

« Tout le monde s'est excité parce que c'était lui, dit par la suite un officier de police anonyme à Jim

Dwyer, de *Newsday*, parlant de l'homme qui avait sorti la jeune femme avec les poubelles. Si ç'avait été quelqu'un d'autre, on n'aurait jamais fait tout ce foin. Y aurait eu une assignation en justice, et terminé. » Mais en réalité il n'y eut pas de foin autour de la mort de Laurie Sue Rosenthal, qui aurait pu constituer une histoire parfaite pour les tabloïds mais qui, à divers titres, ne sut pas captiver l'imagination locale. D'abord, on ne pouvait pas lui faire endosser les habits de la victime idéale des tabloïds, laquelle est présentée d'habitude comme la proie d'un destin aveugle (Laurie Sue Rosenthal avait, pour une raison ou une autre, pris du Darvocet au lieu de prendre un taxi pour rentrer chez elle, ses parents signalèrent qu'elle avait été soignée autrefois pour une dépendance au Valium, elle devait bien savoir, au bout d'un an, que Franconeri était marié et pourtant elle avait continué à le fréquenter) ; et d'autre part, elle ne semblait pas sortir d'une école prestigieuse ni travailler dans une industrie glamour (ni Ivy League, ni Wall Street), de sorte qu'il était difficile de voir en elle une incarnation de « ce qui rend cette ville si énergique et si formidable ».

En août 1990, Peter Franconeri plaida coupable de délit – s'être débarrassé illégalement d'un cadavre – et fut condamné par le juge de la cour pénale Peter Benitez à soixante-quinze heures de travaux d'intérêt général. Ce qui n'était ni surprenant ni très consistant pour la presse (vingt-trois lignes seulement même dans *Newsday*, en page 29 de l'édition métropolitaine), et l'indulgence du verdict fut pour beaucoup une sorte de soulagement. Le bureau du procureur avait demandé « une peine d'emprisonnement », d'une durée que l'adjectif « infime » qualifierait assez justement, mais personne ne voulait, disait-on, crucifier l'accusé : Peter Franconeri était quelqu'un qui connaissait beaucoup de monde, savait manœuvrer en ville, qui par exemple possédait non seulement l'appartement de la 68e Rue Est entre Madison et Park mais une maison à South-ampton et qui savait aussi que personne ne s'exciterait pour un cadavre sorti avec les poubelles, en s'y prenant bien. Du reste, c'est peut-être ce genre d'habileté qui aurait pu constituer le véritable « cri d'alarme ultime », mais ce n'était pas un cri que la ville était prête à entendre.

2

L'information annexe sans doute la plus saisissante à avoir été dévoilée, les premiers jours après l'agression de la joggeuse de Central Park, était qu'un nombre non négligeable de New-Yorkais semblaient trouver la ville assez sûre pour inclure Central Park dans leurs programmes d'exercices physiques du soir. La « prudence » consistait, même après l'agression, à « rester au sud de la 90e Rue », ou à être « conscient que chacun doit bien définir son parcours au préalable », ou, dans le cas d'une femme interrogée par le *Times*, à décider de ne plus travailler durant la journée (elle était avocate) parce qu'elle en avait « assez d'être toujours coincée au bureau et d'être obligée de faire son jogging de plus en plus tard le soir ». « Je crois que tous les coureurs pourraient décrire la sensation de souplesse, de fluidité, qu'on ressent quand on court le soir, confia au *Times* un rédacteur du magazine *Runner's World*.

On voit moins ce qu'il y a autour et on se concentre sur sa course. »

L'idée que Central Park puisse être un bon endroit pour « voir moins ce qu'il y a autour » était récente. Si Frederick Law Olmsted et Calvert Vaux, dans les plans qui leur valurent en 1858 de remporter le contrat de la conception de Central Park, avaient décidé d'abaisser les allées transversales sous le niveau de la pente, c'était pour deux raisons. La première, la plus souvent citée, était d'ordre esthétique, les architectes ayant compris que les quatre allées prévues dans le cahier des charges de la compétition, au niveau des 65e, 79e, 85e et 97e Rues, viendraient couper le plan du paysage et « rompre l'harmonie des sensations plaisantes que nous aimerions voir le parc susciter ». L'autre raison, qui n'était apparemment pas moins pressante, avait trait à la sécurité. Le problème avec des allées au même niveau que l'ensemble, écrivaient Olmsted et Vaux dans leur plan baptisé « Greensward », serait le suivant :

Les allés transversales devront (…) demeurer ouvertes, alors même que le parc proprement dit ne sera d'aucune utilité après le crépuscule ; car l'expérience a montré que, même à Londres où les services de police accomplissent un travail en tout point remarquable, il est impossible de garantir au public la sûreté de la traversée de larges espaces dégagés après la tombée de la nuit.

Ces voies publiques devront donc être bien éclairées sur les côtés, et, pour empêcher les maraudeurs poursuivis par la police de trouver refuge dans l'obscurité du parc, de solides haies ou murailles, de six à huit pieds de haut, seront nécessaires.

Le parc, en d'autres termes, était considéré dès l'origine comme un lieu intrinsèquement dangereux à la nuit tombée, un endroit d'« obscurité », « d'aucune utilité », où seuls les « maraudeurs » trouveraient refuge. Les parcs européens fermaient le soir, remarquait Olmsted en 1882 dans son ouvrage *Les Dépouilles du parc : Avec quelques feuilles tirées des carnets très fournis d'« un homme tout à fait dénué de sens pratique »*, « mais une allée de surface demeure ouverte dans Hyde Park, et le directeur de la Police métropolitaine m'a dit que le risque de se faire égorger ou voler était, de par la facilité avec laquelle on peut se cacher dans le parc, plus grand durant la nuit dans cette allée que dans n'importe quel autre endroit de Londres ».

Au plus fort de la couverture médiatique de l'affaire de la joggeuse, qui donnait l'impression que les bêtes sauvages avaient pris le contrôle de la ville, cette approche pragmatique de la vie urbaine céda le pas à une vision plus idéalisée, selon laquelle New York avait été ou aurait dû être un lieu « sûr », et à présent, comme dans le « aucun d'entre nous n'est en sécurité » du gouverneur Cuomo, ne l'était pas. Il était temps, en conséquence, d'y « remédier », il était temps de « dire non » ; il était temps, comme le dirait David Dinkins durant la campagne pour les municipales à l'été 1989, de « fixer la limite ». Et ce contre quoi cette limite devait être fixée, c'était « la criminalité », une abstraction, un spectre flottant qui pouvait disparaître grâce à certains actes d'affirmation personnelle, grâce au genre de réarmement moral qui figurerait par la suite dans le plan du maire Dinkins pour revitaliser la ville en organisant des actions citoyennes hebdomadaires, les « Mardis soir contre la criminalité ».

En allant dans le parc le soir, écrivait Tom Wicker
dans le *Times*, la victime avait « affirmé la primauté de
la liberté sur la peur ». Une semaine après l'agression,
Susan Chace suggéra à ses lecteurs, dans un éditorial
du *Times*, d'aller dans le parc le soir et de former une
chaîne humaine. « Une femme ne peut pas courir dans
le parc à une heure indue, écrivait-elle. Acceptez-le,
dites-vous. Je ne peux pas. Ça ne devrait pas être comme
ça à New York City, en 1989, au printemps. » Ronnie
Eldridge suggéra elle aussi à ses lecteurs d'aller dans
le parc le soir, mais d'allumer des bougies. « Qui
sommes-nous si nous permettons qu'on nous chasse du
plus magnifique endroit de notre ville ? » demandait-
elle, et aussi : « Si nous abandonnons le parc, que
sommes-nous censés faire : nous rabattre sur Columbus
Avenue et y planter de l'herbe ? » C'était intéressant,
cette façon de suggérer que les problèmes somme toute
assez conséquents de la ville pouvaient être résolus par
la bonne volonté de ses citoyens à tenir bon ou à fixer
une limite, à « dire non » ; autrement dit, que la foi en
certains gestes magiques pouvait infléchir le destin de
la ville.

La sentimentalisation obstinée de l'expérience,
c'est-à-dire l'encouragement d'une telle croyance,
n'est pas nouvelle à New York. Une préférence pour
les tableaux brossés à grands traits, pour la distorsion
et l'aplatissement du caractère et la réduction des événements à une légende, est depuis plus d'un siècle au
cœur de l'image que la ville se donne d'elle-même :
la Liberté, les foules compactes, les parades sous des

pluies de confettis, les héros, les égouts, les lumières, les cœurs brisés, 8 millions d'histoires dans la ville à nu ; 8 millions d'histoires qui sont toutes la même histoire, chacune visant à reléguer dans l'ombre non seulement les vraies tensions de la ville, raciales et sociales, mais aussi, de manière plus significative, les arrangements civiques et commerciaux qui ont rendu ces tensions insolubles.

Central Park était en soi l'une de ces « histoires », une pastorale artificielle dans la tradition romantique anglaise du XIXᵉ siècle, conçue, pendant une décennie au cours de laquelle la population de Manhattan allait augmenter de 58 %, comme un projet civique qui permettrait la signature de contrats et l'embauche des électeurs à une échelle rarement atteinte auparavant à New York. Il faudrait déplacer dix millions de charretées de terre durant les vingt années de sa construction. Il faudrait planter quatre à cinq millions d'arbres et d'arbustes, importer un demi-million de mètres cubes de couche arable, installer 182 kilomètres de canalisations en céramique.

Et l'achèvement du parc ne mettait pas forcément un terme aux possibilités : à partir de 1870, quand William Marcy Tweed eut révisé la charte de la ville et inventé le Département des parcs publics, de nouvelles allées pouvaient être construites chaque fois qu'on avait besoin de créer des emplois. On pouvait arracher et replanter les arbres. On pouvait envoyer des équipes élaguer, défricher, tailler à volonté. Les objections de Frederick Law Olmsted pouvaient être réfutées, et finalement ignorées. « Une "délégation" d'une grande organisation politique m'a convoqué »,

écrit Olmsted dans *Les Dépouilles du parc*, se rappe-
lant les conditions dans lesquelles il avait travaillé :

Après les présentations et les poignées de main,
un cercle se forma, et un gentleman s'avança vers
moi et dit : « Nous savons combien vous êtes solli-
cité (...) mais, à votre convenance, notre association
aimerait que vous déterminiez à combien se monte
la participation que nous pouvons escompter dans
votre entreprise, et que vous preniez les arrangements nécessaires pour que nous puissions en faire
usage. Nous prenons la liberté de vous suggérer,
monsieur, que la méthode la plus pratique serait que
vous nous fassiez parvenir le quota de tickets qui
nous revient, si vous le voulez bien, monsieur, par
le moyen que voici, *en nous laissant le soin d'indiquer les noms*. » Un paquet de tickets imprimés me
fut alors présenté ; j'en tirai un au hasard. C'était
un appointement en blanc, qui portait la signature
de Mr Tweed.

En tant qu'administrateur du parc, il m'est arrivé
de recevoir en six jours plus de sept mille lettres
me donnant des conseils quant aux appointements,
presque toutes envoyées par des élus. (...) J'ai
entendu un candidat à un poste de direction de la ville
s'adresser, sur le seuil de ma porte, à une foule de
ces porteurs de conseils, leur disant que j'étais dans
l'obligation de leur donner à chacun un emploi et
suggérant sans détour que, si je tardais à m'exécuter,
me passer une corde autour du cou saurait peut-être
amoindrir ma réticence à écouter ces sages avis. Il
m'est arrivé de voir une dizaine d'hommes forcer

l'entrée de ma demeure avant même que je fusse levé de mon lit un dimanche matin, et certains d'entre eux faire effraction dans mon salon, empressés de me remettre leurs lettres de conseils.

Central Park, ainsi, pour ses souscripteurs sinon pour Olmsted, était une affaire de contrats, de construction et de pots-de-vin, une affaire de magouillages politiques, mais la sentimentalisation qui aboutit à reléguer dans l'ombre ces magouillages, l'« histoire », avait à voir avec certains contrastes sensationnels, certains extrêmes, dont on pensait qu'ils caractérisaient la vie dans cette ville comme dans aucune autre. Ces « contrastes », devenus depuis la charnière même de la légende new-yorkaise, apparurent très tôt : Philip Hone, maire de New York en 1826 et 1827, parlait en 1843 d'une ville « débordée par la population et où les deux extrêmes d'une coûteuse vie de luxe, les établissements onéreux et les dépenses inconsidérées, se présentent chaque jour, à chaque heure, en contraste avec la mêlée la plus sordide et la destruction la plus aveugle ». Dans le cadre d'une telle légende, Central Park pouvait être envisagé, et finirait par l'être, tel que Olmsted lui-même l'envisageait, comme un essai de démocratie, une expérience sociale destinée à intégrer une nouvelle population immigrée et à résorber la dangereuse division entre les riches et les pauvres. Il était du devoir et dans l'intérêt de la classe privilégiée de la ville, avait affirmé Olmsted quelques années avant qu'il ne conçoive Central Park, de « bâtir des parcs, des jardins, des écoles de musique et de danse, des lieux de réunion qui seront si attractifs qu'ils forceront le rapprochement entre le bon et le mauvais, entre le gentleman et le voyou ».

L'idée que les intérêts du « gentleman » et du
« voyou » puissent être contradictoires importait peu :
à l'époque comme aujourd'hui, la légende choisie avait
pour effet de voiler les conflits réels, de dissimuler le
fait que la condition des riches dépendait en grande
partie de l'indigence permanente d'une classe labo-
rieuse ; de reconduire la domination du « gentleman »
et d'étouffer toute possibilité d'un prolétariat conscient
ou politisé. Les phénomènes sociaux et économiques,
dans cette légende, étaient personnalisés. La politique
était une question exclusivement électorale. Les problèmes se réglaient par l'émergence et l'élection de
« chefs », qui pouvaient à leur tour motiver le citoyen
individuel à « participer », à « faire la différence ».
« Apporterez-vous votre aide ? » demanda le maire
Dinkins aux New-Yorkais, dans un discours prononcé
en septembre 1990 dans la cathédrale St. Patrick en
réaction à la « vague de criminalité à New York » dont
les histoires occupaient la une des journaux. « Vous
sentez-vous concernés ? Etes-vous prêts à devenir une
partie de la solution ? »

« Restez, implora le gouverneur Cuomo aux mêmes
New-Yorkais. Croyez. Participez. Ne baissez pas les
bras. » La présidente du borough de Manhattan, Ruth
Messinger, au cours d'une cérémonie de consécration
du drapeau national dans une école, expliqua combien
il était important de « s'engager » et de « participer »,
ou de « contribuer à redonner tout son éclat à la Grosse
Pomme ». Lors d'une discussion à propos des populaires « histoires de New York » écrites entre 1902 et
1910 par William Sidney Porter, ou « O. Henry », William R. Taylor, de la State University of New York à

Stony Brook, parla de la façon dont ces histoires, avec leur « accent sur la détresse des individus », leur « absence d'implications sociales ou politiques » et leur « neutralité idéologique », offraient « une forme miraculeuse de cohésion sociale » :

Ces récits sentimentaux des rapports de classe dans la ville ont un sens historique précis : l'empathie sans la compassion politique. Ils réduisent l'échelle de la souffrance humaine à ce que les individus atomisés endurent au cours de leurs tristes et courageuses existences telles qu'elles furent racontées, semaine après semaine, pendant près d'une décennie (...) leur lecture sentimentale de l'oppression, des différences de classe, de la souffrance humaine et des émotions contribua à créer un nouveau langage pour interpréter la société complexe de la ville, langage qui remplaça peu à peu le moralisme poussiéreux que les New-Yorkais avaient hérité des lectures de la ville au xixe siècle. Ce langage localisait la souffrance dans des moments particuliers et la confinait à des occasions particulières ; il nivelait les différences parce qu'il pouvait être lu presque de la même façon d'un bout à l'autre de l'échelle sociale.

Les histoires dans lesquelles des crimes atroces sont perpétrés contre d'innocentes victimes, dans la mesure où elles offrent le même genre de lecture sentimentale des différences de classe et de la souffrance humaine, lecture qui promet à la fois résolution et rétribution, jouent depuis longtemps le rôle d'endorphines dans la vie de la cité, telle une source intégrée de morphine naturelle brouillant les contours des problèmes réels et en grande partie insolubles. Ce qu'il y a de singulier à New York, et qui demeure presque incompréhensible pour les gens qui vivent dans des parties moins rigidement organisées du pays, c'est le niveau minimal de confort et d'opportunité que ses citoyens ont fini par accepter. Le romantisme de la quête capitaliste de l'espace privé, de la sécurité et de la liberté individuelle, qui va tellement de soi à l'échelle nationale, ne joue pas, localement, un très grand rôle. Ville où presque chaque effort vise à étouffer plutôt qu'à encourager la compétition normale, New York fonctionne – quand elle fonctionne – non pas selon une économie de marché mais sur des combines, des pots-de-vin, des compromis, des bakchichs, des arrangements qui permettent de contourner l'échange direct de marchandises et de services et d'empêcher que ce soit, comme dans une économie compétitive, le meilleur produit qui prenne l'ascendant sur les autres.

On ne dénombrait, sur l'ensemble des cinq boroughs en 1990, que 581 supermarchés (un supermarché, d'après la définition du magazine professionnel *Progressive Grocer*, est un marché dont le chiffre d'affaires annuel est de 2 millions de dollars ou plus), c'est-à-dire, pour une population de 8 millions d'habitants, un supermarché pour 13 769 citoyens. La nourriture, qui coûte plus cher à cause de cette absence de compétition et de la prolifération des pots-de-vin nécessaires pour assurer cette absence de compétition (les produits, avons-nous fini par comprendre, appartiennent aux Gambino, le poisson aux Luchese et aux Genovese, et à chacune des trois familles revient une partie de la construction du marché, mais faire en sorte que la porte reste ouverte est en dernière instance du ressort de tel ou tel inspecteur), s'emporte ou se livre, comme si l'on était à Jakarta, en caddie.

L'histoire montre qu'il faut, à New York, comme s'il s'agissait cette fois de Mexico, dix ans pour voter, définir, proposer, signer et construire une nouvelle école ; vingt ou trente ans pour construire – ou, dans le cas de Bruckner Boulevard et de la West Side Highway, à peu près construire – une autoroute. Un scandale public récent a révélé que toute une série de frottis effectués par des cabinets médicaux de la ville n'avaient pas été analysés pendant plus d'un an (dans le monde développé, le frottis, qui sert à dépister le cancer du col de l'utérus, est analysé dans un délai de quelques jours) ; ce qui ne fit pas scandale, ce qui demeure accepté comme un fait établi, c'est que même les frottis effectués par des gynécologues de Park Avenue peuvent parfois rester plusieurs semaines sans être analysés.

Ces similitudes avec des villes du tiers monde ne sont en aucun cas anodines, ni fondées sur la « couleur » d'une population polyglotte : ce sont toutes des villes principalement conçues non pas pour adoucir la vie de leurs citoyens mais pour être livrées à une frénésie de travail, pour accueillir, au seuil minimal de subsistance, dans l'idéal, puisque c'est ainsi que la main-d'œuvre est la plus docile et sa loyauté le mieux garantie, une population du tiers monde. En un sens, le pouvoir de séduction de New York, ses promesses d'opportunités et de meilleurs salaires, ses engagements en tant que ville du monde développé, étaient justement les caractéristiques qui semblaient la destiner à devenir au bout du compte impraticable. Alors que la vitalité de villes similaires du monde moins développé dépendait de leur capacité à garantir une main-d'œuvre à bas coût et une absence de régulation, New York, historiquement, dépendait plutôt du surgissement constant de nouveaux marchés, de nouveaux employés pour remplacer ceux qu'on supprimait, comme dans le cas de ces entreprises de confection qui trouvaient moins cher de fabriquer leurs vêtements à Hong Kong ou Kuala Lumpur ou Taipei, en augmentant les coûts sur place.

Le vieux schéma new-yorkais, perpétué par une économie nationale en expansion, était de perdre un marché pour en gagner aussitôt un autre. L'erreur new-yorkaise plus récente était de voir dans ce mouvement de renouvellement constant une ressource inépuisable, qu'on pouvait taxer à volonté, qu'on pouvait réguler jusqu'au moindre dollar, sur laquelle on pouvait faire main basse. En 1977, New York avait perdu quelque 600 000 emplois, la plupart dans le secteur de la confection et des petites entreprises qui ne pouvaient plus subsister en ville sur leurs étroites marges de profit. Durant les années de la « reprise », de 1977 à 1988, la plupart de ces emplois furent en effet remplacés, mais d'une façon potentiellement périlleuse : la majorité des 500 000 nouveaux emplois créés concernaient le secteur le plus vulnérable, celui des services financiers et commerciaux, et les autres, pour l'essentiel, concernaient un secteur pas moins soumis aux aléas de la conjoncture mais surtout décourageant pour la ville, même en période favorable, celui du tourisme et de la restauration.

Si de nombreuses entreprises avaient démontré que New York ne leur était pas indispensable, cela n'avait pas pour autant conduit la ville à redoubler d'efforts pour devenir plus compétitive. Les taxes étaient toujours plus dissuasives, la régulation toujours plus byzantine. 49 000 nouveaux emplois furent créés dans les agences municipales new-yorkaises entre 1983 et 1990, quand bien même les services fournis par ces agences étaient, de l'avis général, sur le déclin. Les tentatives de « réforme » tendaient en général à créer toujours plus de nouveaux emplois : en 1988, pour réduire les longs délais des projets de construction ou de réhabilitation des écoles, une nouvelle agence vit le jour, la School Construction Authority. Il ne faudrait désormais, affirma-t-on, que cinq ans pour bâtir une école. Le directeur de la School Construction Authority serait payé 145 000 dollars par an, et les trois vice-présidents, 110 000 dollars chacun. On envisagea un moment d'installer une luxueuse salle de gym, équipée des derniers appareils de la gamme Nautilus, au dernier étage du nouveau siège de l'agence, dans l'International Design Center de Long Island City. Deux ans après cette réforme, le retard accumulé sur les travaux de réparation d'écoles déjà existantes représentait 33 000 dossiers en attente. « Soulager ses charitables amis de la charge d'un homme mi-aveugle mi-demeuré en l'employant aux frais de la société comme inspecteur de la maçonnerie n'est sans doute guère profitable à la solidité d'un mur sur le long terme, notait Olmsted après l'expérience Central Park, mais tout à fait indiqué en revanche pour faire triompher une solide doctrine lors d'une élection. »

Les taxes à New York, plus élevées que dans n'importe quelle autre ville des Etats-Unis (et, comme le savent tous les propriétaires de petits commerces, plus diverses), n'aboutissent dans cette ville, à moins que le citoyen soit disposé à conclure quelques arrangements discrets ici et là, qu'à la multiplication endémique de régulations conçues pour bénéficier aux entrepreneurs, aux agences et aux syndicats avec lesquels les législateurs ont conclu leurs propres arrangements. Un appareil ménager considéré dans tout le reste des Etats-Unis comme un élément de base de la cuisine depuis la fin de la guerre, le broyeur d'évier, est par exemple illégal à New York. Les déchets traités de cette manière, m'a informée un employé de la ville, sont une incitation non seulement pour les rats et les « bactéries » – plus que les sacs-poubelles sur les trottoirs, apparemment (« Parce que, c'est comme ça », m'a-t-on répondu quand j'ai demandé comment une telle chose était possible) – mais une incitation aussi pour les gens qui peuvent « mettre leurs bébés dedans ».

D'un côté, cette anecdote démontre comment un principe urbain bien connu, celui du clientélisme (plus il y a d'ordures à ramasser, plus on peut employer de ramasseurs d'ordures), peut se réduire, dans la jungle bureaucratique que constitue toute ville du tiers monde, à une pratique vaudou ; de l'autre, elle illustre l'éthique criminelle sous-jacente qui caractérise cette ville en particulier, sa façon de tolérer que la combine et l'arnaque fassent partie intégrante de toutes les transactions. « Les coûts des déchets sont exorbitants, confiait récemment au magazine *City Limits* un cadre dirigeant de Supermarkets General, propriétaire des supermarchés Pathmark, à qui l'on demandait pourquoi les grandes chaînes préféraient s'installer en banlieue. Chaque fois qu'on a besoin d'engager une entreprise, ça représente un problème. » Un problème, toutefois, qui permet non seulement à l'entreprise en question mais à tous ceux avec qui elle travaille – tout un réseau de clientèle, directe ou indirecte, dont les ramifications s'étendent jusqu'au cœur de la ville – de retirer une forme ou une autre de bénéfice, et c'est là l'une des raisons pour lesquelles la mort d'une jeune femme blanche de la classe moyenne, dans l'appartement d'un employé chargé de l'inspection des ascenseurs et des chaudières dans la 68ᵉ Rue Est, suscitait un si faible intérêt dans les consciences locales.

Ce n'est que grâce aux transformations induites par la légende des « contrastes » que la criminalité inhérente à la ville et l'absence de civilité qui en découlait purent devenir des objets de fierté, la manifestation d'une « énergie » : si vous réussissiez ici, vous pourriez réussir n'importe où[1], salut les gogos, ouvrez un peu les yeux[2]. Ceux qui ne décrochaient pas la bonne affaire, qui achetaient au détail, qui ne savaient pas comment faire sauter leurs factures d'électricité, étaient méprisés, considérés comme des provinciaux,

---

1. Détournement des paroles de la chanson *New York, New York* : « *If I can make it there, I'll make it anywhere.* »
2. *Hello sucker, get smart* : expressions populaires issues du cabaret new-yorkais.

des banlieusards, des ploucs qui n'avaient pas ce qu'il
fallait pour ne pas se faire avoir. « Le cauchemar de
tous les touristes est devenu réalité pour un couple du
Maryland en week-end quand le mari s'est fait passer
à tabac et dépouiller sur la Cinquième Avenue devant
la Trump Tower », commençait un article du *New York
Post* au cours de l'été 1990. « Vous croyez qu'on vient
d'où, de l'Iowa ? » disait dans un enregistrement vidéo
le procureur qui recueillit le témoignage de Robert
Chambers pour faire comprendre à ce dernier qu'il
doutait de sa version des faits dans la mort de Jennifer
Levin. « Ils s'en prennent à de pauvres gens comme
vous qui n'êtes pas d'ici, ils visent les touristes »,
expliqua un employé du magasin d'informatique de la
46ᵉ Rue Ouest où mon mari et moi nous étions réfugiés
pour échapper à trois hommes qui voulaient nous
agresser. Mon mari dit que nous vivions à New York.
« C'est pour ça qu'ils vous ont pas eus, dit l'employé,
prenant en compte cette nouvelle information comme
si de rien n'était. C'est pour ça que vous avez été assez
rapides. »

La légende nous réconforte, en d'autres termes, en
nous assurant que le monde est connaissable, et même
plat, et que New York en est le centre, le moteur, sa
dangereuse mais vitale « énergie ». « La famille tragi-
quement agressée adorait New York », disait la une du
Times en référence à l'affaire du meurtre, en septembre
1990, à la station de métro de la Septième Avenue de
la ligne IND, d'un touriste originaire de l'Utah âgé de
vingt-deux ans. Le jeune homme, ses parents, son frère
et sa belle-sœur étaient venus assister à l'US Open et se
rendaient apparemment en centre-ville pour dîner dans

un restaurant marocain. « New York, pour eux, était l'endroit le plus fantastique au monde », avait déclaré, comme le rapportait la presse, une amie de la famille dans l'Utah. Puisque la légende exige que le reste du pays fournisse un contraste saisissant à New York, la ville de l'Utah d'où venait la famille était décrite par le *Times* comme un endroit où « la vie s'écoule au rythme paisible de l'université Brigham Young » et où « on ne compte qu'un meurtre par an en moyenne ». Il s'agissait en fait de la ville de Provo, là où Gary Gilmore avait tué le gérant de motel, dans la vraie vie et dans *Le Chant du bourreau*. « Elle adorait New York, elle adorait cette ville, déclara au *Times* une amie de la joggeuse après son agression. Je crois qu'elle aimait sa vitesse, son esprit de compétition. »

New York, concluait le *Times*, « insufflait sa vigueur » à la joggeuse, « était à la hauteur de son énergie ». A une période où la ville était pour ainsi dire inerte, où quarante mille emplois s'étaient volatilisés sur les marchés financiers et où les anciens traders vendaient à présent des chemises au rayon hommes de chez Bergdorf Goodman, où le pourcentage de remboursements d'emprunts impayés avait doublé, où 15 à 20 millions de mètres carrés de bureaux demeuraient inoccupés (20 millions de mètres carrés de bureaux inoccupés, c'est l'équivalent de quinze tours du World Trade Center désertes) et où même certains locaux idéalement placés du point de vue commercial sur Madison Avenue autour de la 70e Rue étaient fermés, vides ; à une période où l'argent avait fui tous les marchés et où les Européens qui avaient prêté à la ville leur élan et leur capital au cours des années 80 avaient plié bagage, disparu pour

de plus souriantes contrées, cette idée de l'« énergie »
de la ville était apaisante, comme l'était la mobilisation
forcée de « la criminalité » dans le rôle du problème
principal.

3

L'étendue des dommages infligés par le krach des
marchés financiers new-yorkais en octobre 1987 aux
illusions d'une reprise et d'une croissance invincibles
sur lesquelles la ville avait fonctionné pendant les années
80 avait été difficile à estimer au début. « New York vit
une période d'ascension, avait déclaré dans son rapport
de 1987 la Commission de la ville de New York pour
l'an 2000, créée durant le mandat d'Edward Koch pour
refléter les plus fécondes réflexions des diverses institutions commerciales et politiques de la ville. L'économie de la ville est plus forte qu'elle ne l'a jamais été
depuis des décennies, portée par sa propre résilience et
par l'économie nationale ; New York est plus que jamais
la capitale internationale de la finance et la clé de voûte
de l'économie américaine. »

Et puis soudain, avaient peu à peu fini par
comprendre ses citoyens, ce n'était plus le cas. Cette
appréhension que quelque chose allait « de travers » à
New York avait été insidieuse, une maladie lente à se
déclarer, détectable au début seulement pendant les
périodes de rémission temporaire. Les pertes qui pouvaient donner l'impression d'être le problème (peut-être
même bien mérité) de quelqu'un d'autre, quand les marchés entrèrent dans la phase initiale de leur effondrement en 1987, et d'être encore plus inconséquentes à

mesure que les marchés paraissaient remonter la pente, avaient commencé, de manière imperceptible mais inexorable, à infléchir la tonalité de la vie quotidienne. En avril 1990, certaines personnes vivant à New York ou dans sa région exprimaient, dans des interviews données au *Times*, une angoisse considérable et leur crainte de cette angoisse même : « Je suis extrêmement inquiet, parce que je n'ai plus une vie aussi flexible qu'avant, disait l'un. Je me demande souvent : "Etait-ce de la folie de venir ici ?" » « Les gens ont le sentiment qu'une catastrophe imminente menace leur avenir », disait un psychologue. Les gens étaient « frustrés », « en état de détresse absolue », « pris au piège », « en colère », « terrifiés » et « au bord de la panique ».

C'était une panique qui semblait à bien des égards spécifique à New York, et inexplicable partout ailleurs. Même par la suite, quand les problèmes de New York furent devenus un thème banal, les Américains originaires de lieux moins touchés par la dépression avaient du mal à saisir la nature de ces problèmes et avaient tendance à en rejeter la faute, comme avaient fini par le faire les New-Yorkais eux-mêmes, sur « la criminalité ». « Fuir New York », titrait en une le *New York Post* du 10 septembre 1990. « La déferlante de criminalité suscite la terreur chez 59 % des habitants. La plupart ont envie de quitter la ville, selon un sondage Time/CNN. » Ce sondage parut dans le numéro du 17 septembre 1990 du magazine *Time*, dont l'accroche en couverture annonçait « La Grosse Pomme est en train de pourrir ». « L'explication ? Une prolifération de la drogue et de la violence criminelle que le gouvernement paraît totalement incapable d'endiguer », analysait l'article. Les journalistes new-yorkais parlaient de leur ville comme d'un « égout ». Le *Times* publia un article déplorant le vol du sac à main Hermès d'Elizabeth Rohatyn devant Arcadia, un restaurant de la 62ᵉ Rue Est qui avait paru incarner pendant un temps le cœur même de ce New York dont tout le monde avait la nostalgie, le New York où l'on pouvait gagner et dépenser sans trop se soucier de ce qu'on possédait ou non, le New York duty-free ; le fait que la victime en l'occurrence fût l'épouse de Felix Rohatyn, le banquier qui passait pour le grand sauveur de la ville au moment de la crise financière du milieu des années 70, était pour beaucoup d'une éclatante ironie.

Cette question de la criminalité était épineuse. En réalité, huit villes américaines avaient un taux d'homicides plus élevé, 12 % pour le taux de criminalité en général. C'était un phénomène qui allait de soi depuis longtemps dans les zones les moins privilégiées de la ville, et qui était devenu, au cours des années 70, avec l'augmentation du chômage et des coûts de maintenance, et à mesure que des quartiers autrefois prospères étaient désertés, incendiés et livrés à qui voulait s'en emparer, endémique. « Dans certains quartiers pauvres, le crime devint presque un mode de vie », remarquait Jim Sleeper, journaliste à *Newsday* et auteur de *Notre plus proche étranger : Le libéralisme et la politique raciale à New York*, à propos de la désintégration sociale qui eut lieu pendant cette période :

(…) une sous-culture de la violence qui avait des implications matérielles et affectives complexes au sein des familles et plus généralement de la communauté des « honnêtes citoyens ». Les commerçants

en proie aux difficultés pouvaient par exemple
« fermer les yeux » sur des marchandises volées,
fournissant ainsi aux cambrioleurs et aux voleurs
une échappatoire et une incitation à continuer ;
l'économie de la drogue gagna en vigueur, remode-
lant le style de vie des criminels et mettant au sup-
plice la loyauté de leurs familles et de leurs amis.
La moindre promenade dans une rue même assez
animée d'un quartier pauvre et communautaire en
pleine journée pouvait se transformer en un périple
angoissant dans un paysage étrange et funeste.

Ce qui paraissait sensiblement différent une décennie
plus tard, ce qui faisait de la criminalité une « histoire »,
c'était que les citoyens de New York les plus privilégiés, et surtout parmi la population blanche, se sentaient
désormais angoissés en pleine journée même dans leurs
propres quartiers. Alors que les statistiques de la police
de New York montraient que les New-Yorkais blancs
n'étaient en réalité pas plus menacés de dangers mortels
qu'auparavant (l'augmentation du nombre d'homicides
entre 1977 et 1989, de 1 557 à 1 903, concernait exclusivement des victimes que la police rangeait sous la
catégorie hispanique, asiatique ou noire ; le nombre de
Blancs victimes de meurtres avait sans cesse décru, passant de 361 en 1977 à 227 en 1984 et 190 en 1989),
l'appréhension de tels dangers, exacerbée par les vols
à l'arraché, les agressions, et l'idée fort commode que
tout jeune en sweat-shirt à capuche, les mains enfoncées
dans les poches, était un prédateur potentiel, s'était
généralisée. Ces New-Yorkais plus privilégiés se sentaient désormais angoissés non seulement dans la rue,
où la nécessité de recourir à des stratégies d'évitement

était devenue une épuisante constante, mais même dans les immeubles les plus isolés et protégés. Tandis que les résidents de ces immeubles, propriétaires d'appartements de douze, seize ou vingt-quatre pièces, regardaient leurs ficus en pot disparaître des trottoirs en bas de chez eux, des graffitis surgir sur le calcaire de leurs murs et les débris de verre des pare-brise de voiture partir avec le ramassage des ordures, il était devenu de plus en plus facile d'imaginer l'issue d'une confrontation entre, mettons, le portier de nuit et six élèves renvoyés du lycée Julia Richman de la 67e Rue Est.

Et pourtant, ces New-Yorkais qui avaient parlé au *Times* en avril 1990 de leur perte de flexibilité, de leur panique, de leur détresse, de leur colère et de leur impression d'une catastrophe imminente, ne parlaient pas de drogue, ni de criminalité, ni d'aucun des maux plus médiatisés et dans une certaine mesure exagérés dont souffrait la ville. C'étaient des gens qui, pour la plupart, ne pouvaient pas se payer d'appartement de douze ou de seize pièces, ni de portier, ni le luxe de projeter leurs frayeurs. Ces gens parlaient au contraire de peurs immédiates, d'argent, de la chute vertigineuse de la valeur de leurs maisons, de leurs appartements, de leurs copropriétés, de la possibilité ou de la probabilité d'une saisie, de la faillite ; ils parlaient, implicitement, de leurs craintes d'être abandonnés, comme tant d'autres qu'ils voyaient tous les jours, laissés pour compte, dehors, dans le froid, dans la rue.

Dans un tel climat, bon nombre des questions qui avaient mobilisé l'attention de la ville en 1987 et 1988, par exemple la question de savoir si Mortimer Zuckerman devait être « autorisé » à construire deux tours de bureaux de cinquante-huit étages sur le site de ce qui est aujourd'hui le Coliseum, paraissaient rétrospectivement dérisoires, préoccupations baroques de jours meilleurs. « Ce serait de la folie pure de commencer des travaux maintenant, déclara au *New York Observer* un vice-président du cabinet de conseil en immobilier Cushman and Wakefield à propos du retard du projet Coliseum, qui avait du reste perdu son principal locataire putatif, le cabinet Salomon Brothers, peu après le lundi noir de 1987. Ce serait du suicide. Autant s'asseoir dans un bain et se trancher les veines. » Ce genre de peurs étaient, pour un certain nombre de raisons, moins faciles à intégrer dans la légende que la peur du crime.

L'imposition d'une légende sentimentale, ou fausse, sur l'expérience disparate et souvent hasardeuse que constitue la vie d'une ville ou d'un pays signifie, nécessairement, que la plupart des événements qui se produisent dans cette ville ou ce pays deviennent purement illustratifs, une série de scènes exemplaires, des prétextes à la performance. Le maire Dinkins pouvait, grâce à ce substitut symbolique à la vie civique, « briser le boycott » (le boycott de Flatbush, organisé pour mobiliser le ressentiment des commerçants coréens dans les quartiers noirs) en achetant pour une poignée de dollars de produits chez un épicier coréen de Church Avenue. Le gouverneur Cuomo pouvait « déclarer la guerre au crime » en demandant cinq mille policiers supplémentaires ; le maire Dinkins pouvait « surenchérir » en en demandant six mille cinq cents. « Cette salope de Blanche allait dans le parc chercher de l'Africain », pouvait dire une femme noire, d'une voix forte mais sur le ton de la conversation, dans les couloirs de la salle d'audience où, durant l'été 1990, les trois premiers accusés de l'agression de Central Park, Antron McCray, Yusef Salaam et Raymond Santana étaient jugés pour tentative de meurtre, coups et blessures, sodomie et viol. « Son petit ami lui défonce la gueule, et ils reprochent ça à nos enfants », pouvait continuer cette femme, puis, à propos d'un jeune homme avec qui la victime avait à une époque partagé la location d'un appartement : « Et le coloc alors, on a analysé son sperme, à lui ? Non. Il est blanc. Ils se font pas ça entre eux. »

Des regards furtifs pouvaient alors s'échanger entre les journalistes, les producteurs, les dessinateurs, les photographes, les cameramen, les techniciens et les stagiaires qui se rassemblaient chaque jour au 111 Centre Street. On pouvait sortir son téléphone portable, pour montrer son indifférence. On pouvait bavarder avec les officiers de police, pour montrer sa solidarité. La femme pouvait alors élever la voix : « Les Blancs, c'est tous des diables, même ceux qui sont pas encore nés, c'est des *diables*. Des petits *démons*. Je les comprends pas, ces diables, j'ai l'impression qu'ils s'imaginent que c'est *leur tribunal*. » Les journalistes pouvaient fixer un point derrière elle, impassibles, sans croiser son regard, forme plus polie d'hostilité, et plus impitoyable aussi. La femme pouvait continuer sans se démonter mais en regardant ailleurs, ses yeux tombant sur un autre Noir, en l'occurrence un journaliste noir du *Daily News*, Bob Herbert. « Vous, pouvait-elle l'interpeller. Vous nous

faites *honte*. Allez-y. Faites la queue. Faites la queue
avec les Blancs. Regardez-les, tous en train de faire la
queue pour avoir leur place au premier rang pendant
que les miens ils sont dehors derrière des *barrières*...
parqués derrière des barrières comme du *bétail*... même
pas le droit d'entrer pour voir leurs fils se faire lyn-
cher... c'est un Africain que je vois dans cette file ? Ou
plutôt un *Nègre*. Oh, oh, pardon, chut, les Blancs
savaient pas, il faisait que *passer*... »

Dans une ville où les problèmes graves et semant
la confusion s'étaient généralisés – problème de ne pas
avoir, problème de ne pas y arriver, des problèmes qui
existaient de manière irréfutable, parmi les fous, les
malades, ceux qui étaient mal lotis et ceux qui étaient
dépassés, et de moins en moins liés à la couleur de la
peau –, l'affaire de la joggeuse de Central Park offrait
plus qu'un simple cadre sûr, ou structuré, dans lequel
les rages de toute sorte, et parfois sans grand rapport,
pouvaient se déverser. « Ce procès, annonçait le *Daily
News* dans sa page éditoriale un matin de juillet 1990,
à mi-parcours du procès des trois premiers accusés, va
bien au-delà du viol et de l'agression d'une jeune
femme. C'est le procès du viol et de l'agression d'une
ville. La joggeuse est le symbole de tout ce qui ne
marche pas ici. Et de tout ce qui marche, car elle est
rien moins qu'une source d'inspiration. »

Le *News* ne précisait pas la façon dont « le viol et
l'agression de la ville » se manifestaient, précision qui
n'était d'ailleurs pas nécessaire : c'était une ville dans
laquelle la menace ou la peur de l'agression était
devenue si immédiate que les citoyens étaient incités
à prendre leur propre défense, à former des patrouilles

et des milices citoyennes, comme à Beyrouth. C'était
une ville dans laquelle entre vingt et trente quartiers
avaient déjà confié leur sécurité, c'est-à-dire le droit
de déterminer qui appartenait au quartier, qui n'y
appartenait pas, et les mesures à prendre, aux Anges
Gardiens[1]. C'était une ville dans laquelle un groupe de
vigilance basé à Brooklyn, qui se faisait appeler les
Crack Busters et essayait, disait-on, de nettoyer le
quartier de Bedford-Stuyvesant de la présence de la
drogue, « mettrait un terme à un conflit » avant la fin
du mois de septembre en arrosant d'essence un van
abandonné et les trois citoyens sans logis qui vivaient
à l'intérieur et en y mettant le feu. C'était une ville
dans laquelle le *Times* interpréterait bientôt la crise
économique comme « une bonne chose pour la ville
en général », la bonne chose étant que, alors qu'on
estimait que de plus en plus de familles aux revenus
moyens et élevés voulaient quitter la ville, « la chute
du marché oblige bon nombre de ces familles à rester
à New York ».

Dans cette ville qui disparaissait à toute vitesse dans
le gouffre séparant sa vie réelle de ses légendes favo-
rites, ce que les gens disaient quand ils parlaient de
l'affaire de la joggeuse de Central Park finissait par
ressembler à une sorte de poésie, une façon d'exprimer,
de manière indirecte, des visions différentes, mais tout
aussi versatiles et occultes les unes que les autres, du
même désastre. L'une de ces visions, partagée par ceux
qui interprétaient l'agression de la joggeuse comme
l'exacte représentation de ce qui allait de travers

---

1. Les « Guardian Angels », fondés en 1979, sont une association internationale de patrouilles citoyennes non armées.

dans la ville, était celle d'une ville systématiquement
ravagée, violentée, violée par sa classe défavorisée. La
vision opposée, partagée par ceux qui interprétaient
l'agression de la joggeuse comme l'exacte représentation de leur propre victimisation, était celle d'une ville
où les faibles avaient été systématiquement ravagés,
violentés, violés par les puissants. Tant que cette
affaire occupait l'attention fébrile de la ville, ainsi, elle
offrait une légende à la détresse de celle-ci, un canevas
grâce auquel les véritables forces sociales et économiques à l'œuvre dans son agonie pouvaient être person-
nalisées et, au bout du compte, camouflées.

Ou plutôt, elle offrait deux légendes, mutuelle-
ment exclusives. Parmi les Noirs, surtout ceux dont
l'expérience ou la défiance à l'égard du système judiciaire pénal était telle qu'ils avaient tendance à ne pas
prendre en compte le fait que cinq des six accusés
avaient reconnu, à divers degrés, leur implication dans
l'agression, et à insister sur l'absence de preuves matérielles établissant un lien irréfutable entre cette victime
et ces accusés, l'affaire pouvait être interprétée comme
une confirmation, non seulement de leur victimisation
mais de la conspiration des Blancs au cœur, selon eux,
de cette victimisation. Pour l'*Amsterdam News*, qui ne
se rangeait pas automatiquement du côté de l'analyse
la plus radicale (à l'automne 1990, par exemple, le
journal félicitait le FBI pour sa politique de recrute-
ments au sein des minorités, et la Garde nationale de
Harlem pour son dynamisme et sa volonté affichée
d'aller dans le Golfe), les accusés pouvaient à cet égard
être perçus comme les victimes d'« un procès politique », d'un « lynchage légal », d'une affaire « biaisée

depuis le début » par « la presse blanche » qui avait décidé que « quiconque avait été arrêté et inculpé dans cette affaire de la tentative de meurtre, du viol et de la sodomie d'une jeune femme blanche, bien intégrée, intelligente, belle et prometteuse, était coupable, purement et simplement ».

Pour l'avocat Alton H. Maddox Jr., le message exprimé par cette affaire était que le système judiciaire pénal américain, qui était en tout état de cause « d'un racisme intrinsèque et sans scrupules », était incapable de « fonctionner équitablement, à quelque niveau que ce soit, quand un homme noir était accusé du viol d'une femme blanche ». Pour d'autres, le message était d'ordre plus général, et renforçait la mythologie fragile mais opérante de l'héroïsme du passé des Noirs, la légende qui permettait d'interpréter la domination européenne comme une réaction directe et vengeresse à la supériorité africaine. « Aujourd'hui, l'homme blanc est au pied du mur, confronté à ce qui se passe sur le Continent Noir, l'Afrique », écrivait Malcolm X.

Regardez les objets qu'on découvre là-bas, ils ne cessent de nous prouver que l'homme noir avait déjà de grandes civilisations, subtiles et sensibles, alors même que l'homme blanc n'était pas encore sorti de sa grotte. Au sud du Sahara, là où la plupart des ancêtres des Nègres d'Amérique furent kidnappés, les fouilles mettent au jour les plus beaux exemples d'artisanat, sculptures et autres objets, que l'homme moderne ait jamais vus. Certains de ces objets sont aujourd'hui exposés dans des endroits comme le Musée d'art moderne de New York City. Une orfèvrerie d'une solidité et d'un raffinement incomparables. Des objets anciens produits par la main de l'homme noir (...) tels qu'aucune main humaine ne pourrait égaler aujourd'hui.

L'histoire a été tellement « blanchie » par l'homme blanc que même les professeurs noirs n'en savent guère plus que le plus ignorant des hommes noirs sur les talents et la richesse des civilisations et des cultures de l'homme noir des millénaires passés...

« Notre fière reine africaine » : ainsi le Révérend Al Sharpton avait-il désigné Glenda Brawley, la mère de Tawana Brawley. « Elle a surgi de l'anonymat, surgi de l'obscurité, pour entrer dans l'histoire. » On disait, dans les couloirs du tribunal où Yusef Salaam était jugé, qu'il avait « l'allure d'un roi africain ».

« Ça ne fait plus aucune différence que l'agression de Tawana ait vraiment eu lieu ou non », avait confié William Kunstler au *New York Newsday* quand l'affaire présumée de Tawana Brawley, violée et torturée par un nombre indéterminé d'officiers de police blancs, sembla, en tant que crime avéré et passible de poursuites judiciaires, sinon comme fenêtre sur ce que les gens avaient besoin de savoir, se dématérialiser. « Si son histoire était une affabulation, inventée dans le but d'éviter que ses parents la punissent pour avoir découché, cela ne doit pas faire oublier le fait que beaucoup de jeunes femmes noires subissent bel et bien le sort qu'elle prétend avoir subi. » L'importance du caractère réel ou fictif de l'agression reposait intégralement, de ce point de vue, sur la « description » du crime, que Stanley Diamond, dans *The Nation*, définissait comme « un crime qui n'a pas eu lieu » mais qui avait été « décrit avec beaucoup d'astuce et une hystérie contrôlée par les protagonistes noirs comme le summum de l'avilissement, comme le modèle répugnant de ce qui arrive en effet à trop de femmes noires ».

Une bonne partie de ce qui se disait en marge de l'affaire de la joggeuse, dans les couloirs et dans les interventions d'auditeurs à la radio, semblait inspiré exclusivement par les soupçons de conspiration de plus en plus ancrés dans l'esprit de ceux qui s'estimaient impuissants. Un sondage commandé en juin 1990 par le *New York Times* et la chaîne WCBS-TV News révélait que 77 % des Noirs interrogés pensaient qu'il était « vrai » ou « vraisemblable » (par opposition à « presque certainement faux ») que le gouvernement des Etats-Unis « désigne et soumet à enquête les élus noirs afin de les discréditer comme il ne le fait pas avec les élus blancs ». 60 % pensaient qu'il était vrai ou vraisemblable que le gouvernement « s'arrange délibérément pour qu'il soit facile de se procurer de la drogue dans les quartiers noirs et pauvres afin de porter préjudice aux Noirs ». 29 % pensaient qu'il était vrai ou vraisemblable que « le virus du sida a été délibérément créé en laboratoire pour infecter les Noirs ». Pour chaque question, la réponse alternative à « vrai » ou « vraisemblable » était « presque certainement faux », ce qui en soi indiquait le peu de crédit accordé à la possible absence de toute conspiration. « La conspiration visant à détruire les jeunes Noirs est très complexe et intriquée, écrivait Jawanza Kunjufu, conseiller d'éducation à Chicago, dans *Lutter contre la conspiration visant à détruire les jeunes Noirs*, pamphlet publié en 1982 et augmenté depuis en un ouvrage en trois volumes.

Les complices de cette conspiration sont nombreux, depuis les personnalités les plus visibles, les plus évidentes, à leurs partenaires moins visibles, plus silencieux et plus difficiles à identifier.

Ceux qui adhèrent à la doctrine du racisme, de l'impérialisme et de la suprématie de l'homme blanc sont plus faciles à reconnaître. Ceux qui font la propagande active de la drogue et de la violence organisée sont des conspirateurs actifs et sont eux aussi plus faciles à identifier. Ce qui rend la conspiration plus complexe, ce sont les gens qui ne complotent pas ensemble à la destruction des jeunes Noirs mais qui, par leur indifférence, la perpétuent. Ce groupe de conspirateurs passifs se compose de parents, d'éducateurs et de Blancs de gauche qui nient être racistes mais qui, par leur silence, permettent au racisme institutionnel de perdurer.

Pour ceux qui partaient du principe qu'une conspiration visant à détruire les Noirs, et les jeunes Noirs en particulier, avait bel et bien été mise en œuvre, la croyance en l'innocence de ces accusés, la conviction que même leurs propres déclarations avaient été déformées à leurs dépens ou leur avaient été arrachées de force, était une conclusion logique. C'est dans les couloirs et sur les ondes que la conspiration prenait forme, par l'accumulation de détails fantasmés, contradictoires non seulement avec les faits avérés mais entre eux. On disait que la partie civile dissimulait des éléments prouvant que la victime était allée dans le parc pour voir un dealer. On disait, par ailleurs ou à l'inverse, que la partie civile dissimulait des éléments prouvant que la victime était allée dans le parc pour

participer à un rituel satanique. On disait que les photos
prises sur le lieu du crime montrant les traces de
l'agression sur son corps n'étaient pas de « vraies »
photos, que « ils », la partie civile, avaient « utilisé un
cadavre quelconque pour les photos ». On disait que
la jeune femme qui s'était présentée à la barre des
témoins comme étant la victime n'était pas la « vraie »
victime, que « ils » avaient, cette fois-ci, utilisé une
actrice.

Ce qui s'exprimait, dans tous les cas, c'était le sentiment qu'il devait y avoir certains secrets en jeu, que
« ils », ceux qui détenaient le pouvoir dans la salle
d'audience, possédaient certaines informations qu'ils
dissimulaient systématiquement – l'information étant
en elle-même une forme de pouvoir – à ceux qui ne
le détenaient pas. Le jour du verdict pour les trois
premiers accusés, C. Vernon Mason, qui n'était for-
mellement intervenu dans le procès, en tant qu'avocat
d'Antron McCray, que pendant la phase des délibérés
sur les termes de la condamnation, affirma, dans une
déclaration aussi fausse que sidérante déposée au dossier, que le petit ami de la victime, lequel n'avait pas,
à cette date, été appelé à témoigner, était noir. Le fait
que certains Blancs s'empressèrent de prendre cette
affirmation pour argent comptant (Gail Collins, journaliste au *Daily News*, écrivit que Mason avait utilisé
« l'argument le plus immonde qu'on ait entendu
jusqu'ici, en annonçant que la joggeuse avait un amant
noir ») ne faisait que renforcer l'impression du fossé
racial qui sous-tendait cette déclaration, laquelle
n'avait aucun sens ni aucun poids, sinon dans la perspective profondément viscérale selon laquelle les
Blancs conspiraient en secret pour enfoncer les Noirs

dans la misère. « Ils sont où les junkies, à ton avis ? ai-je entendu un spectateur noir demander à un autre au moment de quitter la salle d'audience. Je vais te dire où ils sont, moi : dans les quartiers pauvres, voilà où ils sont. » Il avait sur lui un opuscule dont le scénario décrivait comment le gouvernement avait mis en œuvre une conspiration visant à exterminer les Noirs en inondant leurs quartiers de drogue, scénario qui touchait à tous les points familiers, le Laos, le Cambodge, le Triangle d'or, la CIA, toujours plus de secrets, toujours plus de poésie.

« Je le répète depuis le début, ce n'est pas une affaire raciale », déclara Robert Morgenthau, le procureur de Manhattan, après l'annonce du verdict lors du premier procès de la joggeuse. Il parlait de ceux qui, selon lui, voulaient « diviser les races et servir leurs propres objectifs », et du « tort » que causaient à la ville ceux qui avaient « cherché à exploiter » cette affaire. « Nous avions espéré que les tensions raciales autour du procès de la joggeuse commenceraient à se dissiper très vite après le verdict du jury », disait un éditorial du *Post* quelques jours plus tard. L'article parlait d'une « clique répugnante d'"activistes" », de « l'atmosphère de division » qu'ils avaient créée, et de l'impatience avec laquelle les citoyens de la ville avaient attendu que « les principaux leaders noirs » se félicitent d'un verdict qui avait « sauvé New York du chaos criminel » :

Hélas, dans l'affaire de la joggeuse, cette attente fut vaine. Au lieu de louanges pour un verdict qui démontrait que, parfois, les criminels sont arrêtés et punis, les New-Yorkais ont entendu des charlatans comme le Révérend Al Sharpton prétendre que le procès avait été manipulé. Ils ont appris que C. Vernon Mason, l'un des instigateurs de la super-cherie Tawana Brawley – l'avocat qui pense que le maire Dinkins porte « trop de kippas » –, avait l'intention de faire appel…

Pour ceux qui préféraient voir dans la ville une communauté dynamique et productive par essence, gou-vernée par le jeu naturel de ses éléments contradictoires, enrichie, comme dans la « magnifique mosaïque » du maire Dinkins, par ses « contrastes » mêmes, cette affaire présentait un certain nombre d'éléments utiles. Il y avait la confirmation que « la criminalité » était le cancer qui rongeait la vie de la ville. Il y avait, dans la soirée de prédation aveugle décrite par les agresseurs d'East Harlem et dans l'évidence de l'innocence et du malheur de la victime de l'Upper East Side et de Wall Street, une représentation étrangement exacte et commodément personnalisée de ce que le *Daily News* avait appelé « le viol et la brutalisation d'une ville ». Aux journalistes qui couvraient le procès, que leurs propres conventions narratives poussaient à parler de « policiers héroïques » et de « procureurs courageux » combattant main dans la main « le crime » (la « Tra-gédie secrète de la courageuse avocate de la jog-geuse », apprenait-on dans le *Post* quelques jours après l'annonce du verdict dans le premier procès, était que « Son couple se brisait tandis qu'elle envoyait les violeurs derrière les barreaux »), la répétition et le ren-forcement de ces éléments semblaient inspirer un enthousiasme à toute épreuve, et ils paraissaient résister de manière tout aussi résolue, voire se montrer hostiles, à l'idée d'analyser le point de vue de la famille, des amis et des alliés personnels ou politiques des accusés (ou, comme on les appelait dans la presse, leurs « supporters ») qui se rassemblaient chaque jour à l'autre bout du couloir menant à la salle d'audience.

Cela paraissait curieux. Les affaires criminelles sont généralement considérées par les journalistes américains comme des fenêtres sur la ville ou la culture dans laquelle elles se produisent, des occasions de pénétrer non seulement dans des foyers mais dans des lieux de la culture d'habitude fermés, et pourtant, dans cette affaire-ci, l'indifférence au monde des accusés touchait jusqu'à leurs noms et professions. La mère de Yusef Salaam, qui était jeune, photogénique et de type européen, était si souvent prise en photo qu'elle et son fils devinrent des « images » instantanément reconnaissables du procès Joggeuse Un, et néanmoins, personne n'arrivait à s'entendre sur son nom. Pendant un moment, dans les journaux, elle fut « Cheroney », ou parfois « Cheron*a*y », McEllhonor, puis elle devint Cheroney McEllhonor Salaam. Après son témoignage, l'orthographe de son nom fut changée en « Sharonne », même si, puisqu'elle avait signé un article dans l'*Amsterdam News* sous une orthographe différente, « Sharronne », c'était peut-être là un malentendu de plus. Quant à sa profession, elle était souvent qualifiée de « designer » (par la suite, après la condamnation de son fils, elle fut engagée comme assistante juridique pour William Kunstler), mais personne ne semblait prendre cette information assez au sérieux pour dire ce qu'elle designait exactement, ni pour qui ; ce n'est qu'après son témoignage, quand *Newsday* rapporta ses déclarations selon lesquelles, le soir où son fils avait été arrêté, elle était arrivée tard au commissariat parce qu'elle donnait un cours à l'école de design Parsons, que la notion de « designer » sembla devenir suffisamment concrète pour mériter d'être considérée comme une vraie occupation.

Les accusés du procès Joggeuse Un étaient souvent traités de « voyous » dans les colonnes du *Post*. Les journalistes disaient souvent des accusés et de leurs familles qu'ils étaient « sarcastiques ». (Tandis qu'à l'autre bout du couloir, on disait des journalistes qu'ils étaient « méprisants ».) « Nous n'avons pas, loin de là, la moindre interrogation quant à la culpabilité ou l'innocence des accusés comme dans l'affaire de Bensonhurst », confia au *New York Observer* un journaliste de *Newsday* qui couvrait le premier procès de la joggeuse, bien avant les plaidoiries, pour expliquer pourquoi la couverture de *Newsday* pouvait paraître beaucoup moins importante sur ce procès que sur celui de Bensonhurst. « Il n'y a pas vraiment de doute sur ce qui s'est passé à Central Park ce soir-là. Il manque certains détails, mais dans l'ensemble on voit bien qui a fait quoi à qui. »

On touchait là au cœur de l'affaire : l'idée que, d'après les déclarations enregistrées sur vidéo, on voyait bien qui avait fait quoi à qui était précisément l'élément libérateur de l'affaire, la circonstance permettant à bon nombre des citoyens de la ville de dire et de penser ce qu'ils auraient pu, sans cela, ne jamais exprimer. Contrairement à d'autres affaires récentes très médiatisées à New York, contrairement à Bensonhurst, à Howard Beach et à Bernhard Goetz, dans celle-ci, la question, non pas de la race mais plutôt d'une sous-classe de plus en plus visible, pouvait être abordée par la classe moyenne, chez les Noirs comme chez les Blancs, sans culpabilité. C'était une affaire qui donnait à cette classe moyenne l'occasion de transférer et d'exprimer ce qui était à l'évidence devenu une colère croissante et jusqu'alors inavouable face aux désordres de la ville, face à l'ensemble des maux et des culpabilités embarrassantes qui venaient à l'esprit dans une ville où des familles entières dormaient sur les cartons dans lesquels avaient été livrés des réfrigérateurs Sub-Zero flambant neufs, pour 2 600 dollars, à des familles plus aisées. C'était aussi une affaire, de façon plus significative, dans laquelle même cette rage transférée pouvait l'être encore d'un cran, voilée, personnalisée : une affaire qui pouvait donner l'impression que la détresse de la ville n'avait pas vraiment pour origine sa sous-classe mais plutôt certains individus identifiables qui prétendaient parler au nom de cette sous-classe, des individus qui, pour reprendre les termes de Robert Morgenthau, « cherchaient à exploiter » cette affaire, à « servir leurs propres objectifs » ; des individus qui voulaient même « diviser les races ».

Si les problèmes de la ville pouvaient être interprétés comme les perturbations délibérées d'une communauté naturellement unie et harmonieuse, une communauté dans laquelle, quand ils n'étaient pas perturbés, les « contrastes » généraient une « énergie » peut-être dangereuse mais vitale, alors ces problèmes étaient gérables, et pouvaient être résolus, comme « la criminalité », par l'appel à « une meilleure politique ». On pouvait trouver une immense raison de se rassurer, au vu d'une telle trame narrative, dans la diabolisation du Révérend

Al Sharpton, dont la présence dans les parages de certaines affaires qui l'intéressaient avait un effet polarisateur tendant à renforcer la légende. Jim Sleeper, dans *Le Plus Proche Étranger*, décrivait l'une des quinze marches organisées par Sharpton dans le quartier de Bensonhurst après le meurtre en 1989 d'un adolescent de seize ans d'East New York, Yusuf Hawkins, qui était venu à Bensonhurst et s'était fait agresser, à coups de batte de base-ball, puis par balle, par un groupe de jeunes Blancs.

Sur une photo parue dans le *Daily News* du 27 août 1989 montrant le Révérend Al Sharpton et une clique de jeunes Noirs marchant dans Bensonhurst en signe de protestation après la mort de Hawkins, on se rend compte qu'ils ne « marchent » pas vraiment. Ils avancent en titubant, groupés, baissant la tête sous le déluge de haine qui s'abat sur eux, les yeux écarquillés, s'accrochant les uns aux autres et à Sharpton, terrifiés. Eux aussi sont des innocents – du moins ils l'étaient jusqu'à ce jour, dont ils se souviendront toute leur vie. Et comme Sharpton est avec eux, tête baissée, l'expression de son visage indiquant qu'il sait ce qu'ils éprouvent, il est dans le cœur de tous les Noirs de New York.

Pourtant, quelque chose cloche dans cette photo. Sharpton n'a pas invité ni prévenu les leaders de la communauté de Bensonhurst qui voulaient prendre part à la marche. Ces leaders n'ayant pas eu le temps de s'organiser comme ils l'auraient dû pour contenir les voyous qui brandissaient des pastèques ; les leaders noirs plus respectables que Sharpton n'ayant pu recruter des Blancs dans toute la ville pour

infiltrer la marche, Sharpton était assuré que les
voyous auraient le dernier mot. A plusieurs reprises,
il alla même jusqu'à les provoquer en leur envoyant
des baisers...

« Je savais que Bensonhurst clarifierait la question
de savoir si c'était un incident racial ou pas », déclarait
Sharpton pour expliquer, dans un récent documentaire
de l'émission *Frontline*, sa stratégie à Bensonhurst.
« Le fait que ma présence soit si controversée à Bensonhurst les a aidés à oublier qu'il y avait des caméras,
disait-il. Alors j'ai décidé de les aider (...). Je leur
envoyais des baisers, et ça les rendait hystériques. »
Une histoire drôle circulait peu après le premier procès
de la joggeuse : *Question : Tu es dans une pièce avec
Hitler, Saddam Hussein et Al Sharpton. Tu n'as que
deux balles dans ton revolver. Sur qui est-ce que tu
tires ? Réponse : Sur Al Sharpton. Deux fois.*
Sharpton ne correspondait pas exactement au rôle
que New York assigne d'habitude, pour le confort
maximum du public, aux personnalités noires. A bien
des égards, il ressemblait à un fantasme, quelqu'un chez
qui l'instinct du lien entre religion, politique et show-
business était si inné qu'il avait été toute sa vie l'incarnation des espoirs et des craintes d'autres gens. Il avait
prononcé ses premiers sermons à l'âge de quatre ans. Il
partait en tournée avec Mahalia Jackson à onze ans.
Pendant son adolescence, selon Robert D. McFadden,
Ralph Blumenthal, M.A. Farber, E.R. Shipp, Charles
Strum et Craig Wolff, les journalistes et rédacteurs
en chef du *New York Times* qui cosignèrent *Scandale : Dans les coulisses de l'affaire Tawana Brawley*,

Sharpton fut parrainé d'abord par Adam Clayton
Powell Jr.[1] (« Tu dois sentir quand c'est le moment d'y
aller, quand c'est le moment de lâcher, et au moment
de lâcher, ne pas insister », lui disait Powell), puis par
le Révérend Jesse Jackson[2] (« A partir du moment où
tu as ouvert le gaz, tu les cuis ou tu les brûles », lui
disait Jackson), et pour finir, après qu'il eut obtenu une
bourse de Bayard Rustin[3] et fait campagne pour Shirley
Chisholm[4], par James Brown. « Un jour, suivant Brown
à la trace, il traversa un couloir, franchit une porte et
se retrouva, stupéfait, sur une scène inondée par la
lumière des projecteurs, rapportaient les auteurs de
Scandale. Il se mit aussitôt à gesticuler et à danser. »

C'est peut-être ce talent pour capter la lumière et le
moment, ce penchant fatal pour les gesticulations et
la danse, qui disqualifiait le plus Sharpton dans le rôle
du Bon Nègre, l'honneur de sa race, la personnalité
exemplaire, quoique souvent fantasmée, dont les
manières raffinées et la grammaire irréprochable pouvaient être mises en avant, et qui pouvait faire figure,
comme le maire Jimmy Walker avait dit à propos du
boxeur Joe Louis, de « rose sur la tombe d'Abraham

---

1. Député de Harlem, figure de la lutte pour les droits civiques
des Noirs dans les années 60.

2. Révérend, militant pour les droits civiques des Noirs à partir
des années 70, candidat à la nomination démocrate lors des prési-
dentielles de 1984, 1988 et 2004.

3. Militant pour les droits civiques dans les années 60, conseiller de Martin Luther King, principal organisateur de la marche sur
Washington en 1963.

4. Première femme noire élue au Congrès américain en 1968,
première femme noire candidate à la nomination démocrate lors
de la présidentielle de 1972.

Lincoln ». Il ne restait plus, donc, qu'à faire endosser
à Sharpton – et pour ce dernier, à endosser lui-même –
le costume du Nègre Scandaleux, le rôle familier
– assigné soixante ans plus tôt à Father Divine[1] et trente
ans plus tard à Adam Clayton Powell – de l'imposteur
au fond peu gênant dont la première préoccupation
était son propre intérêt. Il fut déclaré par exemple à
plusieurs reprises, pendant les dix jours de délibération
du premier procès de la joggeuse, que Sharpton avait
décidé d'attendre l'annonce du verdict non pas au
111 Centre Street mais dans le bureau « confortable
et climatisé » de C. Vernon Mason, où on pourrait
l'appeler sur son biper.

Sharpton, disaient souvent les Blancs mais aussi certains Noirs, « ne représentait personne », était une
personnalité « autoproclamée » qui se livrait à son
« autopromotion ». Il « exploitait » les Noirs et « leur
faisait plus de mal que de bien ». Il fut souligné qu'il
avait été mis en examen par l'Etat de New York en
juin 1989 pour vol qualifié. (Il fut par la suite acquitté.)
Il fut souligné que le *New York Newsday*, sur la base
d'informations apparemment fournies par les agences
policières fédérales, avait révélé en janvier 1988 que
c'était un informateur fédéral, et que lui-même avait
reconnu avoir autorisé le gouvernement à le mettre sur
écoute dans le cadre d'une opération antidrogue. On
disait fréquemment, ce qui était le plus révélateur dans
une légende fondée sur la capacité magique des « leaders » à améliorer le sort de tous, que ce n'était « pas

---

1. De son vrai nom George Baker, révérend des années 10 aux
années 60, « scandaleux » entre autres parce qu'il prétendait être
Dieu en personne.

le bon leader », « pas du tout le leader dont la communauté noire a besoin ». Ses tenues vestimentaires et son allure physique étaient tournées en ridicule (*Esquire* demanda à mon mari de réaliser une interview de Sharpton pendant qu'il se faisait décrêper les cheveux), ses motivations étaient l'objet de moqueries, et sa tactique, celle d'un joueur extrêmement sophistiqué dont l'une des meilleures cartes était le mépris généralisé qu'il inspirait, n'était pas très bien comprise.

Les Blancs avaient tendance à penser, et à dire, que Sharpton « utilisait » la question raciale – ce qui, dans la mesure où toute action politique est fondée sur l'« utilisation » de telle ou telle question, était à l'évidence le cas. Les Blancs avaient aussi tendance à le trouver destructeur et irresponsable, indifférent à la réalité et à la sensibilité des Blancs – ce qui, là encore, notamment dans sa façon d'exploiter l'affaire Tawana Brawley, fantasme primaire dans lequel des hommes blancs étaient accusés d'un crime dont Sharpton savait peut-être parfaitement que c'était une supercherie, était à l'évidence le cas. Ce qui ne semblait pas du tout compris, c'était que pour Sharpton, qui n'avait aucun intérêt à rendre le problème plus facile à gérer (« La question est de savoir si on veut "apaiser" ou "soigner" », avait-il répondu quand on lui avait demandé si ses marches n'allaient pas contre « l'apaisement des tensions » à Bensonhurst), le fait qu'on puisse démontrer de temps à autre que les Noirs et les Blancs avaient des intérêts divergents ne signifiait absolument pas qu'il faille trouver une solution pour améliorer les choses. Ces intérêts divergents étaient au contraire une formidable opportunité, une arme politique toute prête, une façon saisissante d'illustrer qui avait le pouvoir et qui ne l'avait pas, qui s'en sortait et qui restait sur le bord de la route ; une métaphore du sentiment de victimisation éprouvé non seulement par les Noirs mais par tous ceux que Sharpton appelait « l'opposition des laissés-pour-compte ». *Nous détenons le pouvoir*, proclament les incantations de « Sharpton et Fulani à Babylone, Volume I : La Bataille de New York », une cassette des discours de Sharpton et de Leonora Fulani, dirigeante du Parti de la Nouvelle Alliance[1]. *Nous sommes le peuple élu. Né de la douleur. Nous qui ne pouvons même plus parler ensemble. Avons appris à marcher ensemble.*

« Je ne suis pas sûr que l'opinion que j'avais d'Al Sharpton il y a un an ou deux soit toujours valable », confiait à Howard Kurtz du *Washington Post* en septembre 1990 Jerry Nachman, le rédacteur en chef du *New York Post*, qui avait souvent critiqué Sharpton. « J'ai passé pas mal de temps dans la rue. Il y a beaucoup de colère, beaucoup de frustration. A tort ou à raison, il exprime peut-être beaucoup plus l'attitude générale que certains d'entre nous ne le pensions. » Wilbert Tatum, éditeur et rédacteur de l'*Amsterdam News*, essaya d'expliquer à Kurtz que, selon lui, on avait fait endosser à Sharpton le rôle de « caricature de dirigeant noir » :

Il était gros. Il portait des joggings. Il portait une médaille et des chaînes en or. Et, faute impardonnable

---

1. « New Alliance Party » : Parti d'inspiration « socialiste » et « marxiste » revendiquée, fondé en 1979 et dissous en 1994, opposé au système bipartisan et représentant des minorités « marginalisées » de la vie politique.

entre toutes, il avait les cheveux décrêpés. Les
médias blancs, peut-être de manière inconsciente,
disaient : « On va mettre ce type en avant parce qu'il
va nous permettre de montrer le ridicule et la médio-
crité des dirigeants noirs. » Al comprenait parfaitement ce qu'ils faisaient, parfaitement. Al est sans
doute le plus génial tacticien que ce pays ait jamais
produit…

Les Blancs disaient souvent, en guise d'argument
décisif, que Sharpton payait ses manifestants ; le
chiffre avancé était en général 5 dollars (en novembre
1990, quand Sharpton réunit des manifestants pour
protester contre le meurtre d'une femme noire accusée
d'avoir saisi la matraque d'un policier suite à une dispute conjugale, un témoin de la police affirma au *Post*
que le tarif était passé à 20 dollars), mais le chiffre
évoqué par un avocat de la partie civile dans l'affaire
de la joggeuse était 4 dollars. Cela semblait, à plusieurs
niveaux, relever d'un malentendu, d'une aliénation, ou,
comme disaient les Noirs, d'un irrespect, trop profond
pour être résolu, mais au niveau le plus simple, cela
révélait quelle valeur attribuaient les Blancs à l'idée
qu'ils se faisaient de la notion du temps chez les Noirs.

A l'automne 1990, les quatrième et cinquième des
six accusés de l'agression de Central Park, Kevin
Richardson et Kharey Wise, furent jugés. Dans la
mesure où cette légende particulière avait atteint sa
pleine résolution, ou sa catharsis, avec la condamnation
des trois premiers accusés, l'intérêt de la ville pour
cette affaire s'était déjà en grande partie dissipé.

Les « charlatans » qui avaient cherché à « exploiter »
l'affaire avaient été relégués, jusqu'au jour où ils rede-
viendraient utiles, à l'arrière-plan. Même le verdict de
ce deuxième procès, qui coïncida avec la énième arrestation de John (« le Don Dandy ») Gotti, figure éter-
nellement populaire de la scène new-yorkaise, ne fit
pas la une de la presse locale. C'est en fait l'économie
elle-même qui était devenue le centre d'intérêt dans la
nouvelle – et pourtant déjà familière – légende de
la ville : légende dans laquelle la ville dynamique mais
assiégée serait ou non capable de survivre à une
« crise » de plus (la réponse fut un oui retentissant) ;
légende, ou rêve, qui mettait l'accent non seulement
sur la nature cyclique de ces « crises » mais sur le
pouvoir régénérant des « contrastes » de la ville.
« Avec sa population migratoire, la diversité de ses
cultures et de ses institutions, et l'ampleur de ses ressources structurelles, financières et intellectuelles,
New York est depuis un siècle la quintessence de la
ville moderne, qui se réinvente sans cesse, concluait
Michael Stone dans son article du magazine *New York*
intitulé "Les temps sont durs". Ce sera peut-être long
et douloureux, mais il n'y a aucune raison de croire
que cela ne se reproduira pas. »

C'étaient là des arguments très souvent avancés en
faveur de la légende qui ne tendait, avec sa trame
dramatique de « crise » et de résolution, ou de conva-
lescence, qu'à camoufler encore plus les fondations
économiques et historiques de la situation dans laquelle
se trouvait la ville : cette longue et inassignable conspiration d'arrangements civiques et commerciaux plus
ou moins criminels, les contrats, les négociations,
les donnant-donnant, les magouilles et compagnie, les

tuyaux, la terre, le béton, les ordures ; la conspiration de ceux qui étaient introduits, de ceux qui avaient des réseaux, de ceux qui connaissaient un rabbin à la voirie ou au logement ou à la School Construction Authority ou aux tribunaux de Foley Square, la conspiration de ceux qui croyaient que tout le monde avait fait du foin à cause de qui elle était, ça arrive à n'importe qui d'autre, on lance une assignation en justice et terminé. Le 12 novembre 1990, dans son analyse des problèmes de la ville en première page, le *New York Times* allait jusqu'à voir, dans « les dépenses publiques », non pas l'épuisement de la vitalité et des ressources de la ville qu'elles avaient toujours représenté au cours de l'histoire, mais « un important facteur positif » :

Jamais, depuis des décennies, la région n'a autant investi dans des grands chantiers de travaux publics – aéroports, autoroutes, ponts, égouts, métros et autres projets. Environ 12 milliards de dollars seront dépensés dans la région métropolitaine pour la présente année fiscale. Ces investissements gouvernementaux sont une saine façon de contrebalancer les 43 % de baisse, depuis 1987, de la valeur des nouveaux chantiers de construction privés, déclin lié à la forte chute des prix de l'immobilier. (...) Alors que presque toutes les industries du secteur privé réduisent leurs effectifs depuis le printemps, l'emploi public a augmenté, maintenant une hausse du taux annuel de 20 000 employés depuis 1987...

Qu'il ne reste sans doute, dans une ville où la prolifération et l'augmentation des taxes étaient déjà en train de chasser les employés du privé, pratiquement

personne à taxer pour financer ces travaux et ces
emplois publics, c'était là un point auquel pas grand
monde n'avait envie de s'intéresser sérieusement : chez
les citoyens d'un New York amoindri par les histoires
sentimentales racontées pour l'exonérer de sa propre
criminalité rampante, l'inévitabilité de la ville demeurait la donnée de base, le cœur, le premier et le dernier
mot sur lesquels reposaient toutes les histoires. Nous
aimons New York, promet la légende, parce que son
énergie est à la hauteur de la nôtre.

1990

Adieu à tout ça

Combien de lieues jusqu'à Babylone ?
Trois fois vingt et dix encore –
Puis-je y arriver à la lumière de la bougie ?
Oui, puis revenir à bon port –
Si tes pas sont légers et agiles
Tu peux y arriver à la lumière de la bougie[1].

Il est facile de voir le début des choses, plus difficile d'en voir la fin. Je me rappelle aujourd'hui, avec une telle clarté que les nerfs de ma nuque se contractent, à quel moment New York commença pour moi, mais je n'arrive pas à mettre le doigt sur le moment où elle prit fin, n'arrive jamais à contourner les ambiguïtés, les faux départs et les résolutions brisées pour atteindre l'endroit exact dans le texte où l'héroïne n'est plus aussi optimiste que jadis. La première fois que j'ai vu New York, j'avais vingt ans, et c'était l'été, et je suis descendue du DC-7 dans le vieux terminal temporaire

---

1. Célèbre comptine de la Mère l'Oye dans le monde anglo-saxon.

d'Idlewild vêtue d'une robe neuve qui paraissait très chic à Sacramento mais l'était déjà beaucoup moins ici, même dans le vieux terminal temporaire d'Idlewild, et l'air chaud sentait le moisi, et une sorte d'instinct, programmé par tous les films que j'avais vus et toutes les chansons que j'avais entendues et toutes les histoires que j'avais lues sur New York, me disait que les choses ne seraient jamais plus tout à fait les mêmes. En réalité, elles ne le furent jamais. Quelque temps plus tard, on entendait une chanson dans tous les jukeboxes de l'Upper East Side qui disait « mais où est passée l'écolière qui fut jadis moi », et si la nuit était suffisamment avancée, je me posais la même question. Je sais aujourd'hui que tout le monde se pose ce genre de question, tôt ou tard et quelles que soient les circonstances du moment, mais l'un des douteux privilèges dans le fait d'avoir vingt, vingt et un et même vingt-trois ans est d'avoir la conviction que rien de tel, et peu importe si tout tend à prouver le contraire, n'est jamais arrivé à personne auparavant.

Bien sûr, ç'aurait pu être n'importe quelle autre ville, si les circonstances avaient été différentes et si l'époque avait été différente et si j'avais moi-même été différente, ç'aurait pu être Paris ou Chicago ou même San Francisco, mais comme je parle de moi, ici, c'est de New York que je parle. Cette première nuit-là, j'ai ouvert ma fenêtre dans le bus qui m'amenait en ville et j'ai guetté la ligne des gratte-ciel, mais je ne vis rien d'autre que les terrains vagues du Queens et les panneaux géants qui annonçaient TUNNEL POUR MID-TOWN SUIVRE CETTE VOIE puis un torrent de pluie d'été (même cela me parut remarquable et exotique, car je venais de l'Ouest, où la pluie d'été n'existe pas), et pendant les trois jours suivants je suis restée assise emmitouflée dans des couvertures dans une chambre d'hôtel climatisée à 2° à essayer de me débarrasser d'un mauvais rhume et d'une forte fièvre. Il ne m'est pas venu à l'idée d'appeler un médecin, parce que je n'en connaissais aucun, et même s'il m'est venu à l'idée en revanche d'appeler la réception pour demander qu'on éteigne la climatisation, je ne l'ai jamais fait, parce que je ne savais pas quel pourboire donner à la personne qui viendrait – peut-on concevoir être jeune à ce point ? Je suis ici pour vous dire que oui, la preuve. Tout ce dont je fus capable, durant ces trois jours, fut de parler au téléphone avec le garçon dont je savais déjà que je ne l'épouserais jamais au printemps. J'allais rester à New York, lui disais-je, six mois seulement, et je verrais le Brooklyn Bridge depuis ma fenêtre. En fin de compte, le pont, c'était le Triborough, et je suis restée huit ans.

Rétrospectivement, il me semble que cette époque-là, quand je ne connaissais pas encore le nom de tous les ponts, fut plus heureuse que la suivante, mais peut-être comprendrez-vous ce que je veux dire au fur et à mesure. Ce que je veux vous raconter, c'est notamment ce que c'est d'être jeune à New York, comment six mois peuvent devenir huit ans avec la facilité trompeuse d'un fondu-enchaîné, car c'est ainsi que m'apparaissent aujourd'hui ces années-là, en une longue séquence de fondus-enchaînés sentimentaux et de vieux tours de passe-passe de cinéma – les fontaines du Seagram Building se fondent en flocons de neige, j'entre par une porte à tambour à vingt ans et j'en ressors beaucoup plus vieille et dans une rue différente. Mais surtout, ce que je veux vous expliquer, et au passage m'expliquer à moi-même peut-être, c'est pourquoi je ne vis plus à New York. On dit souvent que New York, c'est une ville réservée aux très riches et aux très pauvres. On dit moins souvent que New York est aussi, du moins pour ceux d'entre nous qui venaient d'ailleurs, une ville réservée aux très jeunes.

Je me souviens, un soir de décembre froid et lumineux à New York, d'avoir suggéré à un ami qui se plaignait d'être là depuis trop longtemps de venir avec moi à une fête où il y aurait, lui promis-je avec l'ingéniosité triomphante de mes vingt-trois ans, « de nouveaux visages ». Il rit à s'en étouffer, littéralement, au point que je dus baisser la vitre du taxi et lui taper dans le dos. « De nouveaux visages, finit-il par dire, ne me parle pas de *nouveaux visages*. » Apparemment, la dernière fois qu'il était allé à une fête où on lui avait promis des « nouveaux visages », ça s'était résumé à quinze personnes dans une pièce, et il avait déjà couché avec cinq des femmes et devait de l'argent à tous les hommes sauf deux. Je ris avec lui, mais les premières neiges venaient de commencer à tomber et les immenses sapins de Noël scintillaient de jaune et de blanc à perte de vue le long de Park Avenue et j'avais une robe neuve et il se passerait très longtemps avant que je ne comprenne la morale particulière de cette histoire.

Il faudrait longtemps parce que, tout simplement, j'étais amoureuse de New York. Je ne veux pas dire que je l'« aimais » au sens trivial du terme, je veux dire que j'étais amoureuse de la ville, de la même façon que vous aimez la première personne qui vous a jamais touché et n'aimez plus jamais exactement de la même façon. Je me revois traversant la 62ᵉ Rue, un soir au crépuscule, ce premier printemps-là, ou le deuxième, tous se ressemblaient pendant un certain temps. J'étais en retard à un rendez-vous, mais je me suis arrêtée sur Lexington Avenue et j'ai acheté une pêche et je l'ai mangée là, debout au coin de la rue, et j'ai compris que j'avais quitté l'Ouest et que j'avais atteint le mirage. Je sentais le goût de la pêche et le souffle d'air d'une grille de métro le long de mes jambes et les odeurs de lilas et d'ordures et de parfums chers et je savais que tout ça se paierait tôt ou tard – parce que je n'étais pas chez moi ici, que je n'étais pas d'ici – mais quand on a vingt-deux ou vingt-trois ans, on se dit que plus tard on aura de grandes réserves affectives et qu'on aura les moyens de payer le prix, quel qu'il soit. Je croyais encore aux possibles, à l'époque, j'avais encore l'intuition, si spécifiquement new-yorkaise, que quelque chose d'extraordinaire allait arriver dans la minute, le jour, le mois suivant. Je ne gagnais alors que 65 ou 70 dollars par semaine (« Fais confiance à Hattie Carnegie[1] », m'avait conseillé sans le moindre soupçon d'ironie un rédacteur du magazine pour lequel je travaillais), si peu d'argent que, certaines semaines, je me faisais payer en nourriture au rayon gourmet de Bloomingdale's pour manger, détail passé sous silence dans les lettres que j'envoyais en Californie. Je ne disais jamais à mon père que j'avais besoin d'argent, car sinon il m'en aurait envoyé et je n'aurais jamais su si je pouvais m'en sortir toute seule. A l'époque,

---

1. Célèbre créatrice de vêtements et de bijoux des années 30 aux années 60.

gagner sa vie me paraissait un jeu, aux règles arbitraires mais intangibles. Et à part certains soirs d'hiver
bien particuliers – dix-huit heures trente autour de la
70e Rue, mettons, quand il faisait déjà nuit et que du
fleuve soufflait un vent âpre, que je marchais très vite
pour attraper le bus et que je regardais par les fenêtres
des vieux immeubles et que j'apercevais des cuisiniers
dans des cuisines propres et que j'imaginais des
femmes en train d'allumer des bougies à l'étage au-
dessus et de beaux enfants à qui l'on faisait prendre
leur bain encore un étage plus haut – à part ce genre
de soirs-là, je ne me sentais jamais pauvre ; j'avais
l'impression que, si un jour j'avais besoin d'argent, je
saurais le trouver. Je pourrais tenir une rubrique dans
un journal pour adolescents sous le nom de « Debbi
Lynn », ou je pourrais faire passer de l'or en Inde, ou
je pourrais devenir une call-girl à 100 dollars, et rien
de tout ça n'aurait d'importance.

Rien n'était irrévocable ; tout était à portée de main.
A chaque coin de rue m'attendait quelque chose de
curieux et d'intéressant, quelque chose que je n'avais
jamais vu, fait ou connu auparavant. Je pouvais aller
à une fête et rencontrer quelqu'un qui se faisait
appeler Mr Charme Emotionnel et dirigeait l'Institut
du Charme Emotionnel, ou Tina Onassis Blandford[1],
ou un plouc de Floride qui était alors un habitué de
ce qu'il appelait « le Grand C », le circuit Southampton-El Morocco (« J'ai des relations dans le
Grand C, chérie », me disait-il devant une salade de
feuilles de chou sur la vaste terrasse qu'on lui avait

---

1. Première femme du milliardaire Aristote Onassis, futur
époux de Jackie Kennedy.

prêtée), ou la veuve du roi du céleri du marché de Harlem, ou un vendeur de piano de Bonne Terre, Missouri, ou quelqu'un qui avait déjà fait fortune et banqueroute deux fois à Midland, Texas. Je pouvais faire des promesses, à moi-même et aux autres, et j'aurais toute l'éternité pour les tenir. Je pouvais rester debout toute la nuit et faire des erreurs, et rien de tout cela ne compterait.

Vous voyez que j'étais dans une curieuse situation à New York : il ne m'est jamais venu à l'idée que j'y vivais une vraie vie. Dans mon imagination, je n'y étais jamais que pour quelques mois de plus, jusqu'à Noël ou Pâques ou les premiers beaux jours de mai. Aussi était-ce avec les gens du Sud que je me sentais le plus à l'aise. Ils semblaient être à New York de la même façon que moi, comme en congé de chez eux pour une période indéfinie, peu enclins à penser au futur, exilés temporaires qui savaient toujours quand partait le prochain vol pour La Nouvelle-Orléans ou Memphis ou Richmond ou, dans mon cas, la Californie. Quelqu'un qui vit en permanence avec des horaires d'avion dans son tiroir vit selon un calendrier légèrement différent. Noël, par exemple, était une saison difficile. Les autres se débrouillaient, partaient à Stowe ou à l'étranger ou chez leur mère dans le Connecticut pour la journée ; nous autres qui croyions vivre ailleurs passions cette journée à réserver un billet d'avion puis à l'annuler, à guetter les vols retenus au sol par le mauvais temps comme le dernier avion en partance de Lisbonne en 1940, et pour finir à nous réconforter, nous autres qui étions restés là, en partageant les oranges et les souvenirs et la farce aux huîtres fumées de l'enfance, nous rapprochant les uns des autres, tels des colons dans un pays lointain.

Or c'est exactement ce que nous étions. Je ne suis pas sûre que quiconque ayant grandi sur la côte Est puisse vraiment concevoir ce que New York, l'idée de New York, signifie pour nous autres qui venons de l'Ouest et du Sud. Pour un enfant de la côte Est, surtout un enfant qui a toujours eu un oncle à Wall Street et qui a passé plusieurs centaines de samedis d'abord dans le magasin de jouets F.A.O. Schwarz et à se faire acheter ses chaussures chez Best's, et par la suite à attendre sous l'horloge de l'hôtel Biltmore et à danser en écoutant l'orchestre de Lester Lanin, New York n'est jamais qu'une ville, même si c'est *la* ville, un endroit plausible où vivre. Mais pour nous autres qui venions d'endroits où personne n'avait jamais entendu Lester Lanin et où Grand Central Station était le nom d'une émission de radio du samedi, où Wall Street et la Cinquième Avenue et Madison Avenue n'étaient pas des lieux mais des abstractions (« L'Argent », « La Mode », « Les Bonimenteurs »), New York n'était pas simplement une ville. C'était plutôt une idée infiniment romantique, le cœur mystérieux de l'amour et de l'argent et du pouvoir, le rêve incarné, étincelant et périssable. Imaginer « vivre » là, c'était abaisser le miraculeux au niveau du trivial ; on ne « vit » pas à Xanadu.

Il m'était d'ailleurs excessivement difficile de comprendre ces jeunes femmes pour qui New York n'était pas qu'un éphémère Estoril mais un lieu réel, ces filles qui achetaient des grille-pain, installaient de nouvelles armoires dans leur appartement et se lançaient dans tel ou tel projet d'avenir raisonnable. Je

n'ai jamais acheté le moindre meuble à New York.
Pendant environ un an, j'ai vécu chez les autres ; puis
j'ai vécu du côté de la 90e Rue dans un appartement
entièrement meublé d'objets récupérés au dépôt par un
ami dont la femme avait déménagé. Et quand j'ai quitté
cet appartement (c'est-à-dire au moment où je quittais
tout, où tout s'écroulait), j'ai tout laissé dedans, même
mes vêtements d'hiver et la carte du comté de Sacramento que j'avais accrochée au mur de la chambre
pour me rappeler qui j'étais, et j'ai emménagé dans un
trois-pièces spartiate occupant un étage entier d'un
immeuble de la 75e Rue. « Spartiate » prête peut-être
à confusion ici, suggérant une sorte d'austérité chic ;
jusqu'à ce que je me marie et que mon époux amène
quelques meubles, il n'y avait rien du tout dans ce
trois-pièces à part un matelas et un cadre de lit double
bon marché, commandé par téléphone la veille du jour
où j'avais décidé de déménager, et deux chaises de
jardin prêtées par un ami qui les importait de France.
(Je m'aperçois aujourd'hui que les gens que je connaissais à New York avaient tous des activités secondaires
curieuses et vaines. Ils importaient des chaises de
jardin qui ne se vendaient pas bien chez Hammacher
Schlemmer, ou ils essayaient de vendre des fers à lisser
à Harlem, ou ils écrivaient sous pseudo des articles sur
la Mafia pour les suppléments des journaux du
dimanche. Je pense qu'aucun d'entre nous, sans doute,
n'était très sérieux ; nous n'étions *engagés* que dans
notre vie privée.)

La seule chose que j'aie faite dans cet appartement
fut de suspendre quarante mètres de rubans de soie
jaune devant les fenêtres de la chambre, parce que je
me disais que la lumière dorée me ferait du bien, mais

je n'ai pas pris la peine de plomber les rideaux comme il faut, et durant tout l'été, les longs pans de soie dorée transparente volaient par la fenêtre, s'accrochaient et finissaient trempés par les orages de l'après-midi. C'était l'année, ma vingt-huitième, où je découvrais que toutes les promesses ne seraient pas tenues, que certaines choses sont bel et bien irrévocables, et que tout cela avait compté après tout, chaque fuite, chaque procrastination, chaque erreur, chaque mot, tout.

C'était bien de cela qu'il s'agissait, n'est-ce pas ? De promesses ? A présent, lorsque New York me revient, c'est par flashs hallucinatoires, si cliniquement détaillés que j'aimerais parfois que ma mémoire distorde les choses comme elle en a, paraît-il, le pouvoir. Longtemps, à New York, j'ai mis un parfum appelé *Fleur de Rocaille*, puis *L'Air du Temps*, et aujourd'hui le moindre effluve de l'un ou l'autre a le don de court-circuiter mes connexions pour le reste de la journée. Tout comme je ne peux sentir le savon au jasmin Henri Bendel sans replonger dans le passé, ou le mélange particulier d'épices qu'on utilise pour faire bouillir du crabe. Il y avait des tonneaux de bouillon de crabe dans une boutique tchèque, autour de la 80e Rue, où je suis allée faire des courses un jour. On sait, bien entendu, combien les odeurs stimulent la mémoire, mais d'autres choses m'affectent de la même façon. Les draps à rayures bleues et blanches. Le vermouth-cassis. Certaines chemises de nuit passées qui étaient neuves en 1959 ou 1960, et certains foulards en chiffon que j'ai achetés à peu près à la même époque.

J'imagine que, parmi ceux d'entre nous qui ont été jeunes à New York, beaucoup ont les mêmes scènes sur leurs écrans. Je me souviens de m'être retrouvée assise dans beaucoup d'appartements avec une légère migraine aux alentours de cinq heures du matin. J'avais un ami qui ne pouvait pas dormir, et il connaissait d'autres personnes qui avaient le même problème, et nous regardions le ciel rosir en buvant un dernier verre, sans glace, puis nous rentrions dans la lumière du petit matin, quand les rues étaient propres et mouillées (avait-il plu pendant la nuit ? nous ne le savions jamais) et les rares taxis en circulation avaient encore leurs phares arrière allumés et les seules couleurs étaient le rouge et le vert des feux de signalisation. Les bars White Rose ouvraient très tôt le matin ; je me rappelle avoir regardé dans l'un d'eux un astronaute s'apprêtant à partir dans l'espace, et j'ai attendu si longtemps que, le moment enfin venu, je regardais non plus l'écran de télévision mais un cafard sur le sol carrelé. J'aimais les branches nues au-dessus de Washington Square à l'aube, et la platitude monochrome de la Deuxième Avenue, les escaliers de secours et les devantures grillagées si singuliers et creux en perspective.

Il est assez dur de lutter à six heures trente ou sept heures du matin sans avoir du tout dormi, ce qui explique peut-être que nous restions debout toute la nuit, et cela me paraissait un moment agréable de la journée. Il y avait des volets aux fenêtres dans cet appartement autour de la 90ᵉ Rue, et je pouvais dormir quelques heures puis partir au travail. Je pouvais travailler, à cette époque, après deux ou trois heures de sommeil seulement et un grand pot de café de chez Chock Full O'Nuts. J'aimais aller au travail, j'aimais le rythme rassurant et satisfaisant du bouclage d'un magazine, j'aimais la progression ordonnée des essais en quatre couleurs et en deux couleurs et en noir et blanc et enfin Le Produit, non pas une abstraction mais quelque chose qui avait l'air de briller sans effort et qu'on pouvait prendre dans un kiosque et soupeser. J'aimais toutes les minuties des épreuves et des maquettes, j'aimais travailler tard le soir où le magazine partait à l'imprimerie, assise à lire *Variety* en attendant le coup de fil du secrétariat de rédaction. De mon bureau, j'apercevais à l'autre bout de la ville l'indicateur météo au sommet du building Mutual of New York et les lumières qui épelaient en alternance TIME et LIFE au-dessus de Rockefeller Plaza ; cela me plaisait obscurément, comme de marcher vers le haut de la ville dans la lumière mauve de huit heures du soir au début de l'été et regarder autour de moi, les soupières Lowestoft dans les devantures de la 57e Rue, les gens bien habillés qui essayaient de héler un taxi, les arbres qui commençaient à se parer de leur feuillage, l'air chatoyant, toutes les douces promesses de l'argent et de l'été.

Quelques années passèrent, mais je ne perdais pas ce perpétuel étonnement devant New York. J'ai commencé à en aimer la solitude, cette idée qu'à n'importe quel moment donné, personne n'avait besoin de savoir où j'étais ou ce que je faisais. J'aimais marcher, de l'East River jusqu'au Hudson et retour quand il faisait frais, du côté du Village quand il faisait chaud. Une amie me laissait les clés de son appartement dans le West Village quand elle s'absentait, et parfois je m'y installais, parce que le téléphone commençait à me porter sur les nerfs (le ver, vous voyez, était déjà dans la pomme) et que peu de gens avaient ce numéro-là. Je me souviens qu'un jour, quelqu'un qui avait le numéro de West Village est passé me prendre pour déjeuner, et nous avions tous les deux la gueule de bois, et je me suis coupé le doigt en lui ouvrant une canette de bière et j'ai éclaté en sanglots, et nous sommes allés dans un restaurant espagnol boire des bloody marys et manger du gaspacho jusqu'à ce qu'on se sente mieux. Je ne culpabilisais pas encore quand je passais des après-midi comme ça, parce que j'avais encore tous les après-midi du monde devant moi.

Et même à ce moment si avancé de la partie, j'aimais encore aller à des fêtes, toutes les fêtes, les fêtes nulles, les fêtes du samedi après-midi données par de jeunes mariés qui vivaient à Stuyvesant Town, les fêtes côté West Side données par des écrivains non publiés ou ratés qui servaient du vin rouge bon marché et parlaient d'aller à Guadalajara, les fêtes dans le Village où tous les invités travaillaient pour des agences de pub et votaient pour les Démocrates indépendants, les fêtes promotionnelles chez Sardi's, les pires fêtes. Vous aurez deviné que je n'étais pas du genre à profiter de l'expérience d'autrui, qu'il me fallut de fait très long-temps pour cesser de croire aux nouveaux visages et commencer à comprendre la leçon de cette histoire, à savoir qu'il est tout à fait possible de rester trop long-temps à la Foire.

Je ne pourrais pas vous dire quand j'ai commencé à comprendre. Tout ce que je sais, c'est qu'à vingt-huit ans, ça allait très mal. Tout ce qu'on me disait, j'avais l'impression de l'avoir déjà entendu, et je ne pouvais plus écouter. Je ne pouvais plus rester assise dans des

petits bars près de Grand Central à écouter quelqu'un
se plaindre de l'incapacité de sa femme à accepter de
l'aide tandis qu'il ratait à nouveau son train pour le
Connecticut. Cela ne m'intéressait plus d'apprendre
quelle avance d'autres personnes avaient touchée de
leur éditeur, d'entendre parler de pièces à Philadelphie
dont le deuxième acte se passait mal, ou de gens qui
me plairaient beaucoup si je voulais bien faire l'effort
de sortir et les rencontrer. Je les avais déjà rencontrés,
toujours. Il y avait certaines parties de la ville que je
devais éviter. Je ne supportais plus les hauts de Madison
Avenue le matin en semaine (aversion particulièrement
embêtante, puisque je vivais alors à quinze ou vingt
mètres seulement de Madison), parce que je voyais des
femmes promener des yorkshires et faire leurs courses
chez Gristede's, et qu'une sorte d'étranglement veble-
nien me montait dans la gorge. Je ne pouvais pas aller
à Times Square l'après-midi, ou à la New York Public
Library sous quelque prétexte que ce soit. Un jour, je
ne pouvais pas entrer dans un restaurant Schrafft's ; le
lendemain, dans un magasin Bonwit Teller.

Je blessais les gens que j'aimais, et j'offusquais ceux
que je n'aimais pas. Je pris mes distances avec la personne qui m'était plus proche qu'aucune autre. Je pleurais jusqu'à ne plus faire la différence entre les
moments où je pleurais ou pas, je pleurais dans les
ascenseurs et dans les taxis et dans les pressings chinois, et quand j'allai consulter le médecin il me dit
seulement que j'avais l'air déprimée et que je devrais
voir un « spécialiste ». Il m'écrivit le nom et l'adresse
d'un psychiatre, mais je n'y allai pas.

À la place, je me mariai, ce qui se révéla une très
bonne chose mais au mauvais moment, puisque je ne

pouvais toujours pas marcher dans les hauts de
Madison le matin ni parler aux gens et que je pleurais
toujours dans les pressings chinois. Jamais jusqu'alors
je n'avais compris ce que signifiait « désespoir », et je
ne suis pas sûre de le comprendre aujourd'hui, mais
cette année-là, je compris. Bien sûr, je ne pouvais pas
travailler. Je ne pouvais même pas aller chercher à
dîner avec un semblant d'assurance, et je restais dans
l'appartement de la 75ᵉ Rue, paralysée, jusqu'à ce que
mon mari m'appelle du bureau et me dise d'une voix
douce que je n'étais pas obligée d'aller chercher à
dîner, que je pouvais le retrouver au Michael's Pub ou
chez Toots Shor's ou chez Sardi's East. Et puis, un
matin d'avril (nous nous étions mariés en janvier), il
m'a appelée pour me dire qu'il voulait quitter
New York pour quelque temps, qu'il prendrait six mois
de congé, que nous irions quelque part.

Il m'a dit cela il y a trois ans, et depuis nous vivons
à Los Angeles. Beaucoup, parmi les gens que nous
connaissions à New York, trouvent cela étrangement
aberrant, et ne se privent pas de nous le dire. Il n'y a
à cela aucune réponse possible, adéquate, alors nous
répondons par des phrases toutes faites, les réponses
que tout le monde donne. Je parle de la difficulté
« matérielle » que nous aurions à vivre à New York en
ce moment, de « l'espace » dont nous avons besoin.
Ce que je veux dire, c'est que j'étais très jeune à
New York, et qu'à un moment la cadence dorée s'est
brisée, et que je ne suis plus si jeune. La dernière fois
que je suis allée à New York, c'était en janvier, il
faisait froid, et tout le monde était malade ou fatigué.
Beaucoup, parmi les gens que j'avais connus là, étaient
partis s'installer à Dallas ou s'étaient mis à l'Espéral

ou s'étaient acheté une ferme dans le New Hampshire. Nous sommes restés dix jours, et puis nous avons pris un vol de l'après-midi pour rentrer à Los Angeles, et sur la route de l'aéroport jusque chez nous ce soir-là, je voyais la lune sur le Pacifique et je sentais le jasmin partout autour de nous et nous avons compris tous les deux qu'il n'y avait plus aucun intérêt à garder l'appartement new-yorkais que nous avions encore. Il fut une époque où j'appelais Los Angeles « la Côte », mais il me semble que c'était il y a très longtemps.

1967

IV

ICI ET AILLEURS

Notes d'une fille du pays

Il est très facile de s'asseoir au bar de, disons, La Scala à Beverly Hills, ou de chez Ernie's à San Francisco, et de se laisser prendre à l'illusion très répandue que la Californie n'est qu'à cinq heures d'avion de New York. La vérité, c'est que La Scala et Ernie's ne sont qu'à cinq heures d'avion de New York. La Californie, elle, est ailleurs.

Beaucoup de gens sur la côte Est (ou « là-bas à l'Est », comme ils disent en Californie – sauf à La Scala ou chez Ernie's) n'y croient pas. Ils ont été à Los Angeles ou San Francisco, ils sont passés en voiture à travers le tronc percé d'un séquoia géant et ils ont vu le Pacifique laqué par le soleil de l'après-midi sur la côte de Big Sur, et ils ont naturellement tendance à croire qu'ils ont bel et bien été en Californie. Or ils n'y sont pas allés, et n'iront sans doute jamais, car c'est là un voyage plus long et à bien des égards plus difficile qu'ils ne sont disposés à entreprendre, l'un de ces voyages où la destination tremble à l'horizon, chimérique et s'éloignant sans cesse, s'amenuisant sans cesse. Il se trouve que je sais ce qu'est ce voyage parce que je viens de Californie, parce que je viens d'une

famille, ou d'une concrétion de familles, qui a toujours
vécu dans la vallée de Sacramento.

Vous pourriez m'opposer qu'aucune famille n'a
jamais vécu dans la vallée de Sacramento depuis même
un semblant de « toujours ». Mais c'est une caractéristique des Californiens que de parler avec grandilo-
quence du passé, comme s'il avait simultanément
commencé, *tabula rasa*, et atteint une heureuse conclusion le même jour, quand les chariots se mirent en branle
vers l'ouest. *Eurêka* – « Je l'ai trouvé » – comme dit la
devise de l'Etat. Une telle vision de l'histoire plonge
dans une certaine mélancolie ceux qui en participent ;
ma propre enfance fut hantée par la conviction que nous
avions depuis longtemps dépassé notre âge d'or. En fait,
c'est cela même que je veux vous raconter : comment
c'est, de venir d'un endroit comme Sacramento. Si je
pouvais vous faire comprendre ça, je pourrais vous faire
comprendre la Californie et peut-être quelque chose
d'autre aussi, car Sacramento, *c'est* la Californie, et la
Californie est un endroit où se conjuguent, en un point
d'inconfortable suspension, la mentalité du *boom* et un
sens de la perte tchékhovien ; où l'esprit est troublé par
un soupçon profondément enfoui mais inextinguible :
qu'il vaudrait mieux que ça marche ici, parce qu'ici,
sous cet immense ciel délavé, c'est l'endroit où nous
arrivons soudain à court de continent.

En 1847, Sacramento n'était guère plus qu'un enclos
en adobe, le Fort de Sutter, isolé au milieu de la
prairie ; séparée de San Francisco et de la mer par la
Coast Range et du reste du continent par la Sierra
Nevada, la vallée de Sacramento était alors un véritable
océan d'herbe, d'une herbe si haute qu'un homme la
traversant à cheval pouvait l'enrouler autour de sa

selle. Un an plus tard, on découvrit de l'or dans les collines au pied de la Sierra, et soudain Sacramento fut une ville, une ville dont n'importe quel cinéphile pourrait reconstituer le plan ce soir dans ses rêves – un collage terreux de laboratoires d'essais de métaux et de fabricants de carrioles et de saloons. Appelons ça la Phase Deux. Et puis vinrent les pionniers – les fermiers, les gens qui depuis deux cents ans se déplaçaient avec la frontière de l'ouest, cette singulière et imparfaite lignée qui avait déserté la Virginie, le Kentucky, le Missouri ; ils firent de Sacramento une ville de fermiers. Comme la terre était riche, Sacramento finit par devenir une riche ville de fermiers, ce qui voulait dire des maisons, des concessionnaires Cadillac, un country club. Dans ce doux sommeil, Sacramento rêva jusqu'en 1950 peut-être, lorsqu'il arriva quelque chose. Ce qui arriva, c'est que Sacramento se rendit soudain compte que le monde extérieur gagnait du terrain, vite et fort. Au moment de ce réveil, Sacramento perdit, pour le meilleur et pour le pire, son caractère, et c'est cela notamment que je veux vous raconter.

Mais ce changement n'est pas mon premier souvenir. Mon premier souvenir, c'est quand je promenais le boxer de mon frère dans les champs sans relief que notre arrière-arrière-grand-père avait trouvés vierges et qu'il avait plantés ; je me revois nageant (mais avec nervosité, car j'étais une enfant nerveuse, j'avais peur des gouffres et j'avais peur des serpents, et ce fut peut-être là le début de mon erreur) dans les rivières où nous nagions depuis un siècle : la Sacramento, si riche en limon que nous arrivions à peine à voir nos

mains sous la surface de l'eau ; l'American, au cours
limpide et vif où se mêlait la neige de la Sierra jusqu'en
juillet, quand elle ralentissait et que les serpents à sonnette venaient se dorer au soleil sur ses cailloux émergés.
La Sacramento, l'American, parfois la Cosumnes, la
Feather à l'occasion. Des enfants imprudents mouraient
chaque jour dans ces rivières ; nous l'apprenions dans
les journaux : qu'ils avaient mésestimé la force d'un
courant ou s'étaient retrouvés coincés dans un trou profond au confluent de l'American et de la Sacramento,
qu'on avait appelé les frères Berry du comté de Yolo
pour sonder la rivière mais que les corps n'avaient pu
être retrouvés. « Ils n'étaient pas d'ici, extrapolait ma
grand-mère en lisant ces histoires dans les journaux.
Leurs parents n'avaient *aucune* raison de les laisser dans
cette rivière. C'étaient des visiteurs d'Omaha. » La leçon
n'était pas mauvaise, mais guère fiable ; des enfants que
nous connaissions mouraient eux aussi dans les rivières.

A la fin de l'été – quand la foire locale fermait et
que la chaleur retombait, quand les dernières pousses
de houblon vert avaient été arrachées le long de
H Street et que le brouillard des marais se levait à ras
du sol la nuit –, nous nous remettions à apprendre par
cœur les Produits de Nos Voisins Latino-Américains
et à rendre visite aux grand-tantes le dimanche, des
grand-tantes par dizaines, année après année de dimanches. Quand je repense aujourd'hui à ces hivers, je
pense aux feuilles d'orme jaunies agglomérées dans
les bouches d'égout devant la pro-cathédrale épisco-
pale de Trinity sur M Street. Il y a du reste des gens
à Sacramento aujourd'hui qui appellent M Street
Capitol Avenue, et Trinity s'est augmenté d'un de ces
nouveaux bâtiments anonymes, mais peut-être que les

enfants y apprennent toujours les mêmes choses le
dimanche matin :

*Q. En quoi la Terre Sainte ressemble-t-elle à la
vallée de Sacramento ?*

*R. Dans la nature et la diversité de ses produits
agricoles.*

Et je pense aux rivières en crue, aux heures où nous
écoutions la radio pour savoir jusqu'à quelle hauteur
les eaux monteraient et où nous nous demandions si,
et quand, et où les digues céderaient. Nous n'avions
pas autant de barrages à cette époque-là. Les voies de
contournement étaient engorgées, et les hommes passaient la nuit à dresser des barrières de sacs de sable.
Parfois, une digue cédait pendant la nuit, quelque part
en amont ; au matin, le bruit courait que les ingénieurs
de l'armée l'avaient dynamitée pour soulager la pression sur la ville.

Après les pluies venait le printemps, pour une dizaine
de jours ; les champs détrempés se dissolvaient en une
étendue verte brillante et éphémère (elle deviendrait
jaune et sèche comme le feu deux ou trois semaines
plus tard) et le marché immobilier repartait. C'était
l'époque de l'année où les grand-mères partaient à
Carmel ; c'était l'époque de l'année où les filles qui ne
pouvaient même pas être admises à l'université de Ste-
phens ou d'Arizona ou d'Oregon, sans parler de Stanford ou de Berkeley, étaient envoyées à Honolulu, par
le paquebot *Lurline*. Je ne me souviens pas que quiconque soit jamais allé à New York, à l'exception d'un
cousin, qui était parti visiter la ville (pourquoi ? aucune
idée) et avait raconté que les vendeurs de chaussures

chez Lord & Taylor étaient « d'une grossièreté intolé-
rable ». Ce qui se passait à New York et à Washington
et à l'étranger semblait avoir une incidence absolument
nulle sur l'esprit de Sacramento. Je me souviens
d'avoir été emmenée rendre visite à une très vieille
dame, la veuve d'un rancher, qui se souvenait (la réminiscence étant le mode de conversation préféré à Sacramento) du fils de tel ou tel de ses contemporains. « Ce
petit Johnston n'aura jamais donné grand-chose »,
déclara-t-elle. Sans conviction, ma mère protesta :
Alva Johnston, dit-elle, avait eu le Prix Pulitzer, quand
il travaillait pour le *New York Times*. Notre hôte nous
regarda d'un air impassible. « Il n'a jamais donné
grand-chose à Sacramento », répliqua-t-elle.

La voix de cette vieille dame, c'était la vraie voix de
Sacramento, et, même si je n'en avais pas conscience
alors, c'était une voix qu'on n'entendrait bientôt plus,
car la guerre était finie et le boom avait commencé et
c'est la voix de l'ingénieur de l'aérospatiale qui se ferait
entendre dans tout le pays. PAS D'ACOMPTE POUR LES
VÉTÉRANS ! HABITATIONS GRAND STANDING À TAUX
RÉDUITS !

Plus tard, quand je vivais à New York, je retournais
à Sacramento quatre ou cinq fois par an (plus le vol
était confortable, plus je ressentais un malaise inexplicable, car le risque de ne pas arriver au bout de la route
pèse lourdement sur ma lignée), essayant de prouver
que ça n'avait pas du tout été mon intention de partir,
parce que sur un point en particulier au moins, la Californie – celle dont nous parlons ici – ressemble à
l'Eden : ceux qui s'éloignent de ses félicités sont

considérés comme des bannis, exilés par quelque perversité du cœur. Les membres de l'expédition Donner-Reed, après tout, ne mangèrent-ils pas leurs propres morts pour atteindre Sacramento ?

J'ai dit que le retour est difficile, et c'est vrai – difficile en un sens qui magnifie les ambiguïtés ordinaires des voyages sentimentaux. Revenir en Californie n'est pas comme revenir dans le Vermont ou à Chicago ; le Vermont et Chicago sont de relatives constantes, à l'aune desquelles on mesure combien soi-même on a changé. La seule chose constante, dans la Californie de mon enfance, c'est le rythme auquel elle disparaît. Un exemple : le jour de la Saint-Patrick en 1948, on m'a emmenée voir la législature « en action », expérience déprimante ; une poignée de joyeux élus, chapeau vert sur la tête, lisaient des blagues irlandaises à voix haute. J'imagine toujours les législateurs ainsi : en chapeau vert, ou assis en cercle sur la véranda de l'hôtel Senator, agitant des éventails en écoutant les émissaires d'Artie Samish. (Samish était le lobbyiste qui disait : « Earl Warren est peut-être le gouverneur de l'Etat, mais moi, je suis le gouverneur de la législature. ») Du reste, il n'y a plus de véranda à l'hôtel Senator – elle a été transformée en comptoir de compagnie aérienne, si vous voulez pousser l'histoire jusque dans ses détails – et de toute façon, la législature a en grande partie déserté le Senator pour les motels criards au nord de la ville, là où brûlent les torches tiki et où la vapeur s'élève des piscines chauffées dans la nuit froide de la Vallée.

Il est difficile de *trouver* la Californie aujourd'hui, déstabilisant de se demander dans quelle mesure elle n'était que le fruit de l'imagination ou de l'improvisation ; mélancolique de se rendre compte à quel point les souvenirs de chacun ne sont pas du tout des souvenirs exacts mais seulement les traces de la mémoire de quelqu'un d'autre, des histoires transmises le long du réseau familial. J'ai un souvenir d'une indélébile précision, par exemple, de la façon dont la Prohibition affectait les cultivateurs de houblon dans la région de Sacramento : la sœur de l'un d'eux, que ma famille connaissait, rapporta un jour un manteau en vison de San Francisco, reçut l'ordre de le rapporter et resta assise par terre dans le salon à pleurer en serrant le manteau dans ses bras. Même si je suis née un an après l'Abrogation, cette scène est plus « réelle » pour moi que bien d'autres dans lesquelles j'ai moi-même joué.

Je me souviens d'un de ces voyages retour ; j'étais assise seule dans un vol de nuit au départ de New York et je lisais et relisais quelques vers d'un poème de W.S. Merwin sur lequel j'étais tombée dans un magazine, un poème sur un homme qui avait passé du temps dans un autre pays et savait qu'il devait rentrer chez lui :

> (...) Mais ce devrait être
> Bientôt. Déjà je défends ardemment
> Certains de nos indéfendables défauts,
> Répugne à ce qu'on me les rappelle ; déjà dans
>   mon esprit
> Notre langue est chargée d'une richesse
> Qu'aucune langue ordinaire ne saurait offrir,
>   et les montagnes
> Sont comme nulle part ailleurs sur terre, et les
>   larges rivières.

Vous voyez où je veux en venir. Je veux vous dire la vérité, et déjà je vous ai parlé des larges rivières.

Il est sans doute clair à présent que la vérité du lieu est fuyante et doit être recherchée avec prudence. Vous pourriez aller à Sacramento demain et quelqu'un (personne de ma connaissance, cela dit) vous amènerait chez Aerojet-General, qui a, comme on dit à Sacramento, « quelque chose à voir avec les fusées ». Quinze mille personnes travaillent pour Aerojet, presque toutes venues d'ailleurs ; l'épouse d'un avocat de Sacramento m'a dit un jour, pour me montrer combien Sacramento était en train de s'ouvrir, qu'elle pensait en avoir rencontré un lors d'une journée portes ouvertes, deux décembres auparavant. (« Très sympa d'ailleurs, ajouta-t-elle avec enthousiasme. Je crois que lui et sa femme ont acheté la maison *juste* à côté de Mary et Al, quelque chose comme ça, et c'est bien sûr comme ça que *eux* les ont rencontrés. ») Vous pourriez, donc, aller chez Aerojet et entrer dans la grande salle des ventes où deux mille représentants en pièces détachées essaient chaque semaine de vendre leurs articles, et vous regarderiez le tableau électrique où sont inscrits les membres du personnel d'Aerojet, leurs missions et le lieu où ils se trouvent à n'importe quel moment donné, et vous pourriez vous demander alors si je suis allée à Sacramento récemment. MINUTEMAN, POLARIS, TITAN, les lumières clignotent, et sur toutes les tables basses sont étalés les horaires de compagnies aériennes, très actuel, très en phase.

Mais je pourrais vous emmener, à quelques kilomètres de là, dans des villes où les banques s'appellent

encore The Bank of Alex Brown, dans des villes où
l'unique hôtel a encore des tomettes octogonales au sol
dans la salle à manger et des palmiers en pot et de
grands ventilateurs au plafond ; dans des villes où tout
– le commerce de graines, la franchise des restaurants
Harvester, l'hôtel, le grand magasin et la rue principale – porte un seul nom, le nom de l'homme qui a
construit la ville. Il y a quelques dimanches, je me
trouvais dans l'une de ces villes, encore plus petite que
ça à vrai dire, pas d'hôtel, pas de franchise Harvester,
la banque fermée pour faillite, une petite ville au bord
d'une rivière. C'étaient les noces d'or de parents à moi
et il faisait 43° et les invités d'honneur étaient assis sur
des chaises droites devant une gerbe de glaïeuls dans le
Rebekah Hall. J'ai parlé de ma visite chez Aerojet-
General à un cousin que j'ai croisé là, qui m'a écoutée
avec une incrédulité pleine de curiosité. Laquelle est la
vraie Californie ? Voilà la question que tout le monde
se pose.

Essayons-nous à quelques sentences irréfutables, sur
des sujets qui ne sont pas ouverts à l'interprétation.
Quoique Sacramento soit à maints égards la moins
typique des villes de la Vallée, *c'est* bel et bien une
ville de la Vallée, et c'est dans ce contexte qu'il faut
la considérer. Quand vous dites « la Vallée » à Los
Angeles, la plupart des gens pensent que vous voulez
parler de la vallée de San Fernando (certains pensent
même que vous voulez parler de Warner Brothers),
mais ne vous y trompez pas : nous ne parlons pas ici
de la vallée des plateaux de tournage et des ranchs
privés mais de la vraie Vallée, la Central Valley, les

quatre-vingt mille kilomètres carrés arrosés par les rivières Sacramento et San Joaquin et irrigués en outre par un réseau complexe de marécages, de dérivations, de digues, et par les canaux Delta-Mendota et Friant-Kern.

Cent cinquante kilomètres au nord de Los Angeles, au moment où vous descendez des montagnes Tehachapi pour entrer dans la banlieue de Bakersfield, vous quittez la Californie du Sud et pénétrez dans la Vallée. « Vous regardez la route devant vous et elle est plate sur des kilomètres, elle vous fonce dessus, avec cette ligne médiane noire qui vous fonce dessus encore et encore (…) et de la roche blanche émane une chaleur éblouissante, de sorte qu'on ne distingue plus que cette ligne noire qui vous fonce dessus avec le gémissement des pneus, et vous avez intérêt à cesser de regarder cette ligne, respirer à fond et vous administrer une grande claque sur la nuque, sinon vous risquez de vous hypnotiser. »

Robert Penn Warren a écrit ces mots à propos d'une autre route, mais il aurait pu tout aussi bien parler de la route de la Vallée, l'US 99, cinq cents kilomètres de Bakersfield à Sacramento, une autoroute si rectiligne que lorsqu'on survole la région tout droit entre Los Angeles et Sacramento, on ne perd jamais de vue l'US 99. Le paysage qu'elle traverse ne présente, à l'œil néophyte, aucune variété. L'œil de la Vallée, lui, sait repérer l'endroit où les kilomètres de plants de coton deviennent des kilomètres de plants de tomate, ou encore l'endroit où les grands ranchs industriels – Kern County Land, ce qu'il reste de DiGiorgio – font place aux propriétés privées (quelque part à l'horizon, si c'est un terrain privé, on aperçoit une maison et une haie de chênes nains), mais ces distinctions sont au fond sans importance. Toute la journée, rien d'autre ne bouge que le soleil, et les grandes barres d'arrosage automatique Rainbird.

De temps à autre sur la 99 entre Bakersfield et Sacramento, il y a une ville : Delano, Tulare, Fresno, Madera, Merced, Modesto, Stockton. Certaines sont devenues d'assez grandes villes aujourd'hui, mais elles se ressemblent toutes dans l'âme, des bâtiments de un, deux, trois étages, alignés sans souci d'esthétique, de sorte que la boutique de vêtements chic jouxte une droguerie bon marché de la chaîne W.T. Grant, de sorte que la grosse Bank of America fait face à un cinéma mexicain. *Dos Peliculas*, *Bingo Bingo Bingo*. Derrière le centre-ville (« *down*town », prononcé avec cet accent de l'Oklahoma qui a contaminé le dialecte de la Vallée), on trouve des rangées de vieilles maisons en bois – peinture écaillée, trottoirs fissurés, parfois des fenêtres à petits carreaux ambre surplombant un fast-food Foster's Freeze ou une station de lavage voiture express ou un bureau de la State Farm Insurance ; derrière encore se déploient les centres commerciaux et les kilomètres de pavillons aux tons pastel et charpente en bois de séquoia, les signes évidents d'une construction au rabais florissant déjà sur les maisons qui ont survécu aux premières pluies. A l'étranger qui roule sur la 99 dans une voiture climatisée (il serait là pour affaires, je suppose, cet étranger roulant sur la 99, quel qu'il soit, car la 99 n'amènerait jamais un touriste jusqu'à Big Sur ou San Simeon, ne le conduirait jamais jusqu'à la Californie qu'il est venu voir), ces villes doivent paraître d'une platitude, d'une pauvreté à désespérer l'imagination. Elles évoquent des soirées passées à traîner près de stations-service et des pactes suicidaires conclus dans des drive-in.

Mais souvenez-vous :

Q. En quoi la Terre Sainte ressemble-t-elle à la vallée de Sacramento ?
R. Dans la nature et la diversité de ses produits agricoles.

Il se trouve que l'US 99 traverse la région agricole la plus riche et la plus intensément cultivée au monde, une serre géante à ciel ouvert dont les moissons rapportent un milliard de dollars. C'est quand on se rappelle la richesse de la Vallée que la platitude monochrome de ses villes prend soudain une étrange signification, suggérant un état d'esprit que d'aucuns qualifieraient de pervers. Il y a quelque chose dans l'esprit de la Vallée qui témoigne d'une réelle indifférence pour l'étranger dans sa voiture climatisée, une incapacité même à percevoir sa simple présence, sans parler de ses pensées ou de ses désirs. Une implacable insularité constitue le sceau de ces villes. Un jour, j'ai rencontré une femme à Dallas, une femme tout à fait charmante et séduisante, habituée à l'hospitalité et à l'hypersensibilité sociale du Texas, qui me raconta que, durant les quatre années de la guerre qu'elle passa à Modesto où son mari était en poste, pas une seule fois elle n'avait été invitée chez quelqu'un. Personne à Sacramento ne trouverait cette histoire remarquable (« Elle ne devait pas avoir de parents là-bas », dit quelqu'un à qui je rapportai l'anecdote), car les villes de la Vallée se comprennent entre elles, partagent une disposition d'esprit singulière. Une même pensée et une même allure. *Moi* je sais faire la

différence entre Modesto et Merced, mais c'est que j'ai
été là-bas, je suis allée danser là-bas ; et puis il y a une
arche, au-dessus de la rue principale de Modesto, avec
un panneau sur lequel on peut lire :

EAU – RICHESSE
CONTENTEMENT – SANTÉ

Ce panneau n'existe pas à Merced.

J'ai dit que Sacramento était la moins typique des
villes de la Vallée, et c'est vrai – mais uniquement parce
qu'elle est plus grande et plus variée, uniquement parce
qu'elle a eu les rivières et la législature ; son vrai caractère demeure celui de la Vallée ; ses vertus sont celles
de la Vallée ; sa tristesse est celle de la Vallée. Il fait
tout aussi chaud en été, si chaud que l'air vibre et que
l'herbe blanchit et que les persiennes restent fermées
toute la journée, si chaud que le mois d'août arrive non
pas comme un simple mois mais comme une calamité ;
le paysage est tout aussi plat, si plat qu'un ranch que
possédait ma famille et qui présentait une très légère
déclivité, trente centimètres peut-être, était connu avant
cette année, pendant plus d'un siècle, sous le nom de
« ranch de la colline ». (Il est connu cette année sous le
nom de parcelle en instance de division, mais c'est une
autre histoire.) Et surtout, malgré les incursions exté-
rieures, Sacramento a conservé le caractère insulaire de
la Vallée.

Pour comprendre cette insularité, il suffit au visiteur
de se procurer l'un des deux journaux, l'*Union* du
matin et le *Bee* du soir. Il se trouve que l'*Union* est de

tendance républicaine et pauvre, tandis que le *Bee* est démocrate et puissant (LA VALLÉE DES ABEILLES[1] ! clamaient les publicités que faisaient paraître dans la presse professionnelle les McClatchy, qui possèdent les *Bee* de Fresno, Modesto et Sacramento. À L'ÉCART DE TOUTE AUTRE INFLUENCE MÉDIATIQUE !), mais ils se ressemblent beaucoup, et le ton de leurs principales préoccupations est étrange, merveilleux et instructif. L'*Union*, dans un comté à l'inclination démocrate profonde et immuable, s'inquiète essentiellement de la possibilité que la John Birch Society mette la main sur la région ; le *Bee*, d'une fidélité sans faille à la volonté de son fondateur, perpétue de vieilles croisades contre des fantômes qu'il appelle « les conglomérats du pouvoir ». Ombres de Hiram Johnson, que le *Bee* a aidé à faire élire gouverneur en 1910. Ombres de Robert La Follette, à qui le *Bee* a remis les clés de la Vallée en 1924. Il y a quelque chose dans les journaux de Sacramento qui ne correspond pas tout à fait à la façon dont Sacramento vit aujourd'hui, quelque chose de résolument décalé. Les ingénieurs de l'aérospatiale, apprend-on, lisent le *San Francisco Chronicle*.

Les journaux de Sacramento, cependant, ne sont que le reflet de la singularité de Sacramento, du destin de la Vallée, qui est d'être paralysée par un passé désormais indifférent. Sacramento est une ville qui a grandi grâce à l'agriculture et qui a découvert, stupéfaite, que la terre pouvait être exploitée de manière bien plus profitable. (La chambre de commerce vous donnera les chiffres des récoltes, mais n'y prêtez aucune attention

---

1. *Bee* signifie « abeille » mais est aussi le nom générique donné à de nombreux journaux aux Etats-Unis, l'équivalent de « gazette ».

– ce qui compte, c'est de sentir, de savoir que l'endroit
où poussait jadis le houblon vert est aujourd'hui le
domaine résidentiel de Larchmont Riviera, que ce qui
était jadis le ranch Whitney est aujourd'hui Sunset
City, un complexe de trente-trois mille maisons avec
country club.) C'est une ville dans laquelle l'industrie
de la défense et ses propriétaires absents sont soudain
la chose la plus importante ; une ville qui n'a jamais
été si peuplée ni si riche, mais qui a perdu sa *raison
d'être*. C'est une ville dont la plupart des citoyens les
plus enracinés sentent autour d'eux une sorte d'obso-
lescence fonctionnelle. Les vieilles familles continuent
de ne se voir qu'entre elles, mais elles ne se voient
même plus autant qu'auparavant ; elles sont en train
de fermer le ban, se préparent pour la longue nuit,
vendent leurs droits de passage et vivent de ce profit.
Leurs enfants continuent de se marier entre eux, de
jouer au bridge et de se lancer dans les affaires immobilières ensemble. (Il n'existe pas d'autre monde des
affaires à Sacramento, pas d'autre réalité que celle de
la terre – même moi, à l'époque où je vivais et travaillais à New York, je me suis sentie obligée de m'inscrire
à un cours d'économie foncière urbaine par correspon-
dance à l'université de Californie.) Mais tard dans la
nuit, quand la glace a fondu, il y a toujours quelqu'un
à présent, un Julian English[1] ou un autre, dont le cœur
n'y est pas tout à fait. Car là-bas, aux lisières de la
ville, se tiennent prêtes les légions d'ingénieurs de
l'aérospatiale, qui parlent leur propre langue, pleine de
condescendance, taillent leurs haies de dichondra et

---

1. Julian English est le héros désabusé du roman *Rendez-vous
à Samarra*, de John O'Hara.

prévoient de rester sur la terre promise ; qui élèvent une nouvelle génération de Sacramentains de souche et se fichent, se fichent éperdument, de ne pas être invités à rejoindre le Sutter Club. On se pose des questions, tard la nuit, quand il n'y a plus de glace ; de l'air s'est engouffré au cœur du foyer, et on se dit que le Sutter Club n'est peut-être pas, finalement, le Pacific Union ou le Bohemian[1] ; que Sacramento n'est pas *la ville*. Et c'est à force de douter ainsi de soi-même que les petites villes perdent leur caractère.

Je voudrais vous raconter une histoire de Sacramento. A quelques kilomètres de la ville, il y a un endroit, deux mille cinq cents, trois mille hectares, appartenant à l'origine à un rancher qui avait une fille. Cette dernière partit à l'étranger, épousa un noble, et quand elle ramena ce noble à la maison pour vivre dans le ranch, son père leur construisit une grande maison – salles de musique, jardins d'hiver, salle de bal. Ils avaient besoin d'une salle de bal parce qu'ils recevaient : des gens de l'étranger, des gens de San Francisco, ces fêtes duraient des semaines entières et nécessitaient l'affrètement de trains spéciaux. Ils sont morts depuis longtemps, bien sûr, mais leur fils unique, célibataire vieillissant, vit toujours là-bas. Il ne vit pas dans la maison, car la maison n'est plus là. Au fil des années, elle a brûlé, pièce par pièce, une aile après l'autre. Seules les cheminées de la grande demeure sont

---

1. Deux célèbres clubs privés de la bonne société de San Francisco.

restées intactes, et leur héritier vit à leur ombre, tout seul au beau milieu du site calciné, dans une caravane.

C'est une histoire que ma génération connaît ; je doute que la prochaine la connaisse, les enfants des ingénieurs de l'aérospatiale. Qui la leur raconterait ? Leurs grand-mères vivent à Scarsdale, et ils n'ont jamais rencontré de grand-tante. Le « vieux » Sacramento, pour eux, sera quelque chose de folklorique, dont ils auront entendu parler dans le magazine *Sunset*. Ils penseront sans doute que le Réaménagement urbain a toujours existé, que l'Embarcadero, le long de la rivière, avec ses amusantes boutiques et ses pittoresques casernes de pompiers reconverties en bars, a le vrai goût des jours d'antan. Ils n'auront aucune raison de savoir que, à une époque plus simple, cet endroit s'appelait Front Street (ce ne sont pas les Espagnols, après tout, qui se sont établis les premiers dans la ville) et que c'était un lieu de paumés, de missions et de vagabonds itinérants venus en ville pour une beuverie du samedi soir : MISSION DE LA VICTOIRE, JÉSUS APPORTE LE SALUT, LITS 25 *CENTS* LA NUIT, POUR LES RÉCOLTES SE RENSEIGNER ICI. Ils auront perdu le vrai passé et gagné au change un autre, fabriqué celui-là, et ils n'auront aucun moyen de savoir, absolument aucun, pourquoi il y a une caravane, seule, au milieu d'un terrain de trois mille hectares aux abords de la ville.

Mais peut-être est-il présomptueux de ma part de penser qu'il leur manquera quelque chose. Peut-être, rétrospectivement, cette histoire ne parlait-elle pas du tout de Sacramento en réalité, mais des choses que nous perdons et des promesses que nous brisons en vieillissant ; peut-être, sans le savoir, ne fais-je que jouer la Margaret du poème :

Margaret, déplores-tu
Les feuillages de Goldengrove qui ne sont
[plus ? (...)
C'est la flétrissure à l'homme destinée,
C'est de Margaret que tu es éplorée.

1965

Dans les îles

1969 : Je ferais mieux de vous dire où je suis, et pourquoi. Je suis assise sous le haut plafond d'une chambre du Royal Hawaiian Hotel à Honolulu, à regarder l'alizé soulever les longs rideaux transparents et à essayer de remettre de l'ordre dans mon existence. Mon mari est là, ainsi que notre fille âgée de trois ans. Elle est blonde et pieds nus, une enfant du paradis, collier de fleurs de frangipanier autour du cou, et elle ne comprend pas pourquoi elle ne peut pas aller à la plage. Elle ne peut pas aller à la plage parce qu'il y a eu un tremblement de terre dans les Aléoutiennes, 7,5 sur l'échelle de Richter, et que l'on attend maintenant un tsunami. Dans deux ou trois minutes, la lame de fond, s'il y en a une, atteindra l'atoll de Midway, et nous attendons des nouvelles de Midway. Mon mari regarde l'écran de la télévision. Moi, je regarde les rideaux, et j'imagine la montée des eaux.

Le bulletin d'information, quand il arrive, fait distinctement retomber les attentes : pas de vague inhabituelle du côté de Midway. Mon mari éteint le poste de télévision et regarde par la fenêtre. J'évite son regard, et je brosse les cheveux de la petite. En l'absence d'une catastrophe naturelle, nous sommes à nouveau seuls avec nos stratagèmes embarrassés. Nous sommes ici sur cette île au milieu du Pacifique au lieu d'entamer une procédure de divorce.

Je vous raconte ça non pas comme une confession intempestive mais parce que je veux que vous sachiez, à mesure que vous me lisez, très précisément qui je suis, où je suis et à quoi je pense. Je veux que vous compreniez exactement à qui vous avez affaire : vous avez affaire à une femme qui depuis quelque temps se sent radicalement étrangère à la plupart des idées qui paraissent intéresser les autres. Vous avez affaire à une femme qui, quelque part en cours de route, a égaré le peu de foi qu'elle avait jamais eue dans le contrat social, dans le principe de progrès, dans le grand dessein de l'aventure humaine. Très souvent, ces dernières années, je me fais l'effet d'une somnambule, traversant le monde sans avoir conscience des grandes questions de l'époque, ignorant ses données de base, sensible uniquement à l'étoffe dont sont faits les mauvais rêves, aux enfants qui brûlent vifs coincés dans la voiture sur le parking du supermarché, à la bande de motards qui désossent des voitures volées sur le ranch de l'infirme qu'ils retiennent prisonnier, au tueur de l'autoroute qui est « désolé » d'avoir dégommé les cinq membres de la même famille, aux arnaqueurs, aux fous, aux visages de plouc sournois qui surgissent dans les enquêtes militaires, aux rôdeurs tapis dans l'ombre derrière les portes, aux enfants perdus, à toutes les armées de l'ignorance qui s'agitent dans la nuit. Des gens que je connais lisent le *New York Times* et essaient de me raconter les nouvelles du monde. J'écoute les émissions d'antenne ouverte aux auditeurs.

Vous comprendrez qu'une telle vision du monde présente quelques difficultés. J'ai du mal à faire certaines connexions. J'ai du mal à respecter la notion élémentaire selon laquelle tenir ses promesses est important dans un monde où tout ce qu'on m'a appris semble passer à côté de l'essentiel. L'essentiel lui-même paraît de plus en plus obscur. Je suis entrée dans l'âge adulte équipée d'un sens éthique profondément romantique, brandissant toujours les exemples d'Axel Heyst dans *Victoire*, de Milly Theale dans *Les Ailes de la colombe*, de Charlotte Rittenmayer dans *Les Palmiers sauvages* et de quelques dizaines d'autres personnages du même genre, croyant comme eux que le salut est dans les engagements extrêmes et voués à l'échec, dans les promesses faites et, d'une manière ou d'une autre, tenues hors des sentiers de l'expérience sociale normale. Je crois toujours à cela, mais j'ai du mal à concilier le salut avec ces armées de l'ignorance qui assiègent mes pensées. Je pourrais me laisser aller ici à une petite généralisation oiseuse, je pourrais gloser sur mon propre état de choc affectif face à l'effondrement culturel global, je pourrais parler avec ferveur de convulsions dans la société et d'aliénation et d'anomie et peut-être même d'assassinat, mais ce ne serait qu'une esbroufe de plus, si élaborée soit-elle. Je ne suis pas un microcosme de la société. Je suis une femme de trente-quatre ans qui a de longs cheveux raides, un vieux bikini et une crise de nerfs, assise sur une île au milieu du Pacifique à attendre une lame de fond qui ne vient pas.

Nous passons, mon mari, moi et la petite, une semaine de remise en forme au paradis. Nous sommes, l'un pour l'autre, un modèle d'attention, de tact et de retenue tout au bord du précipice. Il se retient de faire une remarque quand il me voit regarder dans le vide, et moi je me retiens de m'étendre trop longuement sur un article dans le journal à propos d'un père et d'une mère qui auraient jeté leur bébé, avant de se jeter à leur tour, dans le cratère bouillant d'un volcan en fusion à Maui. Nous nous retenons aussi de parler de portes défoncées, de psychotiques hospitalisés, d'angoisses chroniques ou de valises bouclées. Nous restons allongés au soleil, nous traversons en voiture les champs de canne à sucre pour rejoindre la baie de Waimea. Nous prenons le petit déjeuner en terrasse, et des femmes aux cheveux gris nous sourient avec bienveillance. Je leur rends leur sourire. Les familles heureuses se ressemblent toutes sur la terrasse du Royal Hawaiian Hotel à Honolulu. Mon mari revient de Kalakaua Avenue un matin et me dit qu'il a croisé un drag-queen de 1,90 mètre que nous connaissons à Los Angeles. Il faisait des courses, raconte mon mari, cherchait un bikini en résille et n'a pas dit un mot. Nous rions tous deux. Cela me rappelle que nous rions des mêmes choses, et je lui lis cette récrimination trouvée dans un très vieux numéro du magazine *Honolulu* que j'ai déniché dans le bureau de quelqu'un : « Lors de la récente venue du Président Johnson à Honolulu, la une du journal disait quelque chose comme DES PIQUETS POUR ACCUEILLIR LE PRÉSIDENT. N'aurait-ce pas été exactement du pareil au même de dire UN CHALEUREUX ALOHA POUR ACCUEILLIR LE PRÉSIDENT ? » A la fin de la semaine, je dis à mon mari que je vais faire plus d'efforts pour donner de l'importance aux choses. Mon mari dit qu'il a déjà entendu ça, mais il fait chaud et la petite a un nouveau collier de fleurs de frangipanier

autour du cou et il n'y a pas de rancœur dans sa voix.
Peut-être que tout ira bien, dis-je. Peut-être, dit-il.

1970 : Très tôt chaque matin à Honolulu, sur la por-
tion de la Waikiki Beach qui borde le Royal Hawaiian
Hotel, un employé de l'hôtel passe quinze ou vingt
minutes à ratisser le sable dans un périmètre fermé
réservé aux clients. Comme cette plage « privée » ne
diffère de la plage « publique » que par son sable ratissé,
la corde délimitant ce périmètre et sa distance encore
plus éloignée de la mer, on a du mal à comprendre au
début ce qui peut pousser les gens à venir s'installer là,
et pourtant c'est ce qu'ils font. Ils s'installent là pour
toute la journée, et en grand nombre, face à la mer en
rangs bien alignés.

Je venais de temps à autre à Honolulu depuis déjà
plusieurs années quand j'ai fini par me rendre compte
que la plage fermée était cruciale à l'essence même du
Royal Hawaiian, que s'asseoir là n'avait rien à voir avec
la notion d'exclusion, comme on le suppose en général
à Waikiki, mais d'inclusion au contraire. Quiconque se
situe derrière la corde est présumé appartenir, par définition tacite, à « notre genre ». Quiconque se situe derrière la corde pourra surveiller nos enfants comme nous
pourrons surveiller les siens, ne sera pas susceptible de
nous voler nos clés de chambre ou de fumer de l'herbe
ou d'écouter Creedence Clearwater sur un transistor
tandis que nous attendons des nouvelles de la compagnie Mainland sur les taux d'intérêt préférentiels. Quiconque se situe derrière la corde, si d'aventure nous
lancions la conversation, sera susceptible de « connaître
des gens que nous connaissons » : la plage fermée du

Royal est une enclave de gens en apparence étrangers
les uns aux autres mais toujours sur le point de découvrir
que leurs nièces étaient logées dans la résidence Lagu-
nita à Stanford la même année, ou que leurs meilleurs
amis ont déjeuné ensemble lors du dernier Crosby. Le
fait que quiconque se situant derrière la corde compren-
drait que le mot « Crosby » désigne un tournoi de golf
à Pebble Beach laisse deviner à quel point le Royal
Hawaiian, plus qu'un simple hôtel, est un concept
social, l'un des rares signes tangibles d'un certain mode
de vie américain.

Bien entendu, les grands hôtels ont toujours été des
concepts sociaux, des miroirs sans défauts tendus aux
sociétés particulières qu'ils servent. S'il n'y avait pas
eu d'Empire, il n'y aurait pas eu de Rafles[1]. Pour
comprendre ce qu'est le Royal aujourd'hui, il faut
d'abord comprendre ce qu'il était de 1927 à la fin des
années 30, le « palais rose » du Pacifique, lointain et
vaguement exotique, le complexe hôtelier bâti par la
Matson Line pour égaler et surclasser ses concurrents
tels que le Coronado, le Broadmoor, Del Monte. Occupant pour ainsi dire unique de Waikiki à l'époque, le
Royal fit de Honolulu un endroit couru, déclencha
autour de tout ce qui était « hawaïen » – les colliers de
fleurs, les ukulélés, les célébrations luaus, les chapeaux
en feuilles de cocotier et la chanson « I Wanna Learn
to Speak Hawaiian » – l'engouement d'une décennie
entière dans les bals des country clubs de toute l'Amérique. Pendant les quatorze années entre l'ouverture du
Royal et Pearl Harbor, les gens arrivaient par les

---

1. Chaîne d'hôtellerie de luxe.

paquebots *Malolo* et *Lurline* de la Matson Line, et ils apportaient avec eux non seulement de grosses malles de voyage mais des enfants et des petits-enfants et des domestiques et des nounous et des Rolls-Royce argentées et des cabriolets Packard bleu outremer. Ils passaient « la saison hivernale » au Royal, ou ils y passaient « la saison estivale », ou ils « s'installaient pour plusieurs mois ». Ils venaient au Royal se reposer « après avoir chassé en Afrique du Sud ». Ils rentraient chez eux « en passant par Banff et le Lac Louise ». A Honolulu il y avait le polo, le golf, le bowling sur le green. Tous les après-midi, le Royal servait le thé sur des tables en rotin. Les femmes de chambre tressaient des colliers de fleurs pour chacun des hôtes. Les chefs construisaient, en guise de décoration de table, le bâtiment du Capitole des Etats-Unis en sucre hawaïen.

Les registres du Royal de ces années-là demeurent témoins des fortunes industrielles de l'Amérique, grandes et petites. Entre les Mellon, les Du Pont, les Getty et l'homme qui venait de faire breveter le plus grand incubateur du monde (capable de contenir jusqu'à 47 000 œufs), la différence paraît absolument inexistante, sur les photos prises au Royal en 1928. Dorothy Spreckels[1] gratte les cordes d'un ukulélé sur la véranda. Walter P. Chrysler Jr.[2] arrive avec sa mère et son père pour une saison au Royal. Une silhouette

---

1. Dorothy Spreckels, immortalisée par un portrait de Dalí, était la fille d'Alma de Bretteville Spreckels, grande figure de la bonne société californienne du début du XXᵉ siècle, surnommée « la Grand-Mère de San Francisco ».

2. Grand collectionneur d'art, fils du fondateur de l'empire automobile Chrysler.

sur la plage est décrite comme « une femme de la société de Colorado Springs », un jeune couple comme « des proches des jeunes mariés d'Akron ». Au Royal, ils faisaient la connaissance non seulement les uns des autres mais aussi d'un monde plus vaste : des propriétaires de radio australiens, des planteurs de thé ceylanais, des dirigeants cubains de compagnies sucrières.

Sur les clichés sépia, on voit surtout des mères et des filles. Les hommes, quand ils sont là, trahissent une touchante maladresse, la conscience qu'ils ont d'avoir un rôle plus rude à tenir, par exemple maire de Seattle ou président de l'Overland Motor Company, une certaine résistance au monde des saisons estivales et des saisons hivernales. En 1931, le fils du Président Hoover fit un séjour au Royal, s'amusa follement, pêcha trente-huit poissons au large de la côte Kona de Hawaï, et se fit photographier sur la plage du Royal en train de serrer la main du surfeur Duke Kahanamoku. Cette photo parut dans le magazine *Town and Country*, où l'on apprenait également en 1931 : « Les plongeurs du port de Honolulu disent que la pêche est bonne ces derniers temps et qu'il ne semble pas y avoir de pénurie dans la dénomination des pièces qu'on leur lance comme appâts depuis le pont des bateaux accostant. »

Quant aux bouleversements des années 60, ils n'ont guère eu d'effet sur le Royal. Ce que l'endroit reflétait dans les années 30, il continue de le refléter, sous de nouvelles formes moins flamboyantes : le genre de vie toujours vécue dans les rues où poussent les plus vieux arbres. C'est une vie si fermement attachée à ses préoccupations traditionnelles que les cataclysmes touchant la société en général ne la perturbent que comme les orages perturbent le fond des mers : beaucoup plus tard

et de manière détournée. C'est une vie vécue par des
millions de personnes dans ce pays et en grande partie
oubliée par la majorité d'entre nous. Il me semble
parfois que je ne m'en souviens qu'au Royal Hawaiian.
Là, dans la chaleur des premières heures du soir, les
femmes en mousseline de soie bleu turquoise et
bouton-d'or ressemblent, attendant leurs voitures sous
la porte cochère rose, aux héritières naturelles d'un
style dont s'empareraient plus tard Patricia Nixon et
ses filles. Le matin, quand la plage vient d'être ratissée
et que l'air est encore humide et parfumé des pluies
de l'aube, je vois les mêmes femmes, vêtues à présent
de chemises en soie à motifs et de cardigans en cachemire doublés, en train de manger des papayes sur la
terrasse comme elles le font de saison en saison depuis
l'époque où elles étaient jeunes filles, dans les années
20, et venaient au Royal avec leurs mères et leurs
sœurs. Leurs maris feuillettent les journaux de San
Francisco et de Los Angeles avec le désintérêt étudié
des hommes qui croient que leur existence est bien
protégée par les fonds d'obligation municipale. Ces
journaux arrivent au Royal avec un jour de retard,
parfois deux, ce qui donne aux événements de l'actua-
lité une singulière et troublante distance. Je me rappelle
avoir entendu une conversation au kiosque du Royal
le matin après les primaires de Californie en 1968, le
matin où Robert Kennedy gisait, mourant, au Good
Samaritan Hospital de Los Angeles. « Alors, les primaires ? » demanda à son épouse un homme qui ache-
tait des cigarettes. Elle jeta un œil aux manchettes
vieilles de vingt-quatre heures. « "Participation mas-
sive selon les premières estimations" », dit-elle. Un
peu plus tard dans la matinée, j'entendis la même

femme parler de l'assassinat : son mari avait appris la nouvelle en passant dans une agence de courtage pour avoir les chiffres de la clôture à New York.

Lire la *New York Review of Books* au bord de la piscine du Royal, c'est se faire à soi-même l'effet d'un serpent, déguisé sous un peignoir de plage en tulle, infiltré au cœur de l'endroit. Je pose la *New York Review of Books* et je discute avec une jolie jeune femme qui a passé sa lune de miel au Royal, parce que les lunes de miel au Royal sont une coutume dans sa famille, avec chacun de ses trois maris. Ma fille se lie à la piscine avec une autre fillette de quatre ans, Jill, de Fairbanks, en Alaska, et la mère et la tante de Jill tiennent pour une évidence que les deux petites se reverront, d'une année sur l'autre, au rythme immuable et plaisant d'une vie qui existait jadis et qui, au Royal Hawaiian, paraît toujours exister. Assise dans mon peignoir de plage en tulle, je regarde les enfants et je voudrais, même si tout ce que je sais laisse présager le contraire, qu'il puisse en être ainsi.

1970 : Contempler Honolulu d'en haut, depuis la grande forêt de pluie qui sépare le versant exposé d'Oahu et la ville à l'abri sous le vent, c'est voir, au centre d'un volcan éteint du nom de Puowaina, un endroit si calme et intime qu'une fois aperçu, on ne l'oublie jamais. Il y a des banians dans le cratère, et des arbres de pluie, et 19 500 sépultures. Les primevères jaunes étincellent sur les hauteurs. Des pans entiers de colline paraissent se noyer dans un nuage mauve de jacarandas. C'est l'endroit communément appelé le Punchbowl, le Cimetière mémorial national du Pacifique, et 13 000 des morts que contient son

cratère furent tués durant la Seconde Guerre mondiale.
D'autres moururent en Corée. Depuis presque dix ans
maintenant, aux abords du site, juste sur la lèvre du
cratère, on creuse des tombes pour les Américains tués
au Vietnam, pas beaucoup, une infime partie comparé
au total, un, deux, trois par semaine, des garçons originaires de l'île pour la plupart, même si certains ont
été transportés jusqu'ici par des familles vivant à plusieurs milliers de kilomètres de l'autre côté du Pacifique, geste que rend poignant sa seule difficulté.
Comme les morts du Vietnam sont rapatriés d'abord
sur la base militaire de Travis, en Californie, avant
d'être acheminés vers le plus proche de leurs parents,
les familles du continent qui veulent enterrer leurs
maris ou leurs fils à Honolulu doivent faire traverser
une dernière fois le Pacifique à la dépouille mortuaire.
L'administrateur du Punchbowl, Martin T. Corley, les
appelle ses « livraisons du Vietnam ».

« Un père ou un oncle m'appelle du continent et
m'annonce qu'il amène son gamin ici, je demande pas
pourquoi », m'a dit Mr Corley, à qui j'ai récemment
parlé. Nous étions assis dans son bureau, dans le cratère, et au mur étaient accrochées l'Etoile de bronze et
l'Etoile d'argent, les décorations qu'il avait reçues en
Europe en 1944, Martin T. Corley, un homme en chemise hawaïenne qui était passé de South Ozone
Park, dans le Queens, à la bataille des Ardennes, avant
de suivre un cours de management funéraire à Fort
Sam Houston pour finalement s'installer, une vingtaine
d'années plus tard, dans un bureau au milieu d'un
volcan éteint dans le Pacifique d'où il pouvait observer
les vivants et les morts d'une autre guerre, une de plus.

Je le regardais fouiller dans une pile de « transmissions », comme il les appelait, les certificats de décès du Vietnam. Là, dans le bureau de Martin T. Corley, le Vietnam semblait soudain beaucoup moins chimérique qu'il ne l'était depuis quelques mois, vu du continent, donnait moins l'impression d'être une guerre de l'année dernière, réussissait moins bien à demeurer confiné dans les limbes de la négligence bénigne, dans cet état où parler des victimes que continuait de faire la guerre avait quelque chose d'un peu contre-productif, d'un peu démodé. Là, dans le cratère, il semblait moins facile de croire que moins de 100 morts au champ d'honneur dans les statistiques hebdomadaires équivalait, par quelque tour de passe-passe, à un chiffre total de zéro, à une guerre inexistante. Là, devant les fossoyeuses automatiques, le chiffre total, pour les douze premières semaines de l'année 70, s'élevait à 1 078 morts. Martin T. Corley reçoit une transmission pour chacun d'eux. Il conserve ces formulaires pendant quinze ou vingt jours avant de les jeter, au cas où une famille voudrait amener ses morts au Punchbowl. « Tenez, on a eu un gamin amené depuis l'Oregon il y a quelques jours, dit-il. On en a un qui doit arriver de Californie. On se dit que les familles doivent avoir leurs raisons. On choisit l'emplacement, on creuse la tombe. Ces familles de rapatriés, on les voit pas avant le moment où le corbillard franchit le portail. »

Par un chaud et venteux après-midi, quelques jours plus tard, j'étais assise avec Mr Corley sur l'herbe soyeuse de la Section K du cratère, attendant que l'une de ces familles franchisse le portail. Ils étaient arrivés

L'Amérique

du continent la veille au soir, tous les six, la mère et
le père, une sœur et son mari ainsi que deux autres
parents, et ils allaient enterrer leur garçon sous le soleil
de l'après-midi avant de remonter dans l'avion quelques heures plus tard. Nous attendions, nous regardions, et puis, sur la route en contrebas, les six soldats
chargés de porter le cercueil se mirent au garde-à-vous.
Le sonneur de clairon, assis sous un banian, se redressa
et prit sa place derrière la garde d'honneur. Nous aper-
çûmes alors le corbillard, qui remontait la route
sinueuse et circulaire jusqu'à la Section K, le corbillard
et deux voitures, la lumière des phares pâlissant dans
le soleil tropical. « Deux d'entre nous, au bureau, viennent toujours pour les gars du Vietnam, dit soudain
Mr Corley. Au cas où la famille craquerait ou quelque
chose. »

Tout ce que je peux vous dire à propos des dix
minutes qui suivirent, c'est qu'elles parurent très longues. Nous regardâmes les soldats porter le cercueil
jusqu'à la tombe puis hisser le drapeau en essayant de
le faire tenir droit dans le souffle chaud de l'alizé. Le
vent soufflait fort, renversant les vases de glaïeuls disposés près de la tombe et noyant les mots du prêtre.
« Si Dieu est de notre côté, alors qui peut être contre
nous », dit le prêtre, un jeune major roux en vêtements
de plage, puis je n'entendis plus rien pendant un
moment. J'étais debout derrière les six chaises en tissu
où était installée la famille, debout avec Mr Corley et
un officier des premiers secours de l'armée, et je regardais, derrière le prêtre, une poignée de sépultures si
fraîches qu'elles n'avaient pas encore de pierre tom-
bale, juste des pancartes en plastique fichées dans le
sol. « Nous confions tendrement ce corps à la terre »,

dit ensuite le prêtre. Les hommes de la garde d'honneur levèrent alors leurs fusils. Trois coups de feu retentirent. Le clairon joua la sonnerie aux morts. Les porteurs du cercueil plièrent le drapeau jusqu'à ce que seuls le carré bleu et quelques étoiles demeurent visibles, puis l'un d'eux s'avança pour remettre le drapeau au père. Pour la première fois, le père détourna les yeux du cercueil, détourna les yeux des porteurs du cercueil, et regarda le champ des tombes. Frêle, le visage tremblant et les yeux humides, il se tenait debout face à moi et Mr Corley, et pendant un moment nos regards se croisèrent directement, mais il ne nous voyait pas, ni moi, ni Mr Corley, ni personne.

Il n'était pas tout à fait trois heures. Le père, faisant passer le drapeau d'une main dans l'autre comme s'il était brûlant, adressa quelques mots, le souffle court, aux porteurs du cercueil. Je m'éloignai alors de la tombe, regagnai ma voiture et attendis que Mr Corley finisse de s'entretenir avec le père. Il voulait lui dire, au cas où lui et sa femme voudraient revenir avant le départ de leur vol, que la tombe serait recouverte à quatre heures. « Parfois ça leur fait du bien de voir, dit Mr Corley quand il m'eut rejointe. Parfois ils remontent dans l'avion et ils s'inquiètent, vous voyez, ils se demandent si on a bien recouvert la tombe. » Sa voix resta en suspens. « On met trente minutes pour recouvrir, dit-il enfin. Remplir, recouvrir, poser le repère. C'est l'un des trucs dont je me souviens de ma formation. » Nous demeurâmes là un moment dans le vent chaud, avant de nous dire au revoir. Les porteurs remontèrent dans le bus de l'armée. Le clairon passa devant nous en sifflotant « Raindrops Keep Fallin' on My Head ». Peu après quatre heures, le père et la mère revinrent et regardèrent longtemps la tombe recouverte, puis ils prirent un vol de nuit pour regagner le continent. Leur fils était l'un des 101 Américains tués au Vietnam cette semaine-là.

1975 : Le vol Pan American de huit heures quarante-cinq à destination de Honolulu a été retardé d'une demi-heure ce matin avant son décollage de Los Angeles. Pendant ce délai, l'hôtesse a servi du jus d'orange et du café, deux enfants ont joué à chat dans la travée centrale et, quelque part derrière moi, un homme s'est mis à hurler sur une femme, son épouse apparemment. Je dis que cette femme était apparemment son épouse simplement parce que le ton de son invective semblait familier, même si les seuls mots que j'aie distinctement entendus étaient ceux-ci : « Tu vas finir par me pousser au meurtre. » Au bout d'un moment, je me suis rendu compte qu'on ouvrait la porte de l'avion, quelques rangs derrière moi, et que l'homme sortait à toute allure. Beaucoup d'employés de la Pan American montaient et descendaient à toute allure, à ce moment-là, et la plus grande confusion régnait. Je ne sais pas si l'homme est remonté dans l'avion avant le décollage ou si la femme est partie seule à Honolulu, mais j'y ai pensé pendant tout le trajet au-dessus du Pacifique. J'y ai pensé en buvant un sherry on the rocks et j'y ai pensé pendant le déjeuner et j'y pensais encore quand la première des îles hawaïennes est apparue au bout de l'aile gauche de l'avion. Ce n'est qu'après avoir dépassé Diamond Head et survolé les récifs juste avant d'atterrir à Honolulu, cependant, que j'ai compris ce qui me déplaisait le plus dans cet incident : ce qui me déplaisait, c'était qu'il

ressemblait à une nouvelle, l'une de ces histoires à
« petite épiphanie » dans lesquelles le personnage principal est témoin d'une crise dans la vie d'un parfait
inconnu – une femme en train de pleurer dans un salon
de thé, souvent, ou un accident vu de la fenêtre d'un
train, « salons de thé » et « trains » étant encore des
décors incontournables dans les nouvelles, mais pas
dans la vraie vie –, ce qui l'amène à considérer sa propre
existence sous un nouveau jour. Je n'allais pas à Honolulu parce que je voulais voir la vie réduite à une nouvelle. J'allais à Honolulu parce que je voulais voir la
vie prendre la dimension d'un roman, et je le veux
toujours. Je voulais qu'il y ait de la place pour les fleurs,
pour les poissons du récif, et pour les gens qui se poussaient peut-être l'un l'autre au meurtre mais qui, en tout
cas, ne se sentaient pas obligés, par les exigences des
conventions narratives, de le dire tout haut dans le vol
Pan American de huit heures quarante-cinq à destination
de Honolulu.

1977 : Je n'ai jamais vu de carte postale de Hawaï
qui montre la caserne de Schofield. Schofield est loin
des sentiers battus, loin du circuit touristique, tout près
des étangs ombragés du réservoir Wahiawa, et quitter
Honolulu pour rejoindre Schofield, à l'intérieur des
terres, c'est sentir l'atmosphère se voiler, l'éventail des
couleurs s'assombrir. Les pastels transparents de la
célèbre côte laissent place aux verts opaques de l'intérieur d'Oahu. Le corail blanc cassé laisse place à la
terre rouge, à la terre poudreuse, au rouge profond des
sols de latérite qui s'effritent en fine poussière dans la
main et recouvrent d'un voile l'herbe, les bottes et les
enjoliveurs. Les nuages se massent au-dessus de la

chaîne des Waianae. Les feux de canne à sucre fument
à l'horizon et il pleut par intermittence. ACHETEZ DES
FEUILLES DE CHOU, peut-on lire sur l'écriteau de la
devanture d'une épicerie à la charpente érodée, de
l'autre côté du pont à deux voies qui mène au portail
de Schofield. INSTITUT DE MASSAGE, ENCAISSEMENT DE
CHÈQUES, SALLE DE BILLARD DU 50ᵉ ÉTAT, HAPPY HOUR,
ACHAT AUTOMOBILES CASH. Prêts Schofield. Prêts sur
gages Schofield. Motel Sands Motor Lodge de Schofield. Et puis, enfin, Schofield proprement dit, le Schofield que nous connaissons tous à cause de *Tant qu'il
y aura des hommes* de James Jones, le Schofield qui
héberge le 25ᵉ Régiment d'infanterie « Eclair des tropiques », jadis appelé Régiment Hawaï, le régiment de
James Jones lui-même, de Robert E. Lee Prewitt, de
Maggio, de Warden, de Stark, de Dynamite Holmes[1],
*Prêts au Combat, Entraînés pour Vaincre, Toujours
Partants. Toutes les Guerres se Gagnent à la Fin
Grâce à l'Infanterie. Par ce Portail Passent les Meilleurs Soldats du Monde* – LES SOLDATS DU 25ᵉ RÉGIMENT
D'INFANTERIE. RÉENGAGEMENT ÉCLAIR DES TROPIQUES. Je
n'ai jamais pu me rendre à Schofield et voir ces mots
sans entendre le blues qui conclut *Tant qu'il y aura
des hommes* :

> *Got paid out on Monday*
> *Not a dog soldier no more*
> *They gimme all that money*
> *So much my pockets is sore*

1. Personnages du roman *Tant qu'il y aura des hommes* de
James Jones.

More dough than I can use. Reenlistement Blues.
Ain't no time to lose. Reenlistment Blues[1].

Certains lieux ne semblent exister que parce que quelqu'un a écrit sur eux. Le Kilimandjaro appartient à Ernest Hemingway, Oxford, Mississippi, appartient à William Faulkner, et lors d'une semaine caniculaire en juillet à Oxford, j'ai été amenée à passer une après-midi à marcher dans le cimetière à la recherche de sa tombe, une sorte de visite de courtoisie au propriétaire des lieux. Un lieu appartient pour toujours à celui qui se l'approprie avec le plus d'acharnement, s'en souvient de la manière la plus obsessionnelle, l'arrache à lui-même, le façonne, l'exprime, l'aime si radicalement qu'il le remodèle à sa propre image, et non seulement la caserne de Schofield mais une bonne partie de Honolulu tout entier a toujours appartenu, pour moi, à James Jones. La première fois que j'ai vu Hotel Street à Honolulu, c'était un samedi soir en 1966, quand tous les bars et les salons de tatouage étaient remplis de soldats et de filles courant après un dollar ou deux et de gamins de dix-neuf ans à destination ou de retour de Saigon courant après les filles. Je me rappelle avoir cherché ce soir-là les lieux qui figuraient dans *Tant qu'il y aura des hommes* : le Black Cat, le Blue Anchor, le bordel que Jones appelait le New Congress Hotel. Je me

---

1. « Reçu ma paye lundi/ J'suis plus un franc-tireur/ Ils m'ont filé toute cette oseille/ A m'en brûler les poches/ Plus de pognon que je saurais quoi en faire. Blues du Réengagement./ Pas de temps à perdre. Blues du Réengagement. »

souviens d'avoir remonté Wilhemina Rise en voiture à la recherche de la maison d'Alma, et je me souviens d'être sortie du Royal Hawaiian Hotel en m'attendant à voir Prewitt et Maggio assis au bord du trottoir et je me souviens d'avoir marché sur le parcours de golf du Waialae Country Club, essayant de repérer l'endroit exact où Prewitt mourait. Je crois que c'était dans l'obstacle près du cinquième green.

Il est difficile de voir l'un de ces lieux accaparés par la fiction sans un flou soudain, un décrochage, une sorte d'occlusion vertigineuse de l'imaginaire et du réel, et ce décrochage fut particulièrement sensible lors de ma dernière arrivée à Honolulu, un jour de juin, alors que l'auteur de *Tant qu'il y aura des hommes* était mort à peine quelques semaines plus tôt. A New York, la mort de James Jones avait été l'occasion de nombreuses considérations et reconsidérations. De nombreuses mesquineries avaient été rappelées et exorcisées. De nombreuses leçons avaient été interprétées, à partir de sa vie comme de sa mort. A Honolulu, la mort de James Jones avait été marquée par la publication, dans le *Honolulu Star-Bulletin*, d'un extrait du *Viet Journal* de l'auteur, l'épilogue, la partie dans laquelle il parlait de revenir à Honolulu en 1973 et de rechercher les lieux dont il s'était souvenu dans *Tant qu'il y aura des hommes* mais qu'il avait vus pour la dernière fois en 1942, quand il avait vingt et un ans et qu'il était parti à Guadalcanal avec le 25ᵉ Régiment. En 1973, les cinq bunkers de Makapuu Head avaient semblé à James Jones exactement tels qu'il les avait laissés en 1942. En 1973, le Royal Hawaiian Hotel avait semblé à James Jones moins formidablement riche qu'il ne l'avait quitté en 1942, et il s'était rendu compte avec une émotion considérable qu'il était un homme dans la cinquantaine qui pouvait entrer au Royal Hawaiian et se payer tout ce qu'il voulait.

Il s'était payé une bière et il était rentré à Paris. En juin 1977, il était mort et il était impossible d'acheter un exemplaire de son grand roman, son roman vivant, le roman dans lequel il aimait tellement Honolulu qu'il l'avait remodelé à sa propre image, dans aucune des grandes librairies de Honolulu. « C'est un best-seller ? » m'a-t-on demandé dans l'une, et dans une autre, l'enfant gâté qui dirigeait les lieux me conseilla d'aller voir du côté du rayon sciences paranormales[1]. A cet instant-là, je me suis dit que je pleurais pour James Jones, un homme que je n'ai jamais rencontré, mais je crois que je pleurais en réalité pour nous tous : pour Jones, pour moi-même, pour les victimes de mesquineries et pour leurs exorcistes, pour Robert E. Lee Prewitt, pour le Royal Hawaiian Hotel et pour ce crétin gâté qui croyait que l'éternité était une science paranormale.

Je n'ai jamais vraiment réussi à savoir si l'extrême gravité de *Tant qu'il y aura des hommes* est le reflet exact de la lumière de la caserne de Schofield, ou si cette lumière me paraît grave parce que j'ai lu James Jones. « Il avait plu toute la matinée et puis soudain le ciel s'était dégagé à midi, et l'air, fraîchement lavé à présent, était comme du cristal sombre dans la clarté tranchante et l'obscure netteté qu'elle donnait à chaque

---

1. A cause du titre original du roman, *From Here to Eternity* (littéralement : « D'ici jusqu'à l'éternité »).

image. » C'est dans cette obscure netteté que James
Jones avait dépeint Schofield, et c'est dans cette obscure
netteté que j'ai vu Schofield la dernière fois, un lundi
de ce mois de juin. Il avait plu dans la matinée et l'air
était imprégné de l'odeur des eucalyptus et j'eus à nouveau cette impression familière d'avoir quitté la côte
lumineuse pour pénétrer dans un territoire plus téné-
breux. La ligne noire des monts Waianae semblait mys-
térieusement oppressante. Quatre personnes, sur le
parcours de golf de la caserne, semblaient jouer là
depuis 1940 et condamnées à continuer indéfiniment.
Un soldat en treillis paraissait tailler une haie de bou-
gainvillées, donnant de grands coups de sécateur, mais
ses mouvements étaient ralentis jusqu'à l'hypnose, et le
sécateur ne touchait jamais la haie. Autour des bunga-
lows tropicaux en charpente de bois où les familles des
officiers de Schofield ont toujours vécu, on apercevait
ici ou là un tricycle, mais pas un seul enfant, pas une
seule épouse, aucun signe de vie, à part un yorkshire
aboyant sur la pelouse du bungalow d'un colonel. Il se
trouve que j'ai passé un certain temps dans les casernes
de l'armée, dans le rôle de l'enfant d'un officier, que
j'ai même joué avec des petits chiens sur les pelouses
des demeures de colonels, mais ce yorkshire, je le vis
avec les yeux de Prewitt, et il m'inspira de la haine.

Je m'étais rendue à Schofield en d'autres saisons,
mais ce voyage-ci était différent. Je l'accomplissais
pour les mêmes raisons que lorsque j'étais allée au
cimetière d'Oxford : une visite de courtoisie au propriétaire des lieux. Durant ce voyage-ci, je pris des
rendez-vous, parlai avec les gens, posai des questions
et notai les réponses, déjeunai avec mes hôtes au cercle
des sous-officiers Aloha Lightning, me fis montrer les

trophées du régiment et examinai les portraits des officiers supérieurs dans chaque couloir parcouru. Contrairement aux enfants gâtés des librairies de Honolulu, ces hommes que je rencontrai à Schofield, ces hommes en treillis vert, savaient tous parfaitement qui était James Jones et ce qu'il avait écrit et même où il avait dormi et mangé et où il s'était sans doute enivré durant les trois années qu'il avait passées à Schofield. Ils se rappelaient les épisodes et les lieux de *Tant qu'il y aura des hommes* dans les moindres détails. Ils savaient d'avance quels endroits je voudrais bien sûr voir : la Cour D, l'ancien fort, la carrière de pierre, Kolekole Pass. Quelques semaines plus tôt, il y avait eu dans l'amphithéâtre de la caserne une projection spéciale du film *Tant qu'il y aura des hommes*, organisée par la Société historique des amis de l'Eclair des Tropiques, et tous ceux avec qui j'ai discuté à Schofield y avaient assisté. Beaucoup, parmi tous ces hommes, prenaient soin de souligner leur attachement évident pour leur mode de vie tel que l'avait décrit James Jones en faisant remarquer que l'armée avait changé. D'autres ne parlèrent pas de ce changement. L'un d'eux, un jeune homme qui s'était réengagé une fois et voulait à présent quitter l'uniforme, déclara qu'elle n'avait pas changé du tout. Nous étions debout sur la pelouse de la Cour D, la cour de Jones, la cour de Robert E. Lee Prewitt, et je regardais l'activité décousue qui animait les lieux, deux soldats qui jouaient au basket, un autre qui nettoyait un M-16, une dispute quelconque devant la porte hollandaise d'une réserve – lorsqu'il exprima de lui-même une certaine insatisfaction, formulée avec difficulté, quant à ses six années passées dans le 25e Régiment. « J'ai lu ce bouquin *Tant qu'il y aura des hommes*, dit-il, et ils jouent toujours aux mêmes petits jeux ici. »

J'imagine que tout avait changé et que rien n'avait changé. Le mess s'appelait maintenant le « réfectoire », mais on y servait toujours du hachis de bœuf sur des toasts et on continuait d'appeler ça du « S.O.S. ». Le fort s'appelait maintenant le « quartier d'isolement », et le quartier d'isolement pour toutes les installations militaires d'Oahu était désormais situé à Pearl Harbor, mais l'ancien fort de Schofield était devenu le quartier général de la Police militaire, et au cours de ma visite, les hommes de la PM amenèrent un soldat menotté, torse nu, pieds nus. Des enquêteurs en chemise hawaïenne bavardaient dans la cour d'exercices. Le matériel de bureau avait été stocké dans les cellules d'« isolement renforcé », mais il restait les lits en bois, ou « lits de dortoir », ces lits qui servaient, m'expliqua un major ancien responsable du fort de Schofield, « quand un gars pétait complètement les plombs et se mettait à déchirer son matelas ». Au mur étaient toujours accrochés les diagrammes précisant dans quel ordre les affaires devaient être rangées : SERVIETTE BLANCHE, SAVON ET PORTE-SAVON, DÉODORANT, DENTIFRICE, BROSSE À DENTS, PEIGNE, MOUSSE À RASER, RASOIR.

Pour diverses raisons, j'eus du mal à quitter Schofield ce jour-là. J'avais succombé au rythme narcoleptique de la journée militaire. J'avais adopté l'accent liquide de la voix militaire. J'emportai avec moi à Honolulu un exemplaire du *Tropic Lightning News*, que je lus ce soir-là dans ma chambre d'hôtel. Au cours du mois de mai, la Police militaire de Schofield avait enregistré 32 arrestations pour conduite sous l'emprise de l'alcool, 115 arrestations pour possession de marijuana, et le vol d'un certain nombre d'appareils, dont un ampli Sansui, un pré-ampli et tuner Sansui, une platine tourne-disque Kenwood, deux enceintes Bose et le tachymètre d'une Ford Mustang 1969. On demandait, dans la rubrique « Paroles de Troupes », à un soldat, deux spécialistes de classe 4 et un sergent, de désigner leur poste d'affectation idéal ou préféré. L'un citait Fort Hood. Un autre, Fort Sam Houston. Aucun n'avait choisi la caserne de Schofield. Dans le courrier des lecteurs, un correspondant conseillait à une WAC[1] qui s'était indignée des spectacles montés au cercle des sous-officiers de rester chez elle (« Ils avaient lieu autrefois dans un endroit où vous autres les filles n'étiez pas obligées d'assister aux divertissements, mais tout ça a pris fin avec le gang des copines féministes »), et un autre conseillait aux « rats de la caserne » d'arrêter de consacrer exclusivement leur existence à « vouloir éradiquer la haine de l'armée en fumant et en buvant et en écoutant Peter Frampton à quatre-vingts décibels ». Je songeai aux rats de la caserne et je songeai à Prewitt et Maggio et je songeai à la haine de l'armée et il m'apparut, ce soir-là à Honolulu, que seuls les détails avaient changé, que James Jones avait compris une simple et grande vérité : l'armée n'était rien de plus et rien de moins que la vie elle-même. J'aimerais pouvoir vous dire que, le jour de mai où mourut James Jones, quelqu'un joua la sonnerie aux morts pour lui à la caserne de Schofield, mais je crois que la vie n'est pas faite ainsi.

1969-77

---

1. « Women's Army Corps » : corps des femmes de l'armée.

Table

Table

PAPIER À BASE DE FIBRES CERTIFIÉES

Le Livre de Poche s'engage pour l'environnement en réduisant l'empreinte carbone de ses livres. Celle de cet exemplaire est de :
550 g éq. CO_2
Rendez-vous sur
www.livredepoche-durable.fr

Composition réalisée par PCA

Achevé d'imprimer en octobre 2022 en France par
La Nouvelle Imprimerie Laballery
58500 Clamecy (Nièvre)
N° d'impression : 208464
Dépôt légal 1re publication : février 2014
Édition 07 – octobre 2022

LIBRAIRIE GÉNÉRALE FRANÇAISE
21,rue du Montparnasse, 75283 Paris Cedex 06